5천년 돈의 전쟁

透过钱眼看中国历史

중국은 어떻게 부자가 되었나

5천년 돈의 전쟁

보인(波音) 지음 | 허유영 옮김

팡세

5천년 돈의 전쟁

2015년 6월 12일 초판 1쇄 발행

지은이 보인(波音)
옮긴이 허유영
펴낸이 박양숙

펴낸곳 도서출판 팡세
      등록 2012년 8월 23일 / 제 2012-000046호
      주소 133-753 서울시 성동구 살곶이길 50. 105동 2403호
      전화 02) 6339-2797   팩스 02) 333-2791
      전자우편 pensee-pub@daum.net

제 판 문형사
인 쇄 대정인쇄
제 본 예인바인텍

ISBN 978-89-98762-05-6   03900

이 도서의 국립중앙도서관 출판시도서목록(CIP)은 서지정보유통지원시스템 홈페이지(http://seoji.nl.go.kr)와 국가자료공동목록시스템(http://www.nl.go.kr/kolisnet)에서 이용하실 수 있습니다. (CIP제어번호 : CIP2015015135)

역사는 인간이 창조했지만, 돈이 창조한 것이기도 하다.

역사를 어떻게 해석할 것인지는 사람마다 각기 다르다. 계급으로 분석하기도 하고 음모와 암투로 분석하기도 하며 희극적으로도 비극적으로도 해석할 수 있다.

칼 마르크스는 경제가 역사를 결정한다고 주장했다. 역사를 커다란 집이라고 한다면 경제는 그 기반이다. 집 안에서 금화와 은화가 잘그랑거리는 소리를 귀 기울여 들어 보면 역사를 더 깊고 정확하게 이해할 수 있다.

나는 이 책에서 시대별 왕조의 경계를 부수고 역사 속 왕후장상, 충신, 간신 들 위로 켜켜이 쌓인 '먼지'를 훅 불어 날려 버리고 역사의 뒤편에 숨어 있는 경제적인 배경을 들여다보면서 경제학 관점에서 중국역사를 새롭게 해석하고자 한다.

특히 역사고증에 충실해 증거와 논리를 우선으로 하고 자의적인 추측을 배제하며 역사를 허구로 꾸며 내지 않을 것이다. 하지만 역사적 사실과 무관한 부분에서는 세련되고 유머러스한 언어로 역사를 생생하게 재연할 것이다.

독자들이 이 책을 통해 경제적인 관점에서 역사를 새롭게 이해하고 생각할 수 있기를 바란다. 독자들이 이 책을 읽고 무언가를 얻는다면 내게는 커다란 행복이자 기쁨일 것이다.

기획에서부터 출간에 이르는 전 과정에서 도움을 주신 모든 분들에게 감사를 전한다.

보인(波音)

2011년 3월 베이징 톈퉁위안에서

목 차

제1장

5천 년간 벌어진
곳간수호 전쟁

중국의 먹을거리인 양식 문제를 알아야 중국역사를 진정으로 이해할
수 있다.

　양식은 인간에게 최소한의 생존조건이다. 생존해야만 경제발전을 논
할 수 있고 세금도 거두어들일 수 있다. 고대 중국경제의 가장 큰 비밀은
바로 세금 대부분이 농민에게서 나온다는 점이었다. 수많은 농민들이 바
치는 곡식은 곧 각 왕조의 목숨 줄이었다.

01 · 강아지풀로 배를 채우다

중국역사는 강아지풀에서 시작되었다고 해도 과언이 아니다. 강아지풀과 곡식이 무슨 관계가 있을까? 사실 인류가 재배하는 각종 농작물은 보리든 좁쌀이든 쌀이든, 아니면 기타 곡류든 대부분 벼과 식물에 속한다. 벼과 식물에는 여러 가지 잡초들도 포함되어 있다. 말하자면 우리는 지금 밥이 아니라 풀을 먹고 사는 셈이다.

중국인들이 고대 중국의 중요한 농작물인 강아지풀을 재배하기 시작한 것은 거의 1만 년 전의 일이다. 강아지풀은 좁쌀의 야생종으로 '수(莠)'라고도 부르며 싹이 텄을 때는 좁쌀 싹과 구분하기 힘들 만큼 비슷하다.

좁쌀과 기장, 콩은 진(秦)나라 이전 중국의 가장 중요한 농작물이었다. 이 세 가지 농작물의 가장 큰 공통점은 모두 가뭄에 잘 견디고 척박한 땅에서도 잘 자라며 생장기가 비교적 짧아 중국 북부에서 재배하기에 매우 적합하다는 것이다. 게다가 진나라 이전에는 농업기술이 원시적인 단계에 있어 화전 농업에 의존했기 때문에, 단단한 작물들이 제일 먼저 재배되고 중요한 식량으로 자리 잡았다.

하나라와 상나라의 문화를 '좁쌀문화'라고 부르는 것도 당시에 강아지풀 재배가 매우 성행했음을 보여주는 증거다. 하지만 당시에는 인구가 적고 인구밀도가 낮았으며 원시림과 늪이 많았기 때문에 식량공급원을 쉽게 찾을 수 있었다. 진나라 이전의 민가를 모아 놓은 《시경》에 실린 시 305편 가운데, 동물이 등장하는 것은 총 141편으로 492회 언급되었고, 식물이 등장하는 것은 총 144편으로 모두 505회나 언급되어 있다. 수많은 동식물이 당시 사람들의 식량으로 이용되었던 것이다. 〈관저〉에는 "들쭉날쭉한 마름풀을 이리저리 헤치면서 요조숙녀를 자나 깨나 찾는구나"라는 구절이 있다. 예로부터 '포난사음욕(飽暖思淫慾)'이라 하여 등 따시고 배불러야 음욕이 생긴다고 했다. 먹는 것조차 해결되지 않았는데 어떻게 노래를 부르고 악기를 연주하고 미인을 찾아다닐 수 있겠는가?

하지만 전원시처럼 평화로운 시대는 그리 오래가지 못했다. 인구가 점점 늘어나면서 사람들은 더 많은 경작지가 필요해졌고 수확량이 많은 작물을 전문적으로 재배해야 했다.

이것은 유명한 맬서스 인구론에 등장하는 관점이다. 인구는 기하급수적으로 증가하지만 자연에서 얻어지는 식량과 기타 생활필수품은 산술급수적으로 증가한다. 영국 경제학자 맬서스는 전쟁·질병 등으로 인구가 급격히 줄어들지 않는 한, 인구와 자원의 증가속도 차이에서 오는 문제를 해결할 수 없다고 주장했다.

하지만 전쟁에 승리해 남의 땅을 빼앗거나 전염병이 창궐해 인구의 80퍼센트가 순식간에 줄어들지 않는다면, 사람이 북유럽의 나그네쥐들처럼 개체수를 일정하게 유지하기 위해 바다에 몸을 던져 집단 자살할 수는 없는 일이 아닌가? 특히 토지가 사유재산이 된 뒤 자원 부족 문제가 더욱 심각해졌다. 깊은 산속에 들어가 살지 않는 이상 어떻게 하면 유한한 토지 위에서 최대한 많은 식량을 확보해 곳간을 가득 채울 수 있느냐가 인류의 영원한 과제일 수밖에 없다.

과거 농경사회에서 인구 수는 농작물 수확량에 의해 결정되었다. 좁쌀처럼 수확률이 낮은 곡물로는 더 이상 급증하는 인구를 다 먹여 살릴 수 없었다.

02 · 밀아, 밀아, 너를 사랑해

　　　　　　　　바로 그때 혜성같이 밀이 등장했다. 밀은 맛이 좋고 수확량이 안정적이라는 장점 덕분에 중국 북부지역으로 빠르게 전파되었다. 농민들이 너도나도 밀을 재배하기 시작하자 밀 재배면적이 크게 늘어나고, 그 대신 다른 농작물의 재배면적이 줄어들었다.

　하지만 밀은 중국 토종작물이 아니다. 밀의 원산지는 머나먼 서아시아로 그곳도 인류 농경문화의 탄생지 중 하나다. 약 1만 년 전 그곳에 살던 사람들은 평지에는 밀과 보리를 심고 산 위에서는 산양과 면양을 방목해 길렀다. 당시 사람들에게 새로운 농작물을 발견한 기쁨은 오늘날 사람들이 애플의 신형 태블릿PC를 얻은 그것에 결코 뒤지지 않았다. 그 뒤 밀 종자가 서아시아에서 주변지역으로 빠르게 전파되었다.

　밀이 언제 중국에 처음 들어왔는지는 정확히 알 수 없지만, 중국에서 가장 오래된 밀 유물은 신장 쿵췌허 기슭의 고분 안에서 발견된 것이다. 무덤의 수장품 가운데 풀로 짜서 만든 작은 바구니 안에 밀이 들어 있었다. 이 유물로 계산해 보면 밀은 이미 중국에서 3,800년의 역사를 가지고 있다. 이 유적에서는 밀을 찧는 커다란 방아도 함께 발견되었다.

　이를 근거로 밀이 서아시아에서 신장을 거쳐 중국 북부로 전파되었음을 알 수 있다. 사서에 주목왕이 서쪽을 유람하다가 서왕모와 만나 노닐 때 지나는 마을마다 주목왕에게 밀을 바쳤다는 기록이 있다. 당시 밀은 이미 아시아에서 보편적인 농작물이었음을 알 수 있다.

하지만 상나라와 주나라까지는 여전히 밀보다 좁쌀을 귀하게 여겨, 종묘제사를 지낼 때는 좁쌀을 제물로 사용했다. 습관의 힘이란 참으로 대단하다. 하지만 사람의 사고방식도 결국에는 먹고사는 문제에 따라 결정되는 법이다. 고대의 경작방식으로는 밀의 단위면적당 수확량이 좁쌀의 두 배 이상이었고, 강수량이 적절하면 그보다 더 많이 수확할 수도 있었다.

전국시대에 이르자 마침내 밀이 좁쌀을 제치고 각 제후국에서 가장 중요한 농작물이 되었다. 특히 진(秦)나라의 밀 생산량이 많았다.

전국칠웅 가운데 진은 서쪽에 있어 지리적으로 서역에 가까웠기 때문에 다른 나라보다 일찍 밀을 받아들였을 것이다. 게다가 진에는 웨이어의 퇴적 작용으로 형성된 관중평야가 있고 기후도 밀을 재배하는 데 적합했다. 진이 전국칠웅 가운데 두각을 나타내고 마침내 통일을 이룬 것도 이런 우수한 환경과 무관하지 않다. "병마를 움직이기 전에 군량과 마초를 먼저 움직인다"는 옛말처럼 진의 군대가 아무리 용맹하다고 해도 배를 든든히 채우지 못했다면 전투력을 낼 수 없었을 것이다. 전국시대 후기에 진의 군대가 전쟁에서 거듭 승리한 것도 관중평야에서 생산한 밀이 뒷받침된 결과였다.

사마천도 이 점을 잘 알고 있었다. 《사기》〈화식열전〉에 따르면, 진나라가 위치한 관중 지역의 면적이 당시 중국 전체의 3분의 1밖에 되지 않고 인구의 비중도 그와 비슷했지만, 전체의 60퍼센트에 이르는 부를 차지하고 있었다. 그 때문에 한(漢)나라 때 황제들은 관중평야와 그곳에서 생산된 밀을 매우 중요하게 여겼고 서한의 농업학자 겸 관리들도 관중평야에서 밀 재배를 적극 권장해야 한다고 입을 모았다.

진 말기의 전쟁과 한 초기 여후의 독재통치에 이르는 혼란한 시기를 겪은 뒤 한문제와 한경제 때에 이르러 서한에 이른바 '문경지치(文景

之治)'라고 불리는 태평성세가 찾아왔다. 《한서》의 기록에 따르면, 당시 국고에 돈이 가득 차고 곡식이 넘쳐나 창고 밖에까지 곡식을 쌓아놓아야 할 정도였으며 몇 년 동안 다 쓰지 못해 돈을 꿰어 놓은 끈이 삭아 끊어져 바닥에 떨어진 돈이 헤아릴 수 없이 많았다고 한다.

후대 학자들은 전란이 평정된 뒤의 정치적 안정과 황제의 근검절약, 농민들의 세금부담 경감 등을 문경지치의 원인으로 꼽았다. 그런데 이런 분석에도 일리가 있지만 그보다 더 근본적으로 중요한 원인이 있다. 바로 밀 재배가 전국으로 보급되었다는 점이다.

중국 역대왕조들은 모두 농민에 의해 지탱되었다고 해도 과언이 아니다. 농민에도 자기 땅에 직접 농사를 짓는 자경농과 지주의 땅을 빌려 농사를 짓는 소작농인 전농, 농노 등 여러 계층이 있었는데 그중 가장 큰 비중을 차지한 계층이 자경농이었다. 만약 자경농들이 곡식수확량이 적어 겨우 입에 풀칠할 정도라면 황실에 곡식을 바칠 수 없고, 그렇다면 황제가 아무리 근검절약하고 덕으로 나라를 다스린다 해도 세금으로 거두어들인 것들을 창고에 쌓아놓을 만큼 여유롭지 못할 것이다.

그러나 문경지치의 태평성세에는 대내외적으로 평화와 안정이 찾아오면서 밀 재배량이 많아지고 자경농들의 수확량도 늘어나 황실에 많은 곡식을 바칠 수 있었다.

중국 사서에 기록된 몇 차례 태평성세는 유가사상을 신봉하는 사관들이 기록한 것이기 때문에 모두 다 황제의 어진 정치가 태평성세를 가져왔다고 평가하고 있다. 하지만 사실 그중 일부는 관료주의식 허풍이고 그 외에 몇몇 태평성세는 다른 원인이 있었다. 중국처럼 거대한 나라의 태평성세를 고작 '황제의 위대함'이라는 한 가지 원인만으로 설명할 수는 없다. 문경지치가 대표적인 경우다. 사실 한문제와 한경제 두 황제는 이렇다 할 훌륭한 정책을 시행한 적이 없으며 그저 명절 때마다 호미를 들고 보여주기 위한 '쇼'를 했을 뿐이다. 문경지치를 이루어낸 진정한 주인공은 바로 밀이었다.

03 · 밀이 얼마나 있는가

진나라부터 시작해 관중평야가 오랜 세월 높은 수확량을 안정적으로 유지할 수 있었던 것은 정국거 덕분이었다.

춘추전국시대는 중국 사상사의 황금시기였다. 백화제방백가쟁명이라는 말이 나올 만큼 온갖 기기묘묘한 사상들이 등장했다. 천하를 모두 사랑할 것을 주장한 묵자가 있었는가 하면, "내 몸의 터럭 하나로 세상을 이롭게 할 수 있다 해도 나는 터럭 하나도 뽑지 않을 것이다"라고 말한 양주도 있었다. 정국거 건설은 사실 한(韓)나라가 계획한 아주 우스운 음모에서 시작되었다.

전국칠웅 가운데 한나라는 진나라와 이웃하고 있었지만 일곱 나라 중 힘이 가장 약해 언제든 진나라에게 멸망당할 위험을 안고 있었다. 이에 위기를 느낀 한나라가 '묘책'을 짜냈다. 수리토목 전문가인 정국을 진으로 보내 이제 막 보좌에 오른 진왕 영정에게 웨이허 유역에 수로를 건설하라고 부추긴 것이다. 정국은 수로를 건설하면 관중평야의 드넓은 땅에 물을 댈 수 있다며 진왕을 설득했지만, 실은 진나라가 대규모 수로 건설 사업에 돈과 물자를 소진해 섣불리 한나라를 공격할 수 없게 만드는 것이 이 계략의 목적이었다.

당시 진나라는 국력은 막강하지만 수리 분야의 인재가 부족했다. 그러던 차에 정국이 제 발로 찾아오자 진왕은 몹시 기뻐하며 그에게 전국시대 최대 수리 사업을 맡겼다. 과연 한나라의 예상대로 진나라는 거의 모든 물자와 인력을 대형 수리 사업에 투입했고 수로를 건설하는 동안 전쟁을 벌일 여력이 없었다. 그런데 5년 뒤 수로 건설이 한나라의 계략이었음이 들통 났다. 진왕이 노발대발하며 정국을 죽이라고 명령하자 정국이 다급하게 진왕에게 아뢰었다.

"소인이 첩자인 것은 사실입니다. 하지만 수로가 완성되면 진나라에 크게 이로울 것입니다. 소인은 한나라의 수명을 몇 년 더 연장시켜 주었을 뿐입니다. 이제 진나라는 수로로 인해 만년 동안 이득을 얻을 것이옵니다!"

경제학의 고수인 진왕 영정은 대번에 정국의 말을 알아듣고 그를 죽이지 않고 계속 수로를 건설하도록 했다. 그 뒤 십 수 년이 흘러 수로가 완성되자 수로의 이름을 '정국거'라고 정했다. 정국이 역사에 이름을 길이 남길 수 있었던 것은 진왕 영정의 넓은 아량과 탁월한 안목 덕분이었다.

정국거에 대해 이야기할 때 빼놓을 수 없는 것이 바로 밀이다. 밀은 가뭄에 강한 작물이기 때문에 사실 경작하는 데 물이 많이 필요하지 않다. 정국거를 건설한 목적 가운데 경작지 관개는 부차적인 것이고 가장 큰 목적은 땅 위에 쌓여 있는 염분을 씻어내는 것이었다. 황허유역의 농경지역은 계절풍 기후에 속해서 계절풍이 불 때는 강우량이 충분하지만 계절풍이 불지 않을 때는 심한 가뭄이 들어 수분이 빠르게 증발하고 토양 위에 염분만 남았다. 이런 일이 해마다 반복되면 농경지의 토양이 염류화되어 비옥도가 떨어지고 결국에는 농사를 지을 수 없게 된다.

당시 중국인들은 밀 재배와 동시에 염류와도 오랜 싸움을 해야 했다. 정국거가 염류화를 다소 늦추기는 했지만 토지의 비옥도 하락을 막기에는 역부족이었다. 염류화를 막기 위한 또 다른 방법은 휴경이었다. 한 계절 농사를 지으면 얼마 동안 땅을 쉬게 해서 비옥도를 회복시킨 뒤에 다시 농사를 짓는 방법이다. 하지만 일정 기간 곡식생산을 포기한다는 것은 소규모 자경농들에게 상상도 할 수 없는 일이었다.

이 때문에 관중평야는 물론이고 훗날의 화베이평야까지 밀을 재배하는 지역에서는 농민들이 해마다 쉬지 않고 농사를 짓다가 결국에는 땅이 완전히 염류화되어 더 이상 아무것도 자라지 못하는 황무지가 되어 버리는 일이 비일비재했다. 안정적으로 곡식을 수확할 수 없다면 농민들이 할 수 있는 것이라고는 민란을 일으키는 것뿐이다. 왕조의 멸망을 초래한 농민봉기 중 거의 대부분이 밀 재배지역에서 시작된 것은 우연이 아니다.

서한 말기 산둥 쥐현에서 일어난 녹림과 적미의 난에서부터 동한(東漢) 말기 허난 뤄양에서 일어난 황건적의 난, 북위 말기 허타오에서 발생한 육진의 난, 수 말기 산둥, 허베이, 허난의 농민봉기, 당 말기 산둥에서 일어난 황소의 난, 명 말기 산시(陝西) 미즈에서 시작된 이자성의 난에 이르기까지 봉기를 일으킨 도화선은 각기 달랐지만 그 배후에 토지 염류화라는 그늘이 드리워 있다는 점은 모두 같다.

당나라에 이르러 밀은 마지막 불꽃을 찬란하게 태웠다. 안사의 난이 발생하기 전, 친링산맥과 화이허를 연결하는 이른바 친링화이허선을 기준으로 북부의 인구가 전체 인구의 60퍼센트를 차지하고 남부 인구가 40퍼센트를 차지했다. 당시 북부지역에서는 밀 재배가 보편적이었다. 당나라 때는 경작지 개발이 당시 기술로 도달할 수 있는 한계에 다다랐다. 당시 인구가 오늘날 중국인구의 4퍼센트도 되지 않았지만 경지면적은 5~8천만 헥타르로 현재 중국의 경지면적인 1억 2천만 헥타르의 약 50퍼센트에 달했다.

정관지치(貞觀之治)라 불리는 당나라 때의 태평성세도 문경지치와 마찬가지로 오랜 전란이 끝난 뒤 밀 재배면적이 늘어나면서 경제력이 폭발적으로 증가한 것이 중요한 원인으로 작용했다. 당나라 때는 오늘날의

50퍼센트인 경지면적으로 지금의 4퍼센트밖에 안 되는 인구를 먹여 살렸던 셈이다.

그런데 경작지는 충분했지만 북부지역에서는 이미 수확량이 급감해 생산효율이 매우 낮았다. 좁쌀 생산량 부족으로 인한 식량위기를 경험했던 중국인들은 밀 생산량 급감으로 인해 또 한 번의 식량위기에 직면하게 되었다.

04 · 벼가 밀을 밀어내다

옛날 중국인들에게 벼는 전혀 낯설지 않은 작물이었다. 지금으로부터 약 7~8천 년 전 타이후 유역과 항저우만 지역에 살던 사람들은 습지에 불을 놓아 관목을 태워 버리고 그 위에 벼 같은 초본식물을 심어 경작했다. 고고학자들의 연구 결과, 지금으로부터 약 7,500년 전 해수면이 상승하면서 바닷물이 강과 호수로 거슬러 올라와 경작지로 흘러드는 것을 막기 위해 사람들이 둑을 쌓았음이 밝혀졌다.

하지만 남부지역에서는 바다에서 날마다 신선하고 풍성한 해산물을 잡아 올릴 수 있었기 때문에 벼농사처럼 고된 일은 하지 않으려 했다. 그래서 남부 사람들은 벼를 경작해 배고픔을 해결하기보다는 주로 쌀을 항아리에 넣고 발효시켜 술을 빚었다. 인구는 적은데 먹을 것은 얼마든지 구할 수 있었으므로, 아마도 중국 남부에서 벼를 심기 시작한 것은 뭔가 특별한 것을 맛보기 위함이었을 것이다.

세월이 흘러 남부지역에 인구가 증가하고 벼가 중요한 작물이 되기는 했지만 쌀 수확량은 여전히 낮은 편이었다. 벼를 재배하려면 특정 날짜에 파종하고 모심기를 해야 하지만 옛날사람들이 벼 재배기술을 터득하려면 오랜 기간의 시행착오가 필요했다. 또 한 가지 이유는 오랫동안 수확률이 높은 벼 품종을 찾아내지 못해 1년에 한 번밖에 수확하지 못했다는 것이다. 지금처럼 유전자 기술이 발달하지 못한 당시에는 개량품종을 얻기 위해서는 몇 대에 걸쳐 품종을 걸러내고 수없이 많은 시도를 해야 했다. 그렇지만 전란이 잦은 환경에서 오랫동안 품종을 연구한다는 것은 불가능한 일이었다.

밀이 더 이상 중국인들을 먹여 살릴 수 없게 되자 베트남 사람들이 도움의 손길을 내밀었다. 베트남인들이 점성도라는 우량품종의 벼를 전파해 준 것이다. 점성도는 베트남 남부가 원산지로 수확률이 높고 빨리 자라며 가뭄에 강하다는 특징이 있다. 생장기가 짧아 적당한 조건이 주어지기만 하면 파종에서 수확까지 단 두 달밖에 걸리지 않았다.

송 초기에 촨저우의 한 상인이 동남아에서 이 점성도를 가져와 푸젠 등지에 전파한 뒤 양쯔강 유역 전체로 빠르게 퍼져나갔다. 심지어 송진종은 푸젠으로 사람을 보내 이 벼를 가져다가 다른 지역으로 널리 보급하도록 했다.

당시 농민들은 지금처럼 같은 농지에서 밀과 벼를 번갈아 경작했다. 점성도의 재배기간이 짧기 때문에 1년에 벼 한 번, 밀 한 번 수확할 수 있었고 그 덕분에 단위면적당 곡식수확량이 급격히 증가한 것은 물론이고 휴경 횟수도 크게 줄일 수 있었다. 벼는 보통 뿌리부터 줄기까지 수십 센티미터 잠긴 상태로 재배했기 때문에 수분 증발로 인해 토양이 염류화되는 문제까지 해결할 수 있어 토지의 비옥도를 유지할 수 있었다.

우수한 벼 품종을 들여와 보급한 덕분에 송나라 때 중국인구가 폭발적으로 증가했다. 특히 남부지역의 인구 증가율이 높았다. 북송 때 전체 인구가 1억 가까이 되었는데 친링화이허선을 기준으로 남부 인구가 북부의 2배가 넘었다.

오랫동안 이어져 온 '북다남소(北多南少)'의 인구 구조가 바뀌게 된 것이다. 이 변화는 상당히 중요한 의미가 있다. 국가의 주요 세수원이 자경농이었으므로 남부의 인구가 많다는 것은 국가 전체 세수 중 남부의 세수가 큰 비중을 차지한다는 것을 의미했고, 따라서 국가경제의 중심이 남부로 이동할 수밖에 없었다. 북송 때부터 중국경제의 중심이 황허유역에서 서서히 양쯔강 유역으로 이동하기 시작했으며 벼가 밀을 제치고 주요 재배작물이 되었다.

벼가 주요 재배작물이 된 뒤 중국은 비로소 땅이 넓고 물자가 풍부한 '지대물박(地大物博)'의 장점이 생겼다. 북부에서 흉년이 들면 남부의 논에서 곡식을 가져오고, 남부에서 흉년이 들면 북부의 밭에서 부족한 곡식을 조달했다. 특히 대운하가 건설된 뒤에는 남부와 북부의 곡식 이동이 훨씬 원활하게 이루어져 흉작에도 굶어죽는 사람이 적었으므로 국가가 더욱 안정되었다. 대운하의 역할에 대해서는 뒤에서 자세히 이야기하겠다.

밀이 주요작물이었던 시기를 진시황이 중국을 통일한 기원전 221년부터 북송이 건립된 960년까지로 계산한다면, 중국은 진에서부터 서한·동한·삼국·서진(西晉)·동진(東晉)·남북조·수·당·오대십국까지 10개 시대가 이어지는 동안 평균 100년마다 한 번씩 왕조가 바뀌었다. 남북조와 오대십국 시기에 단명한 왕조들까지 모두 계산에 넣는다면 왕조 교체기는 더욱 짧아진다.

벼가 주요 재배작물이 된 뒤 중국에서는 북송·남송·원·명·청 5개 왕조가 있었는데 청나라의 멸망을 1911년으로 계산한다면 이 950년 동안 각 왕조의 수명은 200년에 가깝다. 곳간에 곡식이 있으면 마음이 편안한 것은 인지상정이다. 북송 이후 왕조들이 비교적 장수했던 것은 벼의 보급에 힘입은 바 크다.

농작물의 생장에는 일정한 주기가 있다. 중국 북부에서는 일모작을 하고 남부에서는 이모작, 심지어 삼모작도 가능하다. 북부가 경제의 중심이었을 때는 유목민족이 만리장성을 넘어 남하하면 중원왕조에 큰 위기가 찾아왔다. 농업 생산이 중단되는 데다 유목민족에 대항하느라 농사를 지을 여력이 없었기 때문이다. 하지만 벼가 주요작물로 자리 잡고 경제의 중심이 남부로 이동하자 유목민족의 침입이 중원왕조에 미치는 피해가 크게 줄어들었다. 유목민족이 아무리 남하해 봤자 친링화이허선 이남으로 내려가는 경우는 거의 없으므로 곡창지대를 수호할 수 있었기 때문이다.

반대로 경제의 중심이 남부로 이동하면서 변방 수호와 북벌은 어려워졌다. 필요한 인력과 물자가 모두 남부에 집중되어 있었기 때문에 이들을 변방지역까지 이동시키기가 쉽지 않았던 것이다. 이 때문에 북송 이후 중국의 대외 영토 확장은 거의 제자리걸음이었다. 북송이 요와 전쟁하고 남송이 금과 전쟁했으며 훗날 명도 몽골과 대치했지만 모두 영토를 만리장성 이북으로 확장시키지 못했다.

송나라 때 점성도 도입으로 1억을 돌파한 인구는 그 뒤로 완만한 증가세를 보였다. 명에서 청으로 왕조가 바뀌면서 영토가 크게 확장되어 동북지역이 넓어지고 몽골고원·신장·티베트 등이 중국 영토로 편입되었지만 인구는 줄곧 약 1억 5천만에서 머물렀고 농경지역의 인구는 거의 송나라 때 수준에서 유지되었다. 인구 수를 결정하는 주된 요인이 논밭의 면적인데 송나라 때 이미 경지면적이 최대한 확장된 터라 새로 개간할 수 있는 땅이 많지 않았고 점성도의 수확량도 더 이상 늘어나지 않았기 때문이다.

인구가 다시 폭발적으로 증가하기 위해서는 새로운 농작물이 등장하기를 기다리는 수밖에 없었다.

05 · 옥수수 고마워, 인디언 고마워

콜럼버스의 아메리카 대륙 발견으로 유럽인들은 금과 은은 물론 광활한 땅을 얻어 마음껏 개척할 수 있게 되었다. 유럽인들이 갑자기 여유로워지자 유럽사회 전체가 새롭게 바뀌고 르네상스와 산업혁명이 탄생할 수 있는 환경이 마련되었다. 얼핏 보면 콜럼버스의 신대륙 발견이 동방의 중국에는 아무런 영향도 미치지 못한 것 같다. 심지어 중국은 그로부터 아주 긴 세월이 지난 뒤에야 비로소 아메리카 대륙의 존재를 알았다.

하지만 세계는 긴밀하게 연결된 유기체다. 미국의 대초원에서 나비가 날갯짓을 하면 남미에서 폭풍이 일어나기도 한다. 이것이 바로 카오스학에서 말하는 나비효과다. 아메리카 대륙의 발견은 유럽을 변화시켰을 뿐 아니라 중국에도 깊은 영향을 미쳤다. 옥수수 · 고구마 · 땅콩 · 해바라기 · 고추 · 담배 등 아메리카 대륙이 원산지인 농작물들이 중국으로 흘러들어와 중국사회를 완전히 바꾸어 놓은 것이다.

그중에서도 곡식수확량 증가에 가장 크게 기여한 것이 옥수수와 고구마다. 명 말기에 이르러 황허유역이든 양쯔강 유역이든 밀과 벼를 심을 수 있는 땅은 전부 경지로 개간되었다. 당시의 곡식수확량으로는 1억 남짓한 인구를 겨우 먹여 살릴 수 있었기 때문에 인구가 조금만 더 늘어나도 굶어죽는 이들이 생겼다. 바로 이때 아메리카 대륙의 옥수수와 고구마가 지구의 반 바퀴를 돌아 마침내 중국에 도착했다.

옥수수는 적응력이 매우 강한 작물로 북쪽으로는 러시아·캐나다의 혹한 지대까지, 남쪽으로는 남미의 원시림까지 어디에서든 잘 자란다. 중국에서도 밀을 재배할 수 없는 마르고 척박한 땅을 개간해 옥수수를 심기 시작했다. 수확량도 옥수수가 밀보다 월등히 많았다. 영양가로 따지면 밀에 비해 다소 떨어지지만 가난한 농민들에게는 영양가보다는 일단 배를 채우는 일이 더 급했다. 명 말기부터 청 초기에 이르기까지 전란에 땅을 잃은 농민들이 떠돌아다니다가 주인 없는 구릉지대에 정착해 언덕에는 옥수수를 심고 산자락에는 고구마를 심어 생계를 꾸렸다. 수확량이 많았기 때문에 자식이 많아도 배불리 먹여 기를 수 있었다.

아메리카 인디언의 농작물이 중국인의 배를 불리고 중국인들의 식생활을 변화시켰다. 중국은 오랫동안 농업에 의존해 왔고 목축업은 발달하지 못했기 때문에 육류가 매우 귀했다. 가난한 농민들은 동물성 단백질이 풍부한 계란·닭고기·돼지고기를 먹을 수 없었고, 하층 자경농들은 주식 외에는 단백질이 함유된 음식을 거의 먹지 못했다.

이런 중국인들에게 식물성 단백질을 함유한 콩이 풍부한 단백질 공급원으로 떠올랐다. 콩은 상대적으로 가격이 싸고 수확량도 많았기 때문에 자경농들에게는 단백질을 얻을 수 있는 최적의 작물이었다. 오늘날 많은 중국인들이 두유를 먹으면 아무렇지 않은데 우유를 먹으면 설사를 하는 것도 수천 년 동안 식생활이 채식 위주였던 까닭에 장 속에 우유를 분해하는 효소가 부족한 탓이다.

바다를 건너온 땅콩과 해바라기는 하층농민들에게 단백질과 지방의 공급원이 되었다. 땅콩과 해바라기도 척박한 산지에서 잘 자랐기 때문에 당시 중국인들에게 이 두 작물의 보급은 거의 복음과도 같았다. 두 작물은 빠르게 전국으로 퍼져나가 식생활의 중요한 일부로 자리 잡았다. 아쉬운 점이 있다면 이 두 작물에 함유된 단백질이 식물성 단백질이라는 점이다. 중국에서 유목민족을 제외한 일반 대중들이 유제품을 소비할 수 있게 된 것은 최근 10~20년의 일이다.

중국인들이 고추의 매운맛을 누릴 수 있게 된 것도 인디언들 덕분이다. 고추의 등장으로 또 하나의 조미료가 탄생하게 되었고 고추의 수요가 폭발적으로 증가하면서 고추 거래가 상업의 발전을 촉진시키는 효과까지 나타났다.

아메리카 대륙에서 들어온 담배는 기호품으로 중국에서 큰 인기를 끌었다. 귀족이든 농민이든 할 것 없이 많은 사람들이 식사 뒤 습관적으로 담배를 피웠고 담배 재배로 하층농민들의 생활이 더 윤택해졌다.

콜럼버스의 신대륙 발견이 가져온 나비효과로 중국에서 농경지가 늘어나고 인구가 증가했다. 청나라 건국 당시 약 1억 5천만이었던 중국인구가 강희제와 건륭제 통치시기의 태평성세를 거치며 단 100년 만에 가뿐히 두 배로 증가해 3억을 돌파했다.

앞에서 문경지치가 밀 보급의 영향을 받았다고 설명한 바 있다. 그렇다면 강희제와 건륭제 시기의 태평성세도 옥수수와 고구마의 보급과 관련되어 있지 않을까?

강희제와 건륭제 시기의 태평성세는 한나라 때 문경지치와 매우 유사하다. 정국이 안정을 되찾으면서 국민경제가 차츰 회복되고 특히 농작물 재배에 중대한 변화가 나타났다. 문경지치 당시에는 밀이 좁쌀을 대신해 주요 재배작물이 되었다면 강희제와 건륭제 때는 옥수수와 고구마 재배가 시작되어 벼, 밀과 함께 중요한 작물이 되었다. 옥수수 · 고구마 · 땅콩 등이 중국에 들어오지 않았더라면 강희제와 건륭제가 아무리 타고난 천재였다고 해도 이미 한계에 다다른 중국인구를 무려 두 배로 늘려놓지는 못했을 것이다.

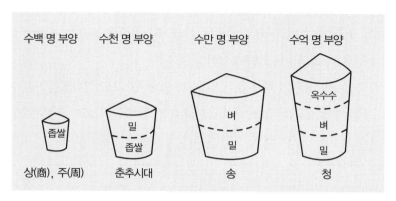

<그림1>

옥수수와 고구마가 100년 일찍 중국에 전파되었더라면 명나라 중기에 수많은 농민들이 배를 곯지 않았을 것이고 이자성도 배불리 먹을 수 있었을 것이다. 그러면 봉기를 일으킬 이유가 없었을 것이다. 역사에 가정은 없다지만, 상식적으로 볼 때 옥수수와 고구마가 탄탄하게 뒷받침해 주지 않았다면 강희제와 건륭제는 태평성세의 꿈을 이루지 못했을 것이다. 3억 넘는 자경농들이 황제에게 곡식을 바치지 않았다면 청나라 귀족들이 어떻게 새나 키우며 여유작작하며 살 수 있었겠는가?

제2장

생명이 소중하다면
소금을 귀하게

따뜻한 햇살이 잔잔한 호수 위를 비추고 사람들은 물 위에 뜬 채로 누워서 신문을 본다. 호수의 부력 외에 사람들의 몸을 지탱해 주는 것은 아무것도 없다.

　서아시아의 유명한 호수 사해의 광경일까? 아니다. 이것은 중국 산시(山西) 윈청에 있는 한 염호의 모습이다. 비록 '중국의 사해'라고 불리는 이 염호에 대해 아는 사람이 많지 않지만, 중국의 5천 년 역사를 이야기할 때 절대로 빼놓을 수 없는 것이 바로 이 호수다. 이 호수는 오랜 옛날 중국의 중요한 소금 공급원이었을 뿐만 아니라 역사의 흐름을 바꿀 만큼 지대한 영향을 미쳤다.

01 · 소금호수를 갖기 위해 전쟁을 하다

중국 신화 속 첫 번째 전쟁은 황제와 치우의 전쟁이다. 치우는 구려부족의 족장으로 지금의 산시(山西)성 윈청 일대를 다스렸고 황제는 윈청의 남서쪽인 지금의 허난성 일대에서 세력을 거느리고 있었다. 사서에는 치우가 사악한 인물로 묘사되어 있지만 원래 승자는 영웅으로, 패자는 도적으로 기록되는 법이므로 사관들이 쓴 사서의 평가에 큰 의미를 둘 필요는 없다.

어쨌든 황제가 거느린 부락이 치우의 부락에 '정의로운' 전쟁을 일으켰다. 전쟁의 원인은 훗날 사관들이 기록한 것처럼 그리 떳떳하지는 않았을 공산이 크다. 야사에서는 황제가 치우의 영토에 있는 소금호수를 빼앗기 위해 전쟁을 일으켰다고 전한다.

인간도 동물이기에 식욕이 가장 중요한 본능 중 하나다. 그러므로 한번 소금 맛을 보고 나면 그 맛을 잊을 수 없다. 음식에 소금을 넣으면 훨씬 맛있을 뿐 아니라 적당한 소금 섭취는 인체 건강에도 반드시 필요하다. 인체 세포는 소금에 함유된 나트륨을 필요로 하며, 소금 섭취량이 너무 적으면 에너지를 낼 수 없다. 이 때문에 소금은 예로부터 곡물 다음으로 중요한 전략자원이었다. 곡물에는 무기염 함유량이 너무 적기 때문에 충분한 양의 소금을 얻기 위해서는 다른 방법을 찾아야 했다.

중국인들은 마침내 황허 동쪽에서 낙원을 찾았다. 바로 '중국의 사해'

라고 불리는 하동염지다. 이 염지는 중탸오산 북쪽 자락에 위치해 있는데 여름에 동남풍이 세게 부는 데다가 기온이 높아 수분이 빠르게 증발하고 수분이 다 마르면 염지 밑바닥에 소금 알갱이가 남는다. 그 옛날 하동염지는 오늘날 중동의 원유만큼이나 중요한 자원이었다. 이 소금호수에서 생산되는 소금 가운데 부족 내부에서 소비하고 남는 것들은 주변 부락과 물물교환을 통해 곡식·광산물·수공예품 등 필요한 것을 얻었다. 그러므로 하동염지를 차지한 부락은 경제적으로 어마어마한 우위를 점할 수 있었다.

이 염지를 호시탐탐 노리는 부족들이 많았음은 두말할 필요도 없다. 황제가 치우를 공격한 진짜 이유도 바로 이것이었다. 전쟁 초기에는 황제의 군대가 수세로 몰렸다. 그들은 몽둥이와 돌로 만든 무기를 가지고 싸우는데, 치우의 군대는 소금과 중탸오산에서 나는 구리로 만든 청동기를 가지고 있었기 때문이다. 무기의 열세 때문에 공격이 여의치 않자 황제는 고육지책으로 한때 적이었던 염제와 동맹을 맺고 치우의 부락에 협공을 펼쳤다. 황제와 염제는 세 차례나 전쟁을 벌여 서로 싸우고 죽였던 원수지간이었다.

아무리 힘센 장사도 수적 열세를 극복할 수는 없다. 결국 치우는 황제에게 살해당했고 황제와 염제는 원하던 대로 하동염지를 손에 넣었다. 이렇게 해서 황제와 염제의 부락에 치우 부락의 남은 부족원들이 합쳐져 중국민족의 시조가 되었다. 그들은 넓은 영토와 함께 소금이라는 중요한 자원을 가졌다. 소금이 중국민족을 탄생시켰다고 해도 과언이 아니다.

황제 이후 요·순·우는 모두 전설 속의 왕이다. 그들의 도읍이 어디에 있었는지는 아직도 정확히 알 수 없지만, 사서의 기록에 따르면 요의 도읍은 평양(지금의 산시(山西)성 린펀—옮긴이)이고, 순의 도읍은 포판(지금의 산시(山西)성 윰지시 서쪽의 푸저우진—옮긴이)이었으며, 대우의 도읍은 안읍(지금의 산시(山西)성 샤현—옮긴이)에 있었다고 한다. 이들 세 지역 모두 하동염지와 매우 가깝다. 이 기록이 사실이라면 당시 사회가 부족연맹에서 왕국으로 발전하고 영토가 확장되는 상황에서도, 왕들은 여전히 염지와 가까운 곳에 도읍을 정했다는 것을 알 수 있다. 소금이 당시 사람들의 생활에 얼마나 중요한 자원이었는지 짐작할 수 있는 대목이다.

그 뒤에 건국된 상나라는 지금의 허난성에 도읍을 두었고 주나라의 도읍은 지금의 산시(山西)성에 있었다. 두 지역 모두 하동염지와 매우 멀리 떨어져 있다. 당시에도 중국인들의 주요 소금 공급원은 역시 하동염지였지만, 왕권이 강화되어 더 이상 염지 부근에 도읍을 세우고 주변 부락들이 침입하지 못하도록 밤낮으로 지킬 필요가 없었던 것이다. 하지만 왕권이 약화되고 제후들의 힘이 강해지자, 다시 누가 소금을 얻느냐가 국가흥망을 좌우하는 중요한 요인이 되었다.

02 · 춘추전국의 막후 감독

　　　　　　춘추전국시대로 들어서면서 왕권이 쇠락하고 제후들이 할거해 천하가 어지러워지자 누가 소금을 더 많이 가지느냐가 부를 결정짓는 기준이 되었다.

제후국들 가운데 진(晉)나라가 가장 좋은 조건을 가지고 있었다. 소금 연못인 하동염지가 바로 진나라에 있었기 때문이다. 당시 중원의 인구는 점점 증가했지만 그만큼 소금 생산량은 늘어나지 못했다. 앞에서도 언급했듯이 하동염지의 소금은 거의 자연적으로 형성되는 것이었다. 염전 기술이 발달하지 못한 춘추시대에는 소금 생산량의 증가속도가 인구 증가속도를 따라가지 못했다. 경제학의 수요와 공급의 원칙에 비추어 공급은 완만하게 증가하는데 수요는 빠르게 증가할 경우, 공급 부족이 나타나 가격이 오를 수밖에 없다. 당시 유명무실한 군주 주천자가 먹던 소금은 모두 진나라에서 가져온 것이었다. 따라서 진나라는 하동염지를 차지한 덕분에 춘추시대 초기 제후국들 가운데 가장 강력한 힘을 가질 수 있었다.

하지만 춘추오패라 불리는 다섯 명의 제후 가운데 일인자는 진나라 제후가 아니라 제환공이었다. 이는 제나라가 제일 먼저 바닷물로 소금을 생산할 수 있는 기술을 찾아내 진나라의 소금 독점 체제를 깨뜨렸기 때문이다.

바닷물을 끓이면 소금을 얻을 수 있다는 것은 그때 사람들도 알고 있었다. 하지만 바닷물에는 소금 외에 다른 성분들도 함유되어 있기 때문에 이런 단순한 방법으로 만들어낸 소금은 이물질이 많아 쓰고 떫어 먹기 힘들다. 소금은 원래 음식에 맛을 더하기 위해 사용하는 것인데 바다소금은 맛이 없으니 사람들이 거의 사용하지 않았다.

그러나 높은 이익을 얻을 수 있다는 점은 소금의 거부할 수 없는 매력이었다. 바닷가에 사는 사람들은 바닷물로 맛좋은 소금을 만들 수 있는 방법을 끊임없이 연구했다. 그 결과 바다소금의 이물질 함유율이 점점 줄어들고 소금의 맛이 점점 좋아지기 시작했다. 그러자 이제는 어떻게 하면 바다소금을 대량 생산할 수 있는가가 남은 과제였다. 당시 제나라에 걸출한 경제학자가 있었으니 그가 바로 관중이다. 그는 제환공이 패자로 군림할 수 있게 한 일등공신이었다. 관중이 재상으로 있는 동안 제나라는 경제적으로 크게 발전했는데 바다소금 제조업도 그중 하나였다.

관중은 원래 제환공의 다른 형제를 왕위계승자로 지지하고 제환공을 활로 쏘기도 했지만, 제환공은 왕위에 오른 뒤 관중의 재능을 아껴 과거 일을 용서하고 그를 재상으로 발탁했다. 그 뒤 제환공과 관중의 노력으로 제나라는 가장 강한 제후국으로 부상했다. 관중은 소금의 생산 및 판매를 국가가 직접 관장하고 남는 소금은 다른 나라로 수출하는 한편, '사염'을 규제했다. 소금을 팔아 얻을 수 있는 이익이 워낙 컸기 때문에 직접 소금을 만들어 파는 사람들이 많았는데, 이를 사염이라 하고 나라에서 파는 소금을 '관염'이라고 했다. 사염을 단속하지 않으면 시장에 사염이 넘쳐나게 되고 그러면 가격이 상대적으로 비싼 관염은 아무도 사지 않을 것이었다.

사염이 성행하자 관중은 소금업의 이익을 독점하기 위해 이를 단속하기 시작했다. 백성들이 봄철 파종기에는 직접 바다소금을 생산할 수 없도록 한 것이다. 얼핏 보면 타당한 듯하지만 실은 아주 교묘한 정책이었다. 파종기는 바다소금을 생산하기에 가장 좋은 시기였던 것이다. 노골적으로 사염 제조를 금지한 것은 아니지만 실제로는 사염 생산 억제에 큰 효과를 거두었다.

하지만 사람들도 그렇게 어수룩하지 않았다. 봄을 제외한 다른 계절에 생산된 사염이 타국에서 제나라 관염과 경쟁하자 관중은 제나라 국경을 따라 성벽을 쌓기로 했다. 이 성벽은 타국의 침입을 막기 위한 것이 아니라 사염 수출을 막기 위한 것이었다.

제나라는 원래 춘추전국시대에 동쪽에 위치한 대국이었다. 연나라가 국경을 침범했던 것과 진나라가 천하를 통일해 제나라를 멸망시킨 두 사건을 제외하면 제나라는 타국을 공격하지도 않았고 타국이 제나라를 공격한 일도 없었다. 굳이 막대한 비용을 들여 장성을 쌓아 타국의 침입을 막을 필요가 없었던 것이다. 그런데도 제나라는 남쪽 국경에 성벽을 쌓아 노나라, 송나라와의 경계를 분명히 했다. 그러고는 국경에 관문을 만들었다. 사람들이 사염을 팔기 위해 다른 나라로 갈 때는 반드시 이 관문을 통과해야 했으며 국가가 이를 대가로 세금을 징수했다. 제나라 북부 국경에는 황허와 제수라는 커다란 강이 있어서 소금을 싣고 나루를 건너는 배들을 상대로 세금을 징수하기가 쉬웠다. 세금 징수로 인해 사염의 원가가 높아져 사염 수출로는 이익을 보기 힘들어지자 상인들은 할 수 없이 제나라 안에서 소금을 싼 가격에 팔 수밖에 없었다.

오늘날 경제학의 관점에서 보면 민영기업을 규제하고 국영기업의 시장 독점을 유지한 관중의 정책은 그리 현명한 것이 아니다. 국가가 산업을 독점할 경우 기업의 소유권은 국가가 가지지만 경영권은 개인에게 있기 때문에 소유와 경영이 분리되어 경영효율이 떨어지고 부패하기 쉽기 때문이다. 국영기업은 소유권과 경영권을 모두 개인이 가지는 민영기업만큼 높은 효율과 활력이 없다.

하지만 춘추시대에는 소금이 워낙 높은 수익률을 냈기 때문에 아무리 경영효율이 떨어진다고 해도 국가에게는 여전히 큰 수입원이었다. 제나라가 막대한 노동력과 물자를 쏟아 부어 장성을 축조하면서까지 사염의 수출을 막은 것에서도 이를 확인할 수 있다. 소금 독점을 통해 얻는 이익이 장성 축조 비용을 상쇄하고도 남았던 것이다. 그렇지 않았다면 지혜로운 관중이 굳이 장성을 건설했을 리 없다.

이 밖에도 관중은 처음으로 국가가 직접 기원(妓院), 즉 유곽을 운영하도록 한 역사적인 인물이기도 하다. 그는 기원 운영을 통해 국가의 세수를 늘렸다. 소금업 독점과 매춘을 통해 벌어들인 돈으로 막강한 군대를 길러 서쪽으로는 하동염지를 차지하고 있는 진나라와 훗날의 위나라를 공격하고, 남쪽으로는 호시탐탐 북벌을 노리고 있는 초나라와 오나라의 공격을 막아냈다. 그렇게 따지면 제환공을 춘추시대 패자로 만들어준 정치자금이 그리 떳떳한 돈은 아니었던 셈이다.

소금업 독점의 달콤함을 맛본 제나라 군주들은 여기에서 만족하지 못하고 점점 더 많은 것을 바라기 시작했다. 그런데 욕심이 커지면 화를 부르는 법이다. 결국 제경공 때에 이르러 재앙이 닥쳤다. 제경공은 소금으로 더 큰 폭리를 취하기 위해 국내 소금 가격을 크게 인상했다. 소금은 이미 사람들의 필수품이 되어 있었고 사람들마다 소금 소비량에 큰 차이가 없었다. 부자라고 해서 남들보다 더 많은 소금을 먹는 것도 아니고 가난하다고 해서 소금을 먹지 않을 수도 없었다. 따라서 소금의 가격 인상은 곧 전 국민의 세금부담 증가를 의미했다. 소금 값 인상으로 가장 큰 타격을 입은 것은 중하층민들이었다.

그러자 제나라 대부 전씨 가문에게 기회가 찾아왔다. 그들은 창고에 쌓아놓았던 소금을 사람들에게 빌려주었는데 빌려줄 때는 큰 말로 주고 돌려받을 때는 작은 되로 받았다. 얼핏 들으면 전씨 가문이 왜 이런 손해

보는 일을 했는지 의아해 하겠지만 그들은 그 대신 백성들의 민심이라는 큰 이익을 얻었다. 과연 머지않아 제나라의 왕이 전씨로 바뀌었다.

제나라의 바다소금과 경쟁하면서 진나라의 하동염지도 차츰 빛을 잃었다. 그런데 당시에는 소금을 생산하는 것뿐 아니라 운반하는 일도 큰 문제였다. 소금이 무겁기도 하거니와 쉽게 변질되기 때문이다. 게다가 세상이 어지러우니 도적떼가 출몰해 소금을 운반하려면 적잖은 호위 병력이 필요했다. 따라서 소금을 먼 곳으로 가져다 파는 것은 수지타산이 맞지 않아 하동염지의 소금이든 제나라의 바다소금이든 대부분 본국과 주변국가에서만 판매되었을 뿐 서로 맞붙어 경쟁하는 일은 없었다. 당시 주천자는 평소에는 가까운 곳에 있는 하동염지에서 생산한 소금을 먹고, 제사나 귀빈을 접대할 때에만 품질이 더 좋고 먼 곳에서 운반해 온 제나라의 바다소금을 사용했다. 거리에 따라 소금 운반 비용이 증가했음을 짐작할 수 있다.

그런데 하동염지를 차지한 덕분에 수백 년 동안 중원에서 군림하던 진(晉)나라가 뜻밖에도 조·위·한 세 나라로 쪼개지고 말았다. 이 와중에도 하동염지는 절대 포기할 수 없는 큰 고깃덩이였고 치열한 경쟁 끝에 위나라가 마침내 이 보배를 손에 넣었다.

위나라는 사방이 강국으로 둘러싸여 있었다. 북쪽에는 조나라, 동쪽에는 제나라, 서쪽에는 진(秦)나라가 버티고 있었는데 네 나라 모두 쟁쟁한 강국들이었다. 하지만 위나라에게는 하동염지라는 대단한 보물이 있었기에 강대국들 사이에서 탄탄한 지위를 유지하며 심지어 타국을 공격하기도 했다. 계릉전투에서 위나라의 8만 주력군이 제나라 손빈이 이끄는 군대에 대패했지만, 위나라는 10년도 안 되는 짧은 기간에 재기해 군대를 다시 10만 대군으로 늘렸으며 전국시대 말기에는 용맹하기로 유명한 진(秦)나라 대군에 단독으로 대항하기도 했다. 군대 10만의 위나라가 60

만 군대를 거느린 진나라에 맞서서 오랜 기간 버텼지만 진나라에게 하동 염지를 빼앗긴 뒤 돈줄이 막혀 힘없이 무너지고 말았다.

제나라와 위나라는 모두 소금으로 강대국이 되었다. 사실 남쪽의 강대국인 초나라와 최종적으로 6국을 통일한 진나라의 성공도 소금과 밀접한 관련이 있다. 진나라는 본래 관중평야에서 나는 곡식 외에는 천연자원이 거의 없었기 때문에 위나라에 막혀 동쪽으로 진출할 수 없었다. 하지만 훗날 진나라가 당시 중국의 또 다른 소금생산지인 파국(巴國)을 차지한 뒤 상황이 바뀌기 시작했다.

파국은 전성기에는 오늘날의 쓰촨·충칭·후베이·후난·구이저우·산시(陝西)에 이르는 광활한 영토를 가지고 있어 면적으로만 따지면 전국칠웅에 결코 뒤지지 않았다. 단지 중원 땅을 차지하지 못해 그 지위가 과소평가되었을 뿐이다. 파국이 번성할 수 있었던 가장 큰 비결도 바로 파동지역에서 생산된 암염과 정염이었다. 이 지역에는 염분이 함유된 샘이 많아서 소금을 얻기가 쉬웠다. 지금도 소금을 '염파'라고 부르기도 하는데 이 '파(巴)' 자가 바로 소금 산지인 파국에서 따온 글자다.

파국 군주들이 나라를 더욱 부강하게 하려는 마음이 있었다면 소금 자원을 이용해 전국칠웅과 중원을 놓고 다투었을 가능성도 있다. 하지만 유감스럽게도 파국 군주들이 대부분 무능하고 야심 없는 이들이었던 탓에 제 나라조차 제대로 다스리지 못했다. 한번은 소금공들이 폭동을 일으켰는데 장수 파만자가 폭동을 진압하지 못해 하는 수 없이 파동의 세 개 성을 초나라에 내어 준다는 조건으로 초나라 군대를 빌려와야 했다. 초나라 왕은 소금 생산지를 손에 넣을 수 있다고 판단하고 파국에 군대를 파견해 내란을 평정해 주었다. 그런데 폭동이 진압되고 초나라 왕이 파동의 세 개 성을 달라고 요구하자 파만자는 약속한 땅을 차마 내어줄 수 없어 그 대신 보답의 뜻으로 자결한 뒤 자기 목을 초나라 왕에게 보냈다.

파만자에게는 파국의 소금이 자기 목숨보다 귀중했던 셈이다.

그러나 파국의 쇠락은 이미 막을 길이 없었다. 파국에 파견된 초나라 군대는 폭동을 진압한 뒤에도 돌아가지 않고 파국의 영토를 차지해 버렸다. 물론 파국의 목숨 줄과 같은 염천도 예외가 아니었다. 초나라가 파국의 염천을 하나둘씩 손에 넣자 서쪽의 진나라가 위협을 느끼기 시작했다. 초나라가 파국을 통째로 집어삼킨다면 소금 산지를 차지해 경제적으로 큰 부를 누릴 것이고, 진나라는 소금 구하기가 힘들어질 것이 불 보듯 뻔했다.

걱정이 현실로 다가오기 시작했다. 초나라가 이미 파국의 소금을 진나라에 수출하지 못하도록 금지하기 시작했던 것이다. 오늘날 세계 각국이 무역 금수조치를 내리는 것과 비슷하다. 소금 부족을 걱정하던 진나라는 마침내 10만 대군을 일으켜 초나라 원정에 나섰다. 소금을 둘러싼 두 나라의 전쟁은 진나라의 승리로 돌아갔다.

파국의 염천을 놓고 벌인 이 전쟁을 분기점으로 진나라는 번성하기 시작했고 초나라는 쇠락의 길로 들어섰다. 더욱이 이 전쟁은 중국역사의 흐름을 바꾸어 놓았다는 점에서 큰 의미가 있다. 만약 이 전쟁에서 초나라가 승리해 진나라가 염천을 얻지 못했다면, 아마도 진나라는 6국 통일의 위업을 달성하지 못했을 것이고 어쩌면 더욱 강대해진 초나라가 북벌에 성공해 6국을 멸하고 천하를 통일했을지도 모른다.

역사에 가정은 없다. 그러나 때로는 아주 우연한 사건이 역사를 바꾸어 놓기도 한다.

03 · 소금 밀수꾼들이 당나라를 멸망시키다

진나라의 6국 통일은 중국의 기초를 닦았을 뿐 아니라 소금업의 경영방식까지도 바꾸어 놓았다. 춘추전국시대에는 세상이 혼란해 개인이 소금을 생산하고 판매하는 것이 대부분 합법이었다. 의돈이라는 상인은 하동염지에서 생산된 소금으로 큰돈을 벌어 제후에 버금가는 부를 축적하기도 했다. 하지만 관중이 재상으로 있었던 제나라 등 몇몇 나라에서는 국가가 사염을 일률적으로 사들였다. 진나라에서도 상앙이 재상으로 있을 때는 소금업을 국가가 독점해 국가가 모든 염지와 염천, 염정을 소유하고 개발했다. 소금 판매에만 일부 상인들을 참여시켰고, 그것도 엄격한 자격조건에 따라 소금 판매 허가를 내주었고 그마저도 높은 세금을 물렸다. 이런 방식은 진나라가 6국을 통일한 뒤에도 계속되어 후대 왕조들도 이를 계승했다.

소금업이 국영이었는지 민영이었는지는 그 왕조가 민생을 위해 얼마나 노력했는지 판단하는 기준이 되기도 한다. 앞에서도 설명했지만 국가가 소금업을 독점한 것은 사실 전국적인 세금 징수를 의미한다. 과거 통치자들에게는 짠 소금이 꿀처럼 달콤하게 느껴졌을 것이다. 소금이 가져다주는 달콤함을 한번 맛보고 나면 도저히 포기할 수 없었다. 상앙과 관중이 선례를 남기자 각 왕조는 눈치 볼 것도 없이 당당하게 그들의 방식을 따라 했다.

그러나 국영이라는 방식은 태생적인 단점이 있다. 앞에서도 말했듯이 경영효율이 낮고 부정부패가 발생하기 쉽다는 것과 사염 거래를 부추길 수 있다는 것이다. 국가가 소금을 전매해 버려 시중에서 거래되는 소금 가격은 비싼데 소금 생산원가는 그보다 훨씬 낮으면, 그 사이의 이익을 노려 극형의 위험을 무릅쓰고 돈을 벌기 위해 달려드는 사람들이 생길 수밖에 없다. 오늘날 원유와 천연가스를 독점한 산유국들이 수출가격을 마음대로 올리자 산유국 국민들 중에 대범하게 국경 밀수를 시도하는 이들이 나타나는 것과 같다.

그런데 국가가 사염 밀매를 단속하려면 종종 큰 대가를 치러야 했다. 관중이 국경에 장성을 쌓은 것도 한 예다. 장성을 쌓고 관문을 감시하는 데 드는 비용이 소금 전매를 통해 벌어들이는 수익의 일부를 상쇄시켰다. 오늘날 시장경제의 관점에서 보면 국영방식보다는 민영방식이 소금업의 번영에 더 이롭다. 국가는 시장을 관리감독하고 민간기업이 소금을 생산하고 판매하면서 매출에 따라 세금을 납부하며 기업들이 자유롭게 경쟁하는 것이 가장 효율적이다.

하지만 옛날 중국인들은 지혜롭지 못했다. 천하가 모두 천자의 땅이라는 뿌리 깊은 인식 때문에 황제는 신하든 백성이든 국가의 명맥을 장악하는 것을 용납하지 않았다. 소금이 바로 국가경제의 명맥이었기 때문에 장성을 축조해서라도 사염 거래를 막는 것은 통치자들에게 지극히 당연한 일이었다.

진나라가 2대 황제를 끝으로 멸망한 뒤 건국한 한나라는 국가경제를 다시 일으키는 것이 급선무였다. 그 때문에 소금의 생산과 판매를 모두 개인에게 개방했다. 귀족들이 소금과 철을 전매할 것인지 민간에 개방할 것인지를 놓고 논쟁을 벌이기도 했지만 한무제 이후에는 국가가 소금업을 철저히 독점하고 사염을 단속했다.

일시적으로 황제들이 소금 전매를 취소하고 소금업이 자유롭게 발전할 수 있도록 허가한 적도 있기는 하다. 중국역사상 진나라와 함께 2대 황제 때 멸망한 단명 왕조 수나라는 소금업을 민간에 개방하고 국가는 세금만 징수했다. 심지어 한때 세금 징수마저 중단하기도 했다. 모든 백성에게 세금을 부과하는 전민세에서 상업세로 세금의 성격이 변화된 것이다. 이렇게 하면 백성들 개개인이 소금 소비를 위해 납부하는 세금은 줄어들지만 그렇다고 해서 반드시 국가의 세수가 줄어드는 것은 아니었다.

국가는 더 이상 사염을 단속하기 위해 비용을 따로 지불할 필요가 없었고, 또 민영방식의 효율이 높기 때문에 오히려 세수가 늘어났다. 그러므로 소금 전매 중단으로 수나라의 세수가 줄어들었을 것이라고 단정할 수는 없다. 수나라의 멸망 원인에 대해서는 뒤에서 자세하게 설명하겠다.

민영방식에 힘입어 찾아온 소금업의 황금기는 당나라 때 안사의 난이 발생할 때까지 지속되었다. 755년 안록산이 반란을 일으켜 군대를 몰아 중원을 공격했다. 당시 평원 태수는 유명한 서예가 안진경이었다. 안록산의 반란군을 진압하기 위해 대량의 군수물자가 필요했던 안진경은 국고의 자금으로 현지 시장에서 소금을 전부 사들인 뒤 비싸게 되팔아 남긴 돈으로 군수비용을 조달했다.

이 방법은 위급한 상황에서 어쩔 수 없는 선택이었다. 그러나 안사의 난이 평정된 뒤 다른 관리들이 앞다투어 이 방법을 따라 하기 시작했다. 머지않아 당나라의 소금업은 국영으로 전환되었고 관염 가격이 하늘 높은 줄 모르고 급등하기 시작했다. 민영방식이었을 때 한 되에 10전(錢)이었던 소금 가격이 국영방식으로 전환된 뒤 110전까지 10배 이상 급등했다. 한번 오른 소금 가격은 떨어질 줄 모르고 오르기만 하더니 당덕종 때는 관염 가격이 한 되에 300전이 넘었다. 이토록 폭리를 취한 황제에게 '덕종'이라는 시호가 붙었다니 도덕 기준이 너무 낮은 것이 아닐까?

당 후기에도 국영 소금업이 국가에 막대한 수익을 안겨 주었을까? 물론이다. 과거 한 되에 10문(문은 엽전을 세는 최소단위—옮긴이)이었던 소금 가격이 한 되에 300문으로 올랐다면 모험심 충만한 사람들에게는 놓칠 수 없는 폭리의 기회가 아니겠는가? 당시에는 소금이 나는 곳이라면 어디든 사염 밀매업이 성행하고 사염이 대거 시장으로 흘러들어 관염을 위협했다. 당덕종이 소금 가격을 천정부지로 올려놓았지만 세수는 오히려 계속 감소했다. 백성들이 관염을 외면하고 사염을 사 먹었기 때문이다. 한 되에 300문짜리 소금은 황제 폐하나 잡수시라고 정중히 양보한 것이다.

황제는 벌떼처럼 몰려드는 사염업자들을 향해 서슬 퍼런 칼날을 들이댔다. 잡히면 한 명도 살려두지 않겠다는 의지를 불태우며 소금업 독점을 지키려 했다. 당시 사염을 밀매하다가 잡히면 엄벌을 피할 수 없다는 것은 열 살 먹은 아이들도 잘 알고 있었다.

하동염지를 관리하던 사모라는 관리가 염전을 시찰하러 가는데 열 몇 살 먹은 외조카가 그를 따라 구경하러 갔다가 소금 알갱이가 신기했는지 소금 한 톨을 주머니에 넣어 가지고 집에 갔다. 얼마 뒤 그 사실을 안 사모는 그 자리에서 조카를 사형에 처했다.

어린아이가 호기심에 소금 한 톨을 가져왔다는 이유로 죽임을 당하고, 게다가 그 아이를 죽인 이가 가족이었다는 사실은 당시의 형법이 얼마나 엄하고 무자비했는지 보여주는 증거다. 사모가 조카를 죽이지 않았다면 아마 그의 가문이 모조리 멸문의 화를 당했을 것이다.

그러나 엄한 형벌이 평범한 백성들을 겁줄 수는 있지만 살길이 막막한 이들에게는 별로 효과가 없다. 필수품이자 일용품인 소금 가격이 천정부지로 치솟자 하층민들은 더 심한 가난으로 내몰렸다. 어차피 죽을 거라면 차라리 목숨 걸고 도박 한번 해보는 것도 나쁘지 않기 때문이다. 급기야 당 말기에 이르러서는 엄한 법률과 혹형으로도 사염 밀매를 단속할 수 없었다. 사실 이 모든 것은 사염 밀매업자들의 잘못이 아니라 잘못된 소금업 정책이 낳은 부작용이었다.

한때 화려한 전성기를 구가했던 당나라가 바람 앞 등불처럼 위태로워졌다. 만약 그때라도 황제가 사염 밀매업자들과의 화해를 시도했더라면 왕조의 멸망을 막을 수 있었을지도 모른다. 그러나 통치자들은 또 한 번 크나큰 실수를 저질렀고 결국 당나라는 멸망의 길로 들어서고 말았다. 당나라 멸망에 직접적인 계기가 된 것은 중국역사상 가장 대담한 사염 밀매업자인 황소가 일으킨 봉기였다.

황소는 산둥 하택 사람이었다. 앞에서 제나라가 바다소금으로 춘추전국시대에 패권을 잡았음을 언급했다. 하택은 춘추전국시대부터 중요한 소금 산지였다. 황소의 집안은 3대째 사염 밀매를 하고 있었다. 사염 판매는 발각되면 사형에 처해지는 중범죄였는데 이를 가업으로 삼았다는 것은 당시 법률이 순종적인 일반백성들을 겁줄 수는 있었지만, 약삭빠른 사염 밀매업자들에게는 오히려 잠재적인 경쟁자를 줄여 주는 장치일 뿐이었음을 짐작하게 한다.

사염 밀매가 높은 수익을 보장했기 때문에 황소가 어째서 난을 일으켰을까 하는 의구심이 들 수도 있다. 민란은 굶주린 이들이 살길을 찾기 위해 일으키는 것이 일반적이다. 황소의 집안은 풍족했고 과거에도 응시했다가 낙방했을 만큼 여유가 있었다. 사족을 한마디 덧붙이자면 사염 밀매업자의 자식이 당당히 국가공무원 선발 시험에 응시했다니 당시 국가기관은 세금만 축내는 종이호랑이였던 것 같다.

황소가 과거에 낙방한 뒤 절망감을 토로하며 쓴 시는 매우 유명하다.

"기다려라. 가을이 오고 중양절이 가까워지면
내 꽃은 활짝 피고 온갖 꽃은 다 시들리라.

하늘을 찌르는 국화 향기가 장안에 스며들리니.

성 안은 온통 황금 갑옷을 두르겠구나."

　황소는 장차 장안에서 출세할 자신을 국화에 비유했다. 이 시만 보아도 황소가 입신출세를 간절히 원하고 있었음을 짐작할 수 있다. 그도 그럴 것이 돈이야 이미 충분히 벌었고 황소가 벼슬길에 올라 가문의 남부끄러운 과거까지 말끔히 세탁한다면 그야말로 진정한 성공이었다. 그런데 야속하게도 과거 급제의 좁은 문은 좀처럼 황소에게 열리지 않았다. 그러면 어떻게 해야 할까?

　그때 또 다른 사염 밀매업자 왕선지가 반란을 일으켰다. 왕선지가 봉기군을 이끌고 성을 공격하자, 평소에 그와 사염을 거래하며 친분이 있었던 황소는 출세할 수 있는 또 다른 길이 있음을 깨닫고 사람들을 모아 왕선지에게 호응했다.

　얼마 뒤 두 사염 밀매꾼이 손을 잡자 세력이 막강해졌다. 하지만 그들은 다른 농민봉기군들처럼 성을 점령해 세력을 확장하는 대신, 곳곳을 돌아다니며 성을 공격해 한바탕 약탈한 뒤 성을 버리고 빠져나가 또 다른 성을 공격했다.

　그들은 어째서 반란조차 남달랐던 것일까?

　황소와 왕선지가 반란을 일으킨 목적이 영토가 아니라 명예를 얻기 위함이었기 때문이다. 그들은 관군과의 전투에서 승리하면 관부로 사람을 보내 관직을 달라고 요구하며 협상을 벌였고 패하면 줄행랑을 쳤다가 기회를 엿보아 다시 관군을 공격했다.

　관리들은 사염 밀매업자들이 국법을 희롱하고 있다고 생각했고 그들의 요구를 들어주면 천하가 어지러워질 것이라고 여겨 그들의 요구를 일절 받아들이지 않았다. 관직을 달라는 요구가 거절당하자 황소와 왕선지는 군대를 두 갈래로 나누어 각자 살길을 도모하기로 했다. 왕선지는 관군에게 패해 사망하기 바로 전 해에 1년 동안 일곱 차례나 관리 등용을 조건으로 투항하겠다는 의사를 밝혔지만 모조리 거절당했다. 황소 역시 관직을 달라고 조정에 수차례 요구했지만 뜻을 이루지 못했다.

요구가 번번이 거절당하자 분개한 황소는 장안을 함락시키고 스스로 황제가 되기로 마음먹었다. 황소가 반란을 일으킨 뒤 곳곳에서 빈민들이 봉기군에 가담해 처음과는 비교도 할 수 없을 만큼 막강한 세력을 가지고 있었다. 황소가 반란군을 이끌고 장안으로 통하는 관문인 동관을 공격했다. 수십만 봉기군이 산과 들을 가득 채우고 성으로 진군하는 것을 보고 동관을 지키던 관군들이 싸워 볼 엄두도 내지 못하고 줄행랑을 쳤고 동관이 함락되자 장안은 힘없이 무너졌다. 사염 밀매꾼 황소는 마침내 "하늘을 찌르는 국화 향기가 장안에 스며드는" 꿈을 실현시키고 스스로 황위에 올랐다.

얼마 지나지 않아 당나라 조정이 주변 민족들에게 군대를 빌려 장안을 포위하고 황소의 난을 평정했다. 그렇지만 국가는 이미 큰 충격을 받고 쓰러져 겨우 숨통만 붙어 있는 형국이었으므로 얼마 버티지 못하고 멸망했다. 잘못된 소금업 정책이 당나라 멸망에 적잖은 영향을 미쳤음은 분명한 사실이다.

흥미로운 것은 황소의 난을 진압하기 위해 나선 관군들 중에도 왕건·전류·주선 등 사염 밀매업자들 여럿이 포함되어 있었다는 사실이다. 왕건은 젊은 시절 사염을 팔았지만 황소가 난을 일으켰을 때 그에게 동조하지 않고 청두로 피신한 황제를 위해 관군에 입대했고, 전류도 젊은 시절 한때 사염을 팔았지만 관군에 입대해 황소의 난을 진압하는 과정에서 공을 세웠다. 주선도 부친이 사염 밀매를 하다가 조정으로부터 형벌을 받았지만 황소의 난을 진압할 때 관군으로 참여했다.

관군에 참여했던 이 사염 밀매업자들은 황소의 난이 평정된 뒤 관리로 화려하게 변신해 승승장구했다. 어떤 이는 번진절도사가 되어 조정에 세금을 내지 않고 스스로 군대를 거느렸으며 당 말기의 권력 투쟁에 적극적으로 참여해 왕조 붕괴에 중요한 역할을 했고, 왕건과 전류는 당나라 멸망 이후 오대십국시대에 직접 나라를 세우기까지 했다. 결국 사염 밀매업자들에게 나라를 빼앗길 줄 알았다면 당나라 황제도 관직을 달라는 황소의 요구를 순순히 들어주지 않았을까?

이처럼 소금은 한 나라를 흥하게도 하고 망하게도 했다.

제3장

만리장성 바깥의 가난뱅이들은 들어오고 싶어 하고 안에 있는 가난뱅이들은 나가고 싶어 하다

만리장성을 처음 본 사람들은 산등성이를 따라 굽이굽이 이어진 기적 같은 건축물에 놀라고 감탄한다. 역사적으로 중원을 차지한 왕조들은 북부 유목민들의 남하를 막기 위해 막대한 인적·물적 자원을 동원해 세계적으로 유일무이한 거대한 사업을 완성했다.

　현재 만리장성은 중국의 브랜드이자 상징이다.

01 · 마르코 폴로여, 만리장성을 보았는가

그런데 모든 일에는 예외가 있다. 바로 이 민족인 마르코 폴로가 그렇다. 13세기 이탈리아 여행가인 마르코 폴로는 젊은 시절 숙부를 따라 광활한 아시아 대륙을 건너 천신만고 끝에 동방의 중국에 도착했다. 당시 중국의 왕조는 원이었고 쿠빌라이 칸이 통치하고 있었다. 마르코 폴로는 중국에서 보고 들은 것들을 자신의 기행문에 상세하게 기록했는데, 특히 중국인들이 지폐를 사용하는 것이나 중국 북부에서 나무 대신 검은 돌멩이를 연료로 사용한다는 것 등등 중국에서 본 놀라운 일들이 자세하게 적혀 있었다. 연료로 사용했다는 검은 돌멩이가 바로 석탄인데 당시 유럽에서는 석탄을 거의 사용하지 않았다.

그런데 그의 기행문에는 '만리장성(The Great Wall)'에 대해서 단 한 줄도 언급되어 있지 않다. 이 때문에 중국에 다녀왔다는 그의 말이 거짓이라고 주장하는 이들도 있다. 중국에서 만리장성보다 더 놀랍고 눈에 띄는 것이 있을까? 당시 세계에서 만리장성과 어깨를 나란히 할 수 있는 거대한 건축물은 이집트의 피라미드가 유일했다. 마르코 폴로가 장님이 아닌 이상 만리장성을 보지 못했을 리가 없지 않은가? 만약 그가 정말로 만리장성을 보았다면 경탄하며 기행문에 기록하지 않았을 까닭이 없다.

물론 그는 만리장성을 보았을 것이다. 하지만 당시 만리장성은 군데군데 허물어지고 끊어진 성벽만 남아 돼지우리 울타리보다도 초라한 몰골이었을 가능성이 크다.

황당한 일이지만 만리장성 부근에 사는 사람들이 유적에서 벽돌을 가져다가 돼지우리를 쌓는 것은 지금까지도 이어지고 있는 아주 오래된 습관이다. 진나라 때 축조되기 시작한 만리장성은 한나라 때에 이르러 더욱 확장되어 총 길이가 2만 리가 넘었다. 하지만 한나라 이후에는 거의 버려지다시피 했고 원나라 쿠빌라이 칸 시대에는 거의 과거의 위용을 찾아볼 수 없을 만큼 심하게 훼손되었다. 허물어지고 부서지고 벽돌들은 뿔뿔이 흩어져 주민들의 집을 짓고 돼지우리를 짓는 재료로 사용되었다.

곰곰이 생각해 보면 진나라 때 쌓은 성벽이 지금처럼 빈틈없이 견고할 수는 없었을 것이다. 진시황의 병마용은 지하에 매장되어 있었으므로 잘 보존되었지만 그 외의 진나라 때 건축물들은 대부분 지금 흔적도 없이 사라졌다. 만리장성이 처음 축조된 것이 기원전이고 쿠빌라이 칸 시대에는 이미 1,500년이나 지난 뒤이므로 온전한 모습을 유지할 수는 없었을 것이다.

다만 마르코 폴로가 기행문에서 자신이 투석기 제작법을 원나라에 전수해 주어 원나라가 양양을 함락시켰다는 둥 허풍을 떨어 놓은 탓에 후대 사람들이 그가 중국에 다녀갔다는 사실 자체를 의심하는 것이다. 게다가 명나라 중엽부터 중국에 온 서양 선교사들이 중국 북부 산맥에 우뚝 선 만리장성을 본 뒤로 마르코 폴로가 중국에 간 적이 없을 것이라는 의심이 더 강해졌다. 그러나 서양 선교사들이 본 만리장성은 진나라 때 쌓은 것이 아니었다. 명나라 초기에 북방 이민족의 침입을 막기 위해 만리장성이 원래 있던 곳에 다시 성벽을 쌓은 것이다.

그렇다면 마르코 폴로에 대한 의심은 이쯤에서 거두고 만리장성 자체에 대한 의문점에 주목해 보자. 만리장성은 왜 1,600~1,700년이 지난 뒤 명나라 때 다시 축조했는데도 진나라 때 만리장성과 위치가 거의 일치할까? 이것이 단지 우연의 일치일까?

02 · 만리장성이 어디에 있는지는 하늘에 물어보라

중원을 지배했던 왕조들은 모두 농경국가였다. 그들은 북방 유목민족이 세운 국가와 자주 충돌했다. 유목민족이 남하해 재물을 약탈하기도 하고 농경민족이 북방을 공격하기도 했다. 두 민족은 주나라 때부터 명나라 말기까지 만리장성을 경계로 밀고 당기는 싸움을 계속했다. 약 3천 년 동안 끈질긴 싸움을 계속하면서도 중원왕조의 북부 국경은 거의 대부분 만리장성에서 크게 멀어지지 않았다. 설마 만리장성이 두 민족의 확장을 억제하는 데 대단한 효과를 발휘했던 것일까?

겉으로는 만리장성이 두 민족의 확장을 억제할 수 있는 위치에 지어진 것처럼 보이지만 실제로는 그보다 훨씬 더 중요한 원인이 있었다. 바로 강수량이다.

중국의 강수량 분포도와 만리장성의 지도를 비교해 보면 만리장성의 위치가 중국 북부의 연평균 강수량 400밀리미터인 등강수량선과 거의 일치한다. 만리장성은 화베이 북부의 옌산산맥에서 서쪽으로 이어져 오늘날 산시(山西)성의 타이싱산 북단, 네이멍구의 인산산맥을 거쳐 다시 서남쪽으로 방향을 트는데 이것이 바로 400밀리미터 등강수량선과 완벽하게 맞아떨어진다.

만리장성을 왜 400밀리미터 등강수량선 위에 축조한 것일까?

강수량은 지표식물의 생장에 결정적인 영향을 미친다. 강수량이 400밀리미터 이하면 가뭄에 잘 견디는 지표식물이 잘 자란다. 이런 지역에서는 농사보다는 소나 양을 방목하는 것이 적합하다. 물론 초원을 개간해 곡식을 재배하는 것이 전혀 불가능한 것은 아니지만, 강우량이 적어 몇 년 못가 땅이 사막화되기 때문에 계속 농작물을 심을 수 없다. 그러므로 400밀리미터 등강수량선 이북 지대는 유목민들이 살기에 적합하다.

반대로 연평균 강수량이 400밀리미터 이상이면 농지를 개간해 농사를 지으며 살 수 있다. 화베이 지역에서 밀 생산량이 많은 것도 이런 이유 때문이다. 따라서 400밀리미터 등강수량선 이남 지역은 예로부터 농민이 많았다.

중국역사를 살펴보면 중원의 농경생활 방식이 북부로 전파된다 해도 이 등강수량선을 크게 넘어서지 못했고, 북부 초원지대의 유목민들이 하늘이 그어 놓은 이 선을 뚫고 남하한다 해도 소나 양이 배불리 풀을 뜯을

강수량이 적은 초원은 가축 방목에 적합하다.

강수량이 많은 평야는
농사짓는 데 적합하다.

N

S

〈그림 2〉

만한 초원이 없어 목축 생산에 적합하지 않았다. 따라서 400밀리미터 등 강수량선은 농경민족과 유목민족을 가르는 일종의 분계선이었다.

하지만 이것만으로 전부가 아니다. 중원문화는 농경지를 기반으로 한 농경문화로 한곳에 정착해 살면서 자급자족할 수 있었기 때문에 다른 나라를 침략할 필요가 없었다. 반면 유목민족의 생활은 그리 녹록지 못했다. 혹한이 찾아온 해에는 가축들이 전부 얼어 죽어 마을 전체가 생사의 갈림길로 내몰리기도 했다. 남쪽 농경민족에게 도움을 받을 수 없다면 쳐들어가서라도 먹을 것을 빼앗아오는 수밖에 없었다. 그 외에도 유목민족은 옷감이나 차 같은 것을 얻기 위해 호시탐탐 중원을 침략할 기회를 엿보았다.

그 때문에 농경민족은 용맹하고 사나운 북부 유목민족의 침략을 어떻게 막아낼 것인가라는 혹독한 문제를 안고 있었다.

03 · 진시황의 수지타산

기원전 215년 지금의 네이멍구 지역에서 진(秦)나라 장수 몽염이 보병이 대부분인 군대를 이끌고 흉맹한 흉노족 기병대와 맞서 필사의 전투를 벌였다. 천하를 통일한 뒤 사기가 충만했던 진나라 군대는 단숨에 허타오를 손에 넣었고, 살아남은 흉노의 패잔병들은 황망히 후퇴해 머나먼 고비사막으로 도망쳤다.

그런데 진나라 군대에 흉노군을 추격하지 말고 공격 대신 방어에 주력하라는 명령이 떨어졌다. 그 뒤 진나라의 30만 대군은 전국시대 연·조·진 세 나라가 북쪽에 쌓아놓은 장성을 기반으로 서북 쪽 린타오 일대에서 랴오둥에 이르는 긴 장성을 쌓았다. 이렇게 해서 중국 북부를 동서로 관통하는 만리장성이 처음으로 세상에 모습을 드러냈다.

진시황은 무엇 때문에 북벌을 중단하고 인력과 물자를 대거 투입해 거대한 장성을 쌓았을까? 진시황은 중국의 훌륭한 정치가일 뿐 아니라 탁월한 경제학자이기도 했다. 그는 분명히 장성 축조를 명령하기 전 치밀하게 수지타산을 따져 보았을 것이다.

진시황 입장에서 흉노족 방어라는 골치 아픈 숙제에 대해 생각해 보자. 우선 진시황의 통치기반은 모두 농민이었다. 사막으로 깊숙이 들어가 흉노와 전투를 벌이기 위해서는 상당히 많은 기병이 필요했다. 말을 타 본 적 없는 농부들을 노련한 기병으로 만들기 위해서는 많은 시간과 돈이 필요했다. 또한 농민들이 군대에 있는 동안에는 농사를 지을 수 없어 농업생산 노동력의 손실이 생겼다.

설령 강한 기병을 갖게 된다 해도 그들을 북방 초원으로 깊숙이 들여보내 전투를 하려면 군량미 조달에도 막대한 자금이 필요할 것이었다. 고속도로나 철도가 없던 당시에 군량미 조달은 온전히 사람과 가축의 힘에만 의존해야 하는 매우 힘든 일이었다. 사서의 기록에 따르면 중원에서 북방의 전쟁터까지 곡식 1석을 운반하는 동안 운송인력을 유지하는 데 필요한 곡식이 무려 192석이나 되었다.

반면 흉노 기병들은 그리 많은 비용과 물자가 필요하지 않았다. 어릴 적부터 말을 타 온 유목민족들은 이미 노련한 기병이었으므로 군사로의 역할 전환이 매우 쉬웠다. 또 후방 보급물자 역시 농경민족보다 풍부했다.

농경민족은 전투에 많은 비용이 소모되었지만 그에 비해 전투를 통해 얻을 수 있는 이익은 상대적으로 적었다. 광활한 초원을 얻어봤자 농사를 지을 수도 없었다. 중원왕조는 농민들에게서 세금을 거두어들이는데, 농민이 없으면 아무리 넓은 초원을 가진들 무슨 소용이 있겠는가? 설령 유목민족과의 전쟁에서 승리한다고 해도 막대한 전쟁비용이 나라에 큰 부담이 될 것이었다.

지략이 뛰어난 한무제도 흉노와의 전쟁에서 화려한 승리를 거두었지만 인력과 물자를 과도하게 소모한 탓에 국력이 약화되어 나라 전체가 쇠락의 길로 들어섰다. 명성조 주체도 대군을 북부 사막으로 보내 몇 년 동안 전투를 벌여 몽골 각 부족을 쫓아버렸지만 이 전쟁으로 결국 타격을 입은 것은 명나라였다.

반면 말을 탄 유목민족들은 바람처럼 들이닥쳐 농민들이 쌓아놓은 재산을 약탈해 도망쳤다. 적은 비용으로 큰 이익을 얻을 수 있었던 것이다. 그러니 유목민족이 어찌 약탈을 사랑하지 않겠는가?

전쟁에 소모되는 비용과 전쟁으로 얻는 이익 사이의 큰 격차를 해결할 수 있는 방법을 생각해야 했다. 진시황은 전국시대의 전략을 본떠 긴 성벽을 쌓기로 했다. 장성이 생기면, 장성은 유목민족이 쳐들어와 약탈하고 바람처럼 도망치는 것을 막을 수 있을 것이고, 농경민족과 유목민족의 전쟁은 장성을 사이에 둔 공방전이 될 것이었다.

장성이 생기자 그다음부터는 비용과 수익의 불균형에 변화가 생겼다. 방어하는 농경민족은 가까운 농지에서 곡식을 얻을 수 있고, 공격하는 유목민족은 말을 방목하는 초원에서 멀리 떨어져 있었다. 게다가 장성 일대가 대부분 산으로 이어져 있고 중요한 길목마다 견고한 요새가 지어져 있었기 때문에 농경민족의 보병이 성벽 위에서 지키기만 하면 유목민족의 기병은 공격해 볼 도리가 없어 약탈은커녕 흠씬 두들겨 맞고 도망치기 바빴다.

장성이라는 거대한 방어벽이 있기 때문에 농경민족은 기병을 훈련시킬 필요가 없어 비용을 줄일 수 있었고, 또 본래 농민인 병사들이 직접 주둔지 옆에 밭을 일구어 농사를 지었으므로 그 덕분에 군량미 보급에 들어가는 비용도 크게 줄어들었다.

농경민족의 위대한 황제 진시황이 오늘날의 《경제학원리》 같은 책을 읽었을 리는 없지만 만리장성을 건설한 그의 전략은 경제학의 기본 원리인 최소비용과 최대효과의 원칙에 완벽하게 부합한다. 만리장성 건설에 막대한 인력과 물자가 소모되어 단기적으로는 경제적 부담이 컸지만 장기적으로 보면 역시 현명한 전략이었다.

그 뒤 각 왕조는 여건만 허락된다면 성벽을 지어 북방 유목민족에 대항했다. 명나라 성화연간에 몽골 타타르족이 산시(陝西) 북부와 간쑤 일대를 자주 침략하자 황제가 신하들을 불러 모아 대책을 논의했다. 신하들이 계산해 보니 인부 5만 명을 소집할 경우 두 달이면 장성을 건설할 수 있고 비용도 100만 냥밖에 들지 않았다.

하지만 장성을 건설하지 않고 8만 대군을 보내 타타르족을 토벌한다면 해마다 필요한 군량미와 운반비용이 1,000만 냥에 육박했다. 비용 차이가 이렇게 큰 것은 장성을 지을 경우 병사들이 장성 안에서 직접 지은 농사로 군량미를 일부 자급할 수 있어 군량미 운반비용을 크게 절감할 수 있었기 때문이다.

이런 이유로 명나라 황제들은 적극적으로 장성을 건설했다. 오늘날 우리가 볼 수 있는 웅장한 만리장성이 바로 그때 지어진 것들이다. 원나라 초기에 중국에 왔던 마르코 폴로가 명나라 때 만리장성을 보지 못한 것은 당연하다.

04 · 효용가치가 떨어지는 만리장성

　　　　　　　　　진시황의 수지타산은 치밀하고 탁월했다. 하지만 일은 사람이 하는 것이다. 만리장성이 실제로 경제적 효과를 발휘할 수 있느냐는 이 계획을 실행에 옮기는 사람들에게 달려 있었다.

　규모가 큰 공사일수록 엄격한 관리가 필요하다. 특히 만리에 방어벽을 쌓는 이 거대한 사업에는 완벽하고 체계적인 관리제도와 그 제도를 엄격하게 지키는 관리인력이 필요했다. 그런데 중원왕조의 근간은 수많은 자경농이었다. 자경농들이 한두 뙈기 땅을 일구어 수확물의 일부를 황제에게 바치면 황제와 귀족들은 그것으로 풍족한 생활을 누렸다. 자경농은 정기적으로 나라에 곡식을 바치고 나면 제각각 생계를 유지하고 생활을 영위했으므로 그들이 모여 효율적인 조직을 만드는 것은 거의 불가능했다. 또한 황제들도 민간에서 큰 조직이 생겨나 황제의 자리를 위협하는 것을 원치 않았다.

　요컨대 중원왕조는 태생적인 관리의 한계가 있기 때문에 유능한 관리인력을 길러내지 않으면 장성 축조라는 거대한 사업을 엄격하게 관리할 수 없었다. 건국 초기에는 무위도식하는 귀족들이 많지 않고 개국황제들은 대부분 강한 권력을 가지고 있었으므로 이때는 장성을 지어 적을 방어할 수 있었다.

　하지만 왕조의 중기나 말기가 되어 조정의 기강이 해이해지고 관리의 병폐가 속출하면 장성은 팽팽히 당겨진 활이 아니라 느슨한 고무줄이었다. 외적이 공격하면 고무줄이 팽팽히 당겨지지만 외적의 공격이 없으면 이내 느슨해졌다. 때때로 강적이 장성을 대대적으로 압박하면 이 고무줄이 끊어져 버리기도 했다.

게다가 유목민족도 학습능력이 있었으므로 장성을 뚫기 위해 부단히 노력했다.

흉노, 유연 등 중국역사상 초기의 유목민족들은 장성 남쪽을 자신들의 '황금목장'으로 생각해 우르르 내려와 한바탕 약탈한 뒤 다시 북쪽으로 도망쳤을 뿐, 장성 남쪽에 정착할 생각은 하지 않았다. 하지만 요를 세운 거란, 금을 세운 여진 등 그 뒤에 등장한 유목민족들은 농경민족과 빈번하게 접촉하면서 농경기술을 배웠기 때문에 장성을 뚫고 내려와 정착하곤 했다. 유목민이지만 스스로 유목생활을 그만두고 자경농으로 살면서 세금을 납부한다면 중원왕조로서는 전혀 문제될 것이 없었다. 한나라 이후부터 명나라 이전까지 오랜 세월 동안 만리장성 건설이 지역에 따라 소규모로 진행된 이유가 바로 여기에 있다.

중원의 농업기술을 배운 유목민족들은 장성 이남으로 뚫고 내려와 주둔지를 만들고 정착했다. 비용과 효과의 원칙에 입각해 분석해 보면, 한나라 때부터 남북조 시기까지 중원으로 밀고 내려와 나라를 세운 오호(흉노·갈·선비·저·강)든 훗날의 거란족이나 여진족이든 모두 장성 이남의 점령지로부터 충분한 식량을 확보해 전쟁비용을 낮추었다. 게다가 그들은 중원왕조의 보병들보다 훨씬 강한 기병을 보유하고 있었으므로 전쟁에서 매우 유리한 위치에 있었다. 훗날 몽골인들은 북방의 금을 멸망시키고 남방의 남송까지 멸망시킨 뒤 장성 남북을 통일하기도 했다.

이렇듯 유목민족의 기술이 발전함에 따라 장성의 경제적 효과는 점차 감소했고 장성을 사이에 두고 벌이는 농경민족과 유목민족 간의 공방전은 유목민족에게 훨씬 유리해졌다. 근대의 학자 왕국유는 금나라가 장성을 이용해 몽골족을 방어했다고 평가하며 만약 금나라의 세력이 강했을 때 몽골족에 칭기즈칸 같은 강한 우두머리가 없고 장성을 수비하는 여진족 장수가 그리 아둔하지 않았더라면 장성이 훨씬 강한 방어 기능을 발휘했을 것이라고 말했다. 이러한 분석은 당시 금나라가 몽골족에 대항할 방법이 거의 없었음을 보여준다. 장성은 이미 건설하자니 돈이 많이 들고 건설하지 않자니 이민족에 재물을 약탈당하는 계륵과 같은 존재로 전락해 있었다. 경제학에서는 비용과 효과가 거의 동등한 이런 거래는 해도 그만 안 해도 그만인 것으로 평가한다.

그러나 장성을 포기하고 유목민족에게 침략을 허용할 수는 없었다. 농경민족은 유목민족을 방어할 새로운 방법을 짜내야 했다.

05 · 만리장성이 경제학에 무너지다

〈농부와 유목민〉이라는 이야기를 들어 보자. 한 농부가 있었다. 그의 옆집에는 유목민이 살았는데 유목민이 기르는 소가 자꾸만 농부의 밭에 들어와 애써 길러놓은 농작물을 뜯어먹었다. 농부는 몇 가지 방법을 생각해 냈다. 첫째, 유목민을 고소해 손해배상을 청구하는 것이었다. 하지만 고소를 하자면 상당한 비용과 시간이 필요했고 이웃과 원수지간이 될 것이므로 얼마 안 되는 농작물을 지키기 위해 그런 대가를 치를 필요는 없었다. 둘째, 자신의 밭과 유목민의 방목장 사이에 울타리를 세워 소가 밭으로 들어오지 못하도록 막는 것이다. 하지만 울타리를 세우려면 목재와 못을 사야 하고 또 울타리를 만들기 위해 며칠 동안 힘들게 일해야 했다.

더 적은 비용으로 해결할 수는 없을까? 옳거니! 농부는 유목민에게 돈을 주고 그 돈으로 밧줄을 사다가 소를 말뚝에 묶어 마음대로 돌아다니지 못하게 해달라고 요청했다. 그 방법은 소송을 제기하거나 울타리를 만드는 것보다 비용이 훨씬 적게 들었다.

누군가는 이렇게 물을 것이다. 소가 농부 밭에 들어가 농작물을 뜯어먹었는데 어째서 농부가 되레 유목민에게 돈을 준단 말인가? 이렇게 불공평한 일이 어디에 있을까? 그런데 한 가지 짚고 넘어갈 것이 있다. 이 책에서 논하려는 것은 공평함이나 도덕의 문제가 아니라 경제와 역사의 문제라는 것을 잊어서는 안 된다. 유목민과의 분쟁을 해결해야 하는 농부의 입장에서는 재판을 위한 소송비든 울타리를 만드는 비용과 노력이든, 아니면 유목민에게 주는 밧줄 값이든, 모두 경제학에서 말하는 '거래비용'을 생각해야 한다는 것이다. 거래비용이란 거래, 즉 소가 다시 농작물을 뜯어먹지 못하도록 하는 것을 성사시키기 위해 지불하는 비용이라는 뜻이다.

순수하게 경제학적인 관점에서만 본다면 이 비용이 적으면 적을수록 이득이다. 유목민에게 돈을 주어 밧줄을 사다가 소를 잡아매게 하는 방법이 가장 비용이 적게 든다면 농민은 그 방법을 사용하는 것이 가장 합리적이다. 유목민으로서도 농민과 재판장에서 만나 얼굴을 붉히고 싶지 않고 또 농민이 울타리를 만드는 것도 원치 않는다. 그보다는 농민에게 밧줄 값을 받는 편이 자신에게 더 이득이 되기 때문이다.

현대 경제학에서는 이것을 '원원(win-win) 방식'이라고 부른다.

중원왕조는 오랜 시행착오를 겪고 뼈아픈 대가를 치르고 난 뒤에야 이 거래비용의 이치를 터득했다. 흉노족에 대해 강경책으로 일관했던 한무제는 위청과 곽거병을 시켜 흉노족을 토벌했지만 한나라 역시 적잖은 손실을 입었다. 농부가 유목민에게 손해배상청구소송을 제기한 것과 같다. 진시황은 일찍부터 이 점을 잘 알고 있었다. 그는 막강한 군대를 가지고 있으면서도 중원 북쪽에 거대한 울타리를 세워 흉노를 막았다. 이것이 바로 만리장성이다.

그런데 진시황의 방식은 최소비용이 드는 방법이 아니었다. 중국역사상 가장 먼저 거래비용의 원칙을 알아차린 왕조는 제일 무능했던 나라로 꼽히는 송나라였다. 북송과 남송 모두 요·금·서하에게 해마다 조공을 바치는 방식으로 장기적인 평화를 유지했다. 송의 이 방식에 대해서는 뒤에서 더 자세히 설명하겠다.

그런데 중원왕조에게는 돈으로 재난을 피하는 방식 말고 더 효과적인 방법이 있었다. 유목민족과의 무역이 그것이다. 사서에는 유목민족이 야만적이고 미개한 민족으로 묘사되어 있지만, 사실 만리장성 부근에 사는 유목민족은 몽골 계통으로 결코 아둔하지 않았다. 오히려 그들이 중원왕조보다도 상업과 무역에 더 밝았다.

명나라 때 몽골의 알탄 칸은 명나라 황제에게 이런 제의를 했다.

"몽골족이 남하해 중원을 약탈하는 것은 초원에서는 구할 수 없는 비단, 면, 차 등을 얻기 위함이오. 그런데 만리장성을 뚫고 내려가 약탈해도 그런 것들이 원하는 만큼 많지 않으니 하는 수 없이 사람과 가축들을 끌고 가는 것이오. 그런데 사람이나 가축은 초원에도 많소. 게다가 약탈이 아무리 순조롭다 해도 우리 병사의 희생을 막을 수가 없소. 그러니 양측이 평화롭게 상호무역을 하는 것이 좋을 듯하오. 그러면 양쪽에게 모두 이로울 것이오."

알탄 칸은 명나라 황제에게 국경무역을 제안한 것이다.

서로 무역을 할 수 있다면 단순히 돈을 주어 약탈을 막는 것보다 경제적으로 훨씬 이득이었다. 초원에 사는 유목민들은 양고기의 느끼함을 줄이기 위해 밀크티를 즐겨 마셨다. 그런데 밀크티를 만들기 위해 없어서는 안 되는 재료인 찻잎은 중국 남부에서 생산되었다. 또 중원왕조의 입장에서는 동물의 털과 가죽이 고급 사치품이었지만 중원에서 생산되는 모피는 워낙 적어서 수요를 만족시킬 수 없었다. 그러므로 찻잎과 모피를 서로 바꾼다면 양쪽 모두 원하는 것을 얻으니 이보다 더 좋은 일이 있을까?

문제는 체면이었다! 바로 이 체면이 중원사람들의 마음속에 거대한 장벽을 만들어 만리장성 밖에 사는 민족과의 교류를 번번이 가로막았다. 만리장성 남쪽에 사는 한족들은 자신들이 고상하고 문명적이라고 자부하며 주변 이민족들을 '오랑캐'라고 불렀다. 게다가 중농억상의 관념 때문에 상인을 경시하는 관념이 뿌리 깊게 박혀 있었다. 이런 마당에 '오랑캐 상인'과 거래를 한다는 것은 상상도 할 수 없는 일이었다. 황제가 주변 이민족과 무역을 개방하기로 결단을 내린다 해도 조정 내 유생들의 반발에 부딪혔다. 게다가 북방 유목민족은 강하고 호전적이며 자존심이 강한 기질을 가지고 있었기 때문에 한족에게 무시당하면 결코 가만히 있지 않고 전쟁을 벌였다.

가까스로 중원과 북방 유목민족 사이에 무역협정이 체결되었다. 1570년 명나라가 몽골족 부락들과 평화협정을 맺고 국경에 시장을 만들어 무역을 했다. 과연 그 뒤 명나라의 북쪽 국경은 오랫동안 평화가 유지되었다. 당시 명나라의 군비가 70퍼센트가량 절감되었으며, 상호무역을 통해 얻은 이익까지 합친다면 훨씬 큰 경제적 가치를 창출했을 것이다. 명청 두 왕조에 걸쳐 무역계를 주름잡았던 산시(山西)지역의 진상(晉商)이 바로 유목민족과의 무역이 허용된 뒤 변경지역이라는 지리적 장점을 이용해 대규모 무역을 통해 세력을 넓혔다.

청나라 건국 이후에는 황제가 유목민족 출신이었으므로 유목민족의 입장을 누구보다 잘 헤아렸다. 청나라 황제들은 몽골 부족의 우두머리들을 왕으로 봉하고 황족과 몽골 귀족들의 혼인을 추진했으며 몽골 귀족들에게 초원과 영지, 봉록을 후하게 지급했다. 돈으로 유목민족의 마음을 얻었던 셈이다. 또한 청나라 때는 영토가 만리장성 북쪽으로 크게 확장되었으므로 유목민족과 농경민족 간의 무역이 국내 거래로 전환되어 아무런 장애물 없이 자유롭게 이루어졌다.

06 · 가난뱅이들의 저주가 서린 담벼락

청나라와 그전의 원나라는 특수한 경우였다. 두 왕조 때는 국경이 북쪽으로 멀리 물러나 만리장성이 집안 마당에 있는 꽃밭 울타리가 되었으므로 굳이 단단하게 쌓고 보수할 필요가 없었다. 하지만 청과 원 두 시대를 제외하면 만리장성은 물 샐 틈 없이 지켜야 하는 국경이었다. 유목민족이 약탈을 중단하고 중원왕조와 떳떳하게 무역을 할 때에도 중원왕조는 만리장성과 곳곳의 요새에 대한 수비를 늦추지 않았다. 단지 병사들이 삼엄한 눈초리로 감시한 곳이 북쪽이 아니라 남쪽이라는 점만 달랐을 뿐이다.

설마 병사들이 조국을 배신하고 유목민족을 위해 철벽수비를 펼쳤을까?

물론 아니다. 과거 중국사회의 기반이 자경농이었음을 잊어서는 안 된다. 자경농은 국가의 가장 중요한 세수원이었다. 그런데 자경농은 해마다 수확한 곡식을 세금으로 납부하고 나면 거의 남는 것이 없어 겨우 입에 풀칠만 할 수 있었다. 어느 해 천재지변이라도 발생하는 해에는 꼼짝없이 굶어죽어야 했다. 나라에서 제때에 곡식을 풀어 구제하지 않는다면 생존을 위해 고향을 버리고 떠날 수밖에 없었다. 그중에는 만리장성 이북으로 도망치는 사람들도 적지 않았다. 만리장성에서 가까운 변방지역에 사는 사람들은 북방에 초원이 있다는 것을 잘 알고 있었고 어떤 이들은 유목민 중에 친척이나 친구가 있기도 했다. 그러므로 중원이 혼란스러워지면 사람들은 만리장성 이북으로 도망칠 생각을 했다.

중국 황제들은 농민이 납부한 세금으로 호화로운 생활을 영위했으므로 농민들이 나라 밖으로 도망친다는 것은 그만큼 세금이 줄어듦을 의미했다. 어떤 황제들은 이민족의 침입보다 백성들이 타국으로 도망치는 것을 더 두려워했다.

한원제 때 흉노족의 위협이 약화되자 신하들이 백성들을 고통스럽게 하는 만리장성 축조를 중단할 것을 주장했다. 그런데 그때 낭중후가 상소를 올려 만리장성이 북방 유목민족의 침입을 막는 방어벽이지만 백성들이 북쪽으로 도망치지 못하도록 막는 울타리이기도 하다면서 만리장성 건설을 중단해서는 안 된다고 주장했다. 화의를 위해 자신의 궁녀인 왕소군을 흉노족에게 시집 보낸 적도 있는 한원제는 그의 주장이 옳다고 생각하고 만리장성 건설에 더욱 박차를 가했다.

진나라와 한나라 때는 만리장성 밖으로 나가는 것은 물론이고 자국 내에서 이주하는 것도 일일이 나라에 보고하고 허락을 받아야 했다. 유적에서 출토된 한간(漢簡)(죽간으로 된 한나라 때 공문—옮긴이)에 기록된 것을 살펴보자. 최자당이라는 사람이 집에서 쓸 물건을 사기 위해 거연이라는 곳에 가려 했다. 그 마을 책임자가 현 관리에게 그가 범죄 전과가 없는 자임을 확인해 주고 나서야 현 관리가 최자당에게 통행증을 발급해 주었다. 통행증에는 그가 범죄 전과가 없는 사람이므로 각 관문마다 법률에 따라 그에게 통행 수속을 해주어도 된다고 적혀 있었다.

중원왕조는 백성들이 자기 땅과 고향에서 한 발짝도 벗어나지 못하도록 단속했는데, 치안과 관리의 목적 외에도 인구 관리와 세금 징수라는 더 중요한 목적 때문이었다. 백성들이 마음대로 옮겨 다니며 살면 세금을 징수하려고 해도 찾을 수 없을 것이고, 그러면 국가의 세수가 줄어들어 관리들도 자리를 보전할 수 없었다.

요컨대 중원의 물자를 원하는 유목민족은 만리장성이 저절로 무너져 버리기를 고대했고, 중원의 가난한 백성들 역시 북쪽으로 도망치지 못하게 가로막고 있는 만리장성을 저주했다. 가난한 백성들에게 중요한 것은 중원 민족으로서의 자부심과 체면이 아니라 생존이었다. 만리장성이 백성들이 도망치지 못하도록 위협하고 그들의 생존을 위협했다면 그 역사적이고 위대한 '업적'이 무슨 의미가 있을까?

다행히도 명나라 때 견고하게 쌓은 덕분에 만리장성은 500년이 지난 지금도 위용을 자랑하고 있으며 세계적인 관광명소로서 베이징 관광산업의 발전에 크게 기여하고 있다. 과거를 돌이켜 보면 만리장성의 경제적 효과를 결코 높이 평가할 수 없지만, 후대에 이처럼 큰 경제적 가치를 창출해 주고 있다는 점에서 그나마 의미를 찾을 수 있다.

제4장

삼국 군웅들이
지주 자리를 놓고 다투다

조조가 유비와 한중(漢中) 땅을 놓고 싸우고 있을 때 진격할 것인지 퇴각할 것인지를 놓고 고민에 빠졌다. 늦은 밤 하후돈이 암호를 정하기 위해 찾아오자 조조는 계륵이라고만 말했다. 하후돈이 장수들과 계륵이 무슨 뜻인지 서로 이야기하였으나 아무도 그 뜻을 알아채지 못했다. 그런데 그때 책사 양수가 갑자기 짐을 꾸리기 시작했다. 장수들이 의아해 하며 묻자 양수가 대답했다.

　"계륵이란 닭의 갈비뼈입니다. 닭의 갈비뼈는 살은 없지만 그렇다고 버리기에는 아까운 부위지요. 그러니 한중이 버리기는 아깝지만 대단한 땅은 아니라는 뜻입니다. 내일 퇴각 명령이 내려올 것입니다."

　과연 그의 말대로 다음 날 조조는 군대에 퇴각 명령을 내렸다. 그런데 양수가 미리 계륵의 뜻을 알아듣고 퇴각 준비를 했다는 것을 안 조조는 군율을 어지럽혔다는 이유로 양수를 처형했다.

　조조가 말한 '계륵'의 뜻을 간파한 양수는 어째서 죽임을 당했을까? 그것은 바로 그가 양씨였기 때문이다.

　육손은 700리에 이르는 유비 군대의 진지를 화공으로 불태워 오나라를 구하는 큰 공을 세우고도 태자 책봉 문제로 손권에게 몇 마디 간언을 했다가 어째서 죽임을 당했을까? 역시 그가 육씨였기 때문이다.

　제갈공명은 어째서 황제의 숙부인 유비가 세 번이나 찾아왔는데도 일부러 자는 척하면서 유비를 기다리게 했을까? 그것은 제갈공명의 부인이 황씨였기 때문이다.

  삼국은 가장 많은 이야기가 탄생한 시대다. 지금도 사람들은 삼국시대의 일화들을 흥미진진하게 이야기하곤 한다. 여기에서는 삼국의 이야기에서 선악, 계략, 음모 등은 모두 제외하고 단지 경제적인 관점에서만 삼국시대 영웅들이 했던 고민에 대해 분석해 보자.

01 · 황건적이 판을 뒤엎다

　　　　　　삼국시대의 판도를 정확하게 이해하기 위해서는 동한 건국 당시로 거슬러 올라가야 한다. 서한 말기 왕망이 왕위를 빼앗아 신(新)나라를 건국하고 무자비한 개혁을 실시해 천하가 혼란해졌다(왕망의 개혁에 대해서는 뒤에서 자세히 소개하겠다). 그러자 한나라 광무제 유수가 남양 호족들의 지원을 받아 각지의 봉기군을 소탕하고 한나라 황실을 부활시켰는데, 역사에서는 이를 동한이라고 부른다.

　동한은 호족들의 지원을 통해 건국되었으므로 호족들의 이익을 수호할 수밖에 없었다. 호족들이 제멋대로 요새를 짓고 화폐를 주조하고 군대를 거느리는데도 황제들은 못 본 척 묵인했고 자경농의 몇 안 되는 땅을 빼앗아도 문제 삼지 않았다.

　이 밖에도 동한은 '찰거'라는 관리등용제도를 시행했는데 지방에서 효성스럽고 청렴한 인재, 즉 효렴을 천거하는 제도였다. 해마다 인구 20만 명당 한 명씩 효렴을 천거하고 인구가 20만이 되지 않는 곳은 2년에 한 명씩, 인구가 10만 명 미만인 곳에서는 3년에 한 명씩 천거하도록 했다. 찰거제는 원래 하층평민들 중에서 인재를 선발하기 위한 제도였으나 각 지방 태수가 천거의 권한을 가지고 있었고 오늘날의 대학입학시험처럼 객관적인 점수를 낼 수 있는 것이 아니었으므로 부정부패가 발생할 여지가 컸다. 게다가 각 지방 태수들이 현지의 호족들과 밀접한 관계를 맺고 있었으므로 태수들이 천거하는 인재는 대부분 호족 집안의 자제들이었다. 동한 시기에는 평민들이 정치에 참여할 수 있는 길이 거의 막혀 있었던 셈이다.

이런 구조로 인해 시간이 갈수록 나라가 어지러워졌다. 앞에서도 여러 번 언급했지만 과거 중국사회는 자경농들에 의해 지탱되었고 자경농으로부터 거두어들이는 세금으로 나라가 유지되었다. 그런데 호족들이 세력을 확장하고 땅을 차지하면서 수많은 자경농들이 땅을 빼앗기고 '농노'로 전락했다. 호족은 국가에 세금을 내지 않기 때문에 자경농이 농노로 전락하는 것은 국가적으로도 커다란 손실이었다. 동한 정권은 지방 호족들을 억

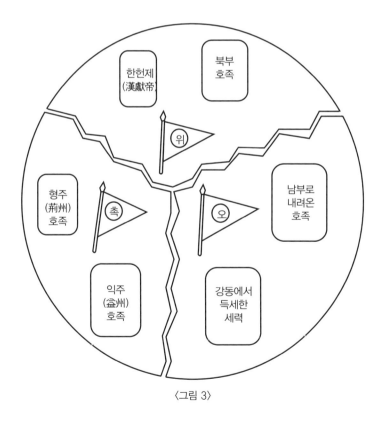

〈그림 3〉

누를 힘이 없었으므로 세수가 계속 줄어드는 것을 그저 바라보고 있을 수밖에 없었다. 심지어 동한 말기에는 조정이 돈을 벌기 위해 매관매직을 하기도 했다.

귀족들의 토지겸병은 수많은 자경농들을 파산시켰을 뿐 아니라 중소지주들의 지위까지 뒤흔들었다. 귀족들의 득세로 동한 왕조라는 커다란 집은 기둥을 발로 툭 차기만 해도 와르르 무너질 것처럼 위태로워졌다.

마침내 184년 장각이 태평도를 창시하고 사람들을 모아 봉기를 일으켰다. 바로 황건적의 난이다. 농민봉기군 수십만이 황색 두건을 머리에 두르고 불길 번지듯 세력을 확장하자 국고 고갈로 신음하고 있던 동한 왕조는 속수무책이었다. 삽시간에 전국이 혼란에 빠졌다. 도성에서는 환관과 외척들이 몰살당해 피가 강이 되어 흐르고 각지의 호족들은 군대를 일으켜 토벌에 나섰다.

황건적들은 동한 왕조를 완전히 무너뜨리지는 않았지만 동한 말기의 정치판을 뒤엎어 버렸다. 황제는 유명무실해지고 호족들이 각지에서 할거했으며 신흥세력이 나타나 그들과 경쟁했다. 이로써 과거의 호족과 신흥세력의 치열한 각축전이 막을 올렸다.

02 · 조조 : 비천한 출신으로 왕위에 오르다

먼저 조조에 대해 살펴보자. 조조는 명문가 출신이 아니었다. 그의 아버지는 원래 하후씨였으나 권세 높은 환관의 양자로 들어가면서 조씨로 바뀌었다고 한다. 조조가 명문귀족은 아니었지만 그렇다고 맨손으로 시작한 것도 아니었다. 그는 스무 살에 효렴으로 천거되었다. 매관매직이 합법적으로 이루어지는 시대였으므로 돈 많은 집안 자제인 조조도 돈으로 관직을 샀을 것이다. 누구나 돈으로 관직을 샀으므로 매관매직의 경력이 조조에 대한 세상의 평판에 영향을 미치지는 않았다. 재능이 뛰어난 조조는 얼마 뒤 뤄양 북부위로 부임했지만 법을 너무 엄격하게 집행한 탓에 현지 권세가들에게 밉보여 좌천되고 말았다.

황건적의 난은 조조에게 재능을 드러낼 수 있는 절호의 기회였다. 농민봉기가 일어나자 조조는 사재를 털어 의병을 모았다. 그의 집이 가난했더라면 5천 명이나 되는 의병을 한꺼번에 무장시키는 것은 불가능했을 것이다. 게다가 그의 수하에 있는 장수들은 조인 · 조홍 · 하후돈 · 하후연 등 대부분 조씨나 하후씨, 즉 그의 친척들이었다. 조조가 든든한 배경을 가지고 있었음을 짐작할 수 있다.

그러나 어쨌든 조조는 명문귀족이 아니었다. 동한 말기에 환관들이 권세를 누리기는 했지만 호족과 감히 어깨를 나란히 할 수는 없었다. 환관의 후손인 조조는 호족들에게 천대와 무시의 대상이었다. 18로 제후가 동탁을 토벌하기 위해 나섰을 때에도 조조는 전략을 짜는 역할을 했을 뿐이다. 18로 제후가 각자 군대를 이끌고 모였을 때 상식적으로 보면 조조가 총지휘관이 되어야 했지만 조조는 사세삼공(4대에 걸쳐 삼공(사도·사공·태위)을 배출했다는 뜻─옮긴이) 가문의 자제인 원소를 대장군으로 추천했다. 원소는 호족일 뿐 아니라 허베이 지역 지주들의 이익을 대표하고 있었으므로 그가 대장군이 된다면 천하의 호족들이 모두 동탁 토벌을 지지할 것이었다.

하지만 동탁을 토벌하는 과정에서 18로 제후들이 보여준 행동은 조조를 실망시켰다. 각 로의 제후들은 군대를 주둔시킨 채 서로 눈치만 보면서 진격하려 하지 않았다. 결국 조조 혼자 직접 군대를 끌고 동탁을 추격했지만 동탁의 군대에 패하고 말았다. 그 일을 계기로 조조는 호족들과는 동등한 입장에서 함께 천하를 도모할 수 없음을 깨달았다. 그는 천하를 얻기 위해서는 호족들로 대표되는 대지주들을 배제하고 중소 지주와 평민들을 세력 기반으로 삼아야 한다고 생각했다. 그때부터 조조는 '오로지 재능만으로 인재를 등용한다'는 원칙을 세우고 신분의 귀천에 관계없이 재능 있는 사람들을 수하로 불러 모았다.

그런데 조조가 동한 말기의 사회구조를 정확하게 분석하기는 했지만 호족들의 세력은 그가 예상했던 것보다 훨씬 막강했다. 조조가 초기에 옌저우를 근거지로 삼자 이를 못마땅하게 여긴 옌저우의 대지주 변양은 조조를 난세의 간신이라고 욕하며 곳곳에서 그를 험담하고 다녔다. 젊고 혈기왕성한 조조는 감히 자신의 근거지에서 자신을 욕하고 다니는 변양에게 분노해 그의 가족을 몰살해 버렸다.

조조가 벌집을 건드린 셈이었다. 옌저우의 대지주들이 일제히 분노해 군대를 일으켰고 조조의 근거지는 작은 현 세 개로 줄어들었다. 수하의 장수들이 목숨을 내던져 싸우지 않았다면 조조는 그때 목숨을 잃었을 것이다.

이 사건은 조조에게 크나큰 교훈을 남겼다. 조조는 자신을 천대하고 있지만 천하를 도모하기 위해서는 호족들의 힘이 필요하고, 적어도 그들과 반목해서는 안 된다는 사실을 뼈저리게 깨달았다. 어떻게 해야 호족에게 대항할 수 있을까? 조조는 역시 천재적인 정치가였다. 그는 한헌제가 유명무실한 황제로 전락해 다른 귀족들은 거들떠보지도 않고 있는 사이에 냉큼 한헌제를 데려와 등에 업었다. 한나라 황실이 허울만 남은 지 오래되었지만 어쨌든 명분상으로는 귀족들보다 높은 지위에 있었다. 조조는 킹카드를 손에 쥔 셈이었다. 다른 카드(호족)들이 아무리 힘이 세고 명성이 높아도 킹카드인 한헌제를 뛰어넘을 수는 없었다. 호족들이 조조는 얕보아도 최고의 명문가문인 황족을 무시할 수는 없지 않은가?

조조가 천자를 옆에 끼고 제후들을 호령했다는 이야기가 바로 이것이다. 호족들의 주인인 한헌제가 조조와 함께 있으니 아무도 조조를 무시할 수 없었고, 또 황제의 체면을 봐서라도 공개적으로 조조의 말에 반기를 들 수 없었다. 예전에는 조조가 몇 번이나 도와달라고 요청해도 거절했던 호족 사마의도 조조가 한헌제라는 킹카드를 얻은 뒤에는 하는 수 없이 조조를 지지했고, 명망 높은 공융도 조조에 대한 반감을 누르고 허도로 와서 조조를 보좌할 수밖에 없었다.

반면 조조의 휘하로 들어가지 않은 호족들은 대부분 원소에게 힘을 합쳤다. 그들은 원소가 조조를 토벌하고 호족들의 이익을 수호해 줄 것이라고 기대했다. 마침내 조조와 원소, 즉 호족들이 승부를 가려야 할 때가 되었다.

이러한 배경 속에서 벌어진 전투가 바로 관도대전이다. 호족들은 원소의 편에 섰다. 일부 귀족들은 원소를 따라 직접 조조 토벌에 나섰고 일부는 간접적으로 원소에게 힘을 보탰다. 허도에 있던 공융은 조조가 패하고 원소가 이길 것이라고 소문을 내고 다녔고 호족의 우두머리 중 하나인 유표도 언제든 조조의 등에 칼을 꽂기 위해 만반의 준비를 했다.

하지만 전투는 조조의 승리로 돌아갔다. 경제력·군사력·외교력 등 모든 면에서 원소가 조조보다 월등히 우세했지만 원소가 조조에게 미치지 못하는 것이 딱 한 가지 있었다. 바로 인적 자원, 즉 휘하에 거느린 인재들이었다. 원소 자신의 재능이 조조에게 뒤졌을 뿐 아니라 휘하에 거느리고 있는 인재들도 조조의 책사나 장수들에 비할 바가 아니었다. 관도대전은 재능으로만 인재를 등용한 정치구조와 혈연으로 인재를 등용하는 정치구조의 대결이었다고 말할 수 있다.

관도대전 이후 호족들은 조조를 무너뜨릴 수 없다는 사실을 인정할 수밖에 없었다. 그들은 조조의 지위를 인정해 주는 조건으로 찰거제를 통해 인재를 등용하라는 타협안을 제시했다.

하지만 이는 호족들의 큰 착각이었다. 당시 조조는 원소를 물리치고 인생 최대 영광을 누리고 있었다. 그런 그가 과거 자신을 천대했던 호족들과 타협할 리가 있을까? 나중에 적벽대전에서 패배하기는 하지만 어쨌든 그때는 조조를 이길 자는 천하에 없었다. 조조는 귀천을 가리지 않고 재능만으로 인재를 등용하겠다는 고집을 꺾지 않았으며 감히 자신의 권위에 도전한 호족들에게 서슬 퍼런 칼날을 휘둘렀다.

공자의 후손인 공융과 남양의 유명인사 허유가 조조의 칼에 목숨을 잃었고, 예형은 조조를 모욕했다가 조조의 계략으로 황조에게 목숨을 잃었다. 관서 출신의 양수 역시 원소와 마찬가지로 사세삼공의 호족이었으나 계륵의 의미를 알아맞힌 죄로 조조에 의해 제거당했다.

호족들은 감히 난세의 영웅 조조의 적수가 될 수 없었다. 그러자 그들은 조조 대신 그의 후계자를 없앨 계획을 세웠다. 조조의 아들들 가운데 장남 조앙은 요절하고 조웅은 몸이 약했으며 조창은 무예만 뛰어났다. 큰 인물이 될 만한 재목은 조비와 조식뿐이었다. 조식이 "콩대를 태워 콩을 삶으니 콩이 가마솥 안에서 우는구나. 본디 한 뿌리에서 자랐건만 어찌하여 이리 급하게 볶아대는가"라는 칠보시로 이름을 날리기는 했지만 조비도 상당한 문학적 재능을 가지고 있었다. 그의 시에서 풍기는 서늘한 기개는 조조와 매우 흡사하다.

조조와 조비, 조식은 정치적 업적 외에 문학적으로도 높은 성과를 거두어 건안문학(동한 말기 헌제 시기의 문학—옮긴이)의 '3조(三曹)'라고 불린다. 무예와 정치적 재능에 있어서는 조식과 조비가 거의 비슷했다.

특히 조비는 유명한 인재들과 사귀고 교류하는 것을 좋아했다. 공개적으로 호족들과 친분을 유지했으며 언행도 명사들과 흡사했다. 유명한 일화가 있다. 조비가 당시 '건안칠자'로 불리는 일곱 명의 문인들과 가깝게 지냈는데 그중 한 명인 왕찬이 역병에 걸려 세상을 떠났다. 조비가 친구들을 왕찬의 무덤으로 데려가 제사를 지내면서 "중선(왕찬의 아들)이 생전에 나귀 울음소리를 좋아했으니 모두 한 번씩 나귀 울음소리를 내주세!"라고 말한 뒤 먼저 나귀 울음소리를 냈다. 그러자 다른 사람들도 조비를 따라 나귀 울음소리를 내어 왕찬의 무덤가에서 나귀 울음소리가 끊이지 않았다.

조비가 호족들과 가까이 지냈기 때문에 귀족들은 조조의 후계자로 조비를 지지했다. 훗날 조조가 사망하자 조비가 뒤이어 위왕이 되었고, 조비는 자신을 지지해 준 호족들에게 보답하는 뜻으로 '구품관인법'을 시행했다. 구품관인법이란 명망·인지도·영향력 등에 따라 관직을 임명하는 제도로 이 법이 시행된 뒤 호족들이 중앙관리가 되고 이름 없는 가문의 신분 낮은 이들은 지방 말단 관직을 전전했다.

차츰 위나라 정권의 기본적인 틀이 잡히고 서열이 정해졌다. 조조는 재능에 따라 등용한 인재들을 고스란히 조비에게 물려주었고 그들은 또 다른 호족이 되었다. 조비가 황제가 되는 것은 이제 시간 문제였다. 조비는 호족들의 지지 속에서 마침내 한헌제를 폐위시키고 스스로 황제가 되었다. 훗날 사마의가 이끄는 북부 호족인 사마씨들이 점점 세력을 확장시켜 위나라를 손에 넣고 진(晉)나라를 건국했다.

위나라가 한나라를 멸망시키고 진나라가 위나라를 무너뜨리는 과정에서 호족들은 다시금 국가의 정치와 경제를 장악했다. 그들은 여전히 도박판의 주인이었으며 위나라 건국은 그저 작은 해프닝이었을 뿐이다. 호족들은 그 뒤에도 수백 년 동안 굳건한 지위를 지켜 나갔다.

03 · 유비 : 싹은 틔웠지만 꽃은 피우지 못하다

이제 유비에 대해 살펴보자. 유비는 한경제 아들 중산정왕의 후예로 고귀한 혈통을 타고난 로열패밀리였다. 하지만 그의 대에 이르러서는 집안이 쇠락할 대로 쇠락해 짚신을 삼아 파는 것으로 근근이 생계를 유지해야 했다. 그의 이런 신분과 처지는 장단점이 있었다. 우선 장점은 호족과 평민들을 두루 사귀어 그들의 생각을 정확하게 파악하고 두 계층으로부터 지지를 얻을 수 있다는 것이고, 단점은 가진 것이 없어서 도원결의로 의형제를 맺은 관우와 장비 외에는 이렇다 할 기반이 없다는 것이었다.

황건적이 난을 일으켜 정치판을 뒤엎어 놓자 유비에게 군대를 일으킬 명분이 생겼다. 유비에게는 황제의 숙부라는 신분과 충성스러운 형제들이 있었으므로 어느 정도 세력을 모을 수 있었지만 이미 지방에서 권력을 장악하고 있는 호족이나 조조, 손책 등 신흥세력에 비하면 보잘것없는 수준이었다.

조조와 마찬가지로 유비도 당시 사회의 각 계층에 대해 분석하고 자신이 어떤 계층의 지지를 얻어야 하는지 정확하게 분석했다.

유비가 한나라 황실의 부흥을 내세우며 동한의 제도를 그대로 계승하며 호족들의 편에 선 것은 현명한 선택이었다. 그런데 그것으로 모든 문제가 해결된 것은 아니었다. 어떤 호족과 손을 잡을 것인가? 북부의 호족들은 모두 원소의 휘하에 있거나 조조에게 마음이 기울어 있었고, 강동지역의 호족들은 유비의 근거지에서 너무 멀리 떨어져 있었다. 따라서 유비에게는 선택의 여지가 크지 않았다.

다행히 유비가 손을 잡기에 적당한 이들이 있었다. 북부에서 내려와 형주에 정착한 호족들이었다. 그들은 형주자사 유표의 무능함에 실망해 다른 우두머리가 출현하기를 기다리고 있었다. 유비는 이 같은 형세를 꿰뚫어 보고 중요한 결단을 내렸다. 바로 제갈공명을 초빙하기로 한 것이다.

왜 하필 제갈공명이었을까? 제갈공명이 비록 《출사표》에서 "신은 본래 포의의 신분으로 남양에서 직접 농사를 짓고 있었습니다"라고 밝히기는 했지만 사실 그는 농민이 아니었다. 그는 원래 관리 집안의 자손으로 동한 말기의 혼란 중에 북부를 떠나 형주로 내려와 정착했으며 형주의 호족들과 넓은 친분을 맺고 있었다. 그는 귀족 가문의 출중한 인재들을 많이 알고 있었을 뿐 아니라 그의 처 역시 형주의 유명인사 황승언의 딸이었다. 형주 호족의 사위라는 신분에 출중한 재능까지 겸비한 제갈량은 초야에 묻혀 있음에도 이미 형주 호족을 대표하는 간판스타였다.

비록 형주 호족이 한헌제라는 킹카드에 비할 바는 아니지만 그래도 꽤나 가치 있는 카드임에는 분명했다. 유비가 제갈공명을 얻자 형주의 내로라하는 인재들이 속속 유비의 휘하로 들어왔다. 방통·마량·마속·상랑·양의·요화 등이 모두 든든한 집안 배경을 가지고 있었으므로 유비의 세력이 순식간에 천하의 대세를 좌우할 만큼 강해졌다.

적벽대전 이후 유비는 익주를 차지하고 천하삼분이라는 전략적 목표를 실현했다. 하지만 유비가 익주목 유장을 속이고 익주를 손에 넣었기 때문에 익주의 호족들은 황숙 유비를 의심의 눈초리로 바라보았다. 그런데 유비의 입장에서는 형주와 익주 호족들의 지지를 모두 받는 것이 가장 이상적이었다. 형주와 익주를 완전히 손에 넣어야 한나라 황실의 재기를 원하는 전국의 호족들로부터 전폭적인 지지를 얻고 조조, 손권과 당당하게 힘을 겨룰 수 있었다.

하지만 아쉽게도 유비는 끝까지 형주와 익주의 호족들을 단합시키지 못했다. 전국의 호족들을 모두 자기 밑으로 규합해 막강한 폭발력을 갖지 못한 것도 물론이다.

그 원인은 정의의 화신인 관우에게 있다. 형주를 지키고 있던 관우가 무모하게 위나라를 공격해 전쟁을 도발한 것이다. 첫 전투에서는 관우가 조조의 칠군을 수몰시키고 승리했지만 조조가 대군을 모아 반격하자 관우는 무모한 도발의 대가를 치러야 했다. 조조의 대군과 맞선 관우는 공격하자니 힘이 달리고 후퇴하자니 자존심이 허락지 않았다. 관우가 망설이고 있을 때 오나라의 여몽이 강을 넘어와 관우 군대의 후방을 기습했다. 관우는 뜻밖의 공격에 놀라 패잔병만 데리고 맥성으로 도망쳤지만 결국 목숨을 잃고 형주까지 빼앗기고 말았다. 그 뒤 유비와 장비도 관우의 복수를 위해 오나라를 공격했다가 차례로 세상을 떠났다.

형주의 호족들은 촉나라의 버팀목이었다. 형주를 잃어버리면 국가의 운영비를 어디에서 조달할단 말인가? 촉나라의 유일한 돈줄이었던 익주의 호족들마저 강 건너 불구경하듯 무관심했다. 형주 사람들이 갑자기 익주로 와서 왕 노릇을 하려는 것도 못마땅한데 무슨 명분으로 그들을 먹여 살릴 돈까지 대 준다는 말인가?

제갈공명은 유비가 죽고 실질적으로 촉을 다스리는 동안 익주 호족들과 원만한 관계를 맺지 못했다. 과거 제갈공명이 형주 호족들과 밀접한 관계를 맺고 그들의 이익을 보호해 주기 위해 어쩔 수 없이 익주 호족들에게 소홀했던 탓이었다. 그동안 익주 호족들은 형주 호족들과 똑같이 돈을 내면서도 한직에 머물며 권력의 중심에서 밀려나 있었다.

제갈공명도 익주 호족들에게 경제적으로 의지한다면 그들의 힘에 휘둘릴 것임을 잘 알고 있었다. 제갈공명이 북벌에 그토록 집착했던 것이 바로 이 때문이다. 겉으로는 한나라 황실의 부흥이라는 명분을 내세웠지만 사실은 새로운 근거지를 얻어 오로지 익주에만 의지하고 있는 불안한 현실을 타개하고자 했던 것이다. 하지만 안타깝게도 수많은 생명을 희생시키고 막대한 자금을 쏟아부은 여섯 차례의 북벌이 모두 실패로 돌아가면서 익주 호족들이 더욱 분노했다.

그때 조비가 구품관인법을 시행하자 익주 호족들은 서광을 발견했다. 자신들의 이익을 보호해 줄 황제가 바로 적국에 있다니! 익주 호족들은 더 이상 촉 정부에 협력할 이유가 없었다.

"촉에 대장군이 없어 요화가 선봉에 섰다."

이 말은 촉 말기의 인재난을 단적으로 평가한 말이다. 형주에서 데리고 온 이들 중에 인재가 없고 익주 호족들도 촉에 협력하지 않자 제갈공명은 심각한 인재 부족에 시달렸다.

마침내 촉의 수명이 막바지에 다다랐다. 262년 위나라 장수 등애가 이끄는 군대가 천혜의 요새라는 촉의 험난한 산길을 넘어 청두평야로 쳐들어오자 익주 호족들은 후주 유선을 도와 외적을 물리칠 생각은 하지 않고 각자 자기 군대를 방패로 삼아 제 몸을 지키며 형세를 지켜보기만 했다. 등애가 파죽지세로 청두까지 진격하자 익주 세력들이 "조씨의 위나라가 한나라 황실을 물려받는 것이 하늘의 뜻이다"라는 소문을 퍼뜨렸다. 결국 후주 유선은 속수무책으로 성문을 열고 투항했다.

촉나라는 위나라와 오나라를 상대로 자신의 카드를 펼쳐 보이지도 못한 채 정치판에서 탈락했다. 한나라 황실 재건이라는 이념은 훌륭했으나 그 결과는 형주 호족들을 실망시키고 말았다.

04 · 손권 : 강해지기 위해 비행기에 날개를 달다

다음으로 강동의 오나라를 살펴보자.

손책, 손권 형제는 조조나 유비에 비해 집안 배경이 더 열악했다. 조조는 귀족 집안은 아니지만 적어도 동한의 고위층에 속했고 조조 자신도 걸출한 인재였다. 유비 역시 비록 가난하기는 하지만 황제의 숙부라는 대단한 아우라를 가지고 있었다. 손씨 형제들은 그들보다 신분이 훨씬 낮았다. 그들의 부친 손견이 대외적으로 자신이 위대한 병법가 손무의 후손이라고 선전하기는 했지만 호족들은 물론이고 그들 자신조차 그 말을 믿지 않았던 것 같다.

황건적의 난이 발생하자 손씨 형제에게 세상에 이름을 알릴 기회가 찾아왔다. 손견은 황건적의 난을 평정한 공을 인정받아 창사태수가 되었지만 자신처럼 미천한 출신의 장수인 정보, 황개 등을 휘하에 거느리고 있었을 뿐 호족으로부터 아무런 지원도 받지 못했다. 손견이 죽고 손책과 손권 대에 와서야 변화가 생겼다. 두 사람이 북부에서 남부로 내려온 호족들과 빈번하게 교류하며 친밀한 관계를 맺자 주유, 장소 등 호족의 걸출한 인재들이 그들의 휘하로 속속 모여들었다. 남부로 내려온 호족들은 자신들이 가진 부와 권세를 이용해 자신들만의 천하를 개척하고자 했고, 손씨 형제는 군사력을 가지고 있었으므로 두 세력이 의기투합해 강동 지방에서 땅을 차지하고 새로운 정권을 세웠다.

강동 지방은 오늘날 양쯔강 하류와 그 이남의 넓은 땅을 뜻한다. 한나라 때는 경제의 중심이 북부에 있었으므로 남부는 경제적으로 매우 열악하고 사람들의 성향이 거칠었다. "사나이라면 어찌 오구검을 차고 관산의 오십 주를 정벌하지 않으리(당나라 때 문인 이하의 〈남원십삼수(南園十三首)〉 중—옮긴이)", "오구를 보고 나서 난간을 다 두드리네(송나라 때 문인 신기질의 〈수룡음·건강의 상심정에 올라(登建康賞心亭)〉 중—옮긴이)" 등 옛 시에서 자주 등장하는 오구(오나라에서 사용하던 날이 구부러진 검—옮긴이)는 당시 호전적이고 거칠었던 오나라의 분위기를 상징적으로 나타낸다.

손책과 손권이 강동을 정복할 때에도 현지세력의 격렬한 저항에 부딪혔고 손책은 반항하는 자는 가차 없이 몰살하는 방식으로 땅을 차지했다. 이 때문에 현지세력들이 속으로는 오나라 정권에 대한 원망과 미움을 안고 있었고 이것이 훗날 불행의 씨앗이 되었다.

손책이 피살당한 것은 외래세력과 토착세력의 갈등이 격화된 결과였다. 형의 뒤를 이어 정권을 잡게 된 손권은 고통스러운 선택을 해야 했다. 강동 토착세력을 무참히 제거해 형의 복수를 할 것인지, 아니면 옛 원한을 잊고 토착세력에게 권력을 나누어 주어 평화적으로 공존할 것인지 두 가지 선택의 길이 있었다.

젊은 손권은 타협을 선택했다. 그는 주유, 장소 등 북부에서 온 호족들에게만 의지하기에는 그들의 힘이 너무 약해 세력을 이룰 수 없으므로 강동 토착세력의 힘을 빌릴 필요가 있음을 잘 알고 있었다. 강동 토착세력이 북부 호족들에 비하면 힘이 약하기는 하지만 워낙 맨손으로 시작한 오나라 정권은 그들을 토벌하기에는 역부족이었다.

그렇게 해서 '오중사성'이라고 불리는 고씨·장씨·주씨·육씨 네 가문과 '회계사성(지금의 저장성 샤오싱 일대의 옛 지명—옮긴이)'이라고 불린

하씨·우씨·위씨·공씨 네 가문의 토착 호족들이 오나라 정권의 요직을 차지했다. 남부로 내려온 북부 호족들이 손책과 손권을 태운 비행기라고 한다면 강동 토착 호족들의 지지를 얻은 것은 비행기에 날개를 단 셈이었다. 손권은 비록 킹카드는 갖지 못했지만 북부 호족과 토착 호족이라는 카드를 이용해 제법 훌륭한 패를 완성했다.

이 점에 있어서 손권은 유비나 제갈공명보다 영리했다. 촉나라는 형주와 익주 호족들을 단합시키지 못했지만 손권은 북부 호족과 강동 토착 호족을 연합해 통일전선을 구축함으로써 그들의 지지를 얻어냈다. 웅대한 지략을 가진 조조가 "아들을 낳으려면 손중모 같은 아들을 낳아야 한다"고 감탄한 것을 보아도 손권이 비범한 인물이었음을 알 수 있다.

강동 토착 호족들은 손권의 도량과 너그러움에 충분히 보답했다. 나관중의 《삼국연의》를 보면 오나라에 주유, 노숙에서부터 여몽, 육손에 이르기까지 뛰어난 인재들이 많았고 그들 덕분에 손권은 천군만마를 거느린 훌륭한 수장이 될 수 있었다. 그런데 오나라에 그렇게 인재가 많았던 이유는 무엇일까? 강동 토착 호족의 젊은이들이 오나라 정권에서 관직에 등용되어 승진할 기회가 많았기 때문이다. 오늘날과 마찬가지로 그 옛날에도 가장 중요한 보배는 바로 인재였다.

그러나 오나라 정권도 결국에는 쇠락하고 말았다. 오나라의 쇠락은 육손에서부터 시작되었다. 육손은 강동의 권세 높은 가문 출신으로 스물한 살에 손권에게 등용되어 고위 관직에 올랐다. 그 뒤 몇 년간 육손은 회계 등 여러 지역의 산적을 토벌하고 봉기를 평정하는 등 군사 분야에서 활약하며 발군의 능력을 과시했다. 하지만 그가 공을 세운 전투가 모두 '내전'이었기 때문에 타국에서는 그의 이름을 아는 이가 거의 없었다.

육손은 형주를 함락시키고 이릉전투를 승리로 이끌면서 비로소 국제적인 명성을 얻었다. 육손은 먼저 계략을 사용해 관우를 방심하게 한 다음

여몽과 연합해 형주를 빼앗았다. 유비가 익주에서 파견한 지원군이 기세 등등하게 형주로 진격하자 오군의 총지휘관이었던 육손은 700리나 길게 이어진 유비군의 진영을 불태우는 전법을 구사했다. 한때 강호를 주름잡았던 유비도 육손의 공격에 혼비백산해 백제성으로 퇴각했고 패배의 충격을 견디지 못하고 시름시름 앓다가 병사했다. 그때 육손은 마흔도 채 되지 않은 젊은 장수였다.

그런데 이 위대한 장수 육손이 손권을 사지로 몰아넣고 말았다. 손권은 어떻게 몰락했을까?

손권이 애써 유지하고 있었던 북부 호족과 토착 호족 사이의 균형이 점점 깨지기 시작했다. 북부 호족들은 세대교체가 되면서 인재가 점점 줄어드는 반면 토착 호족들은 계속해서 인재를 배출했다. 특히 육손은 그 중에서도 군계일학이었다. 인재의 수에 차이가 생기자 권력의 균형이 토착 호족 쪽으로 기울기 시작했다. 외래세력인 손권은 어쩔 수 없이 육손 등 토착 호족들을 중용하면서도 점점 불안감이 커지고 토착 호족에 대한 경계심이 높아졌다.

마침내 오나라에서 권력투쟁의 막이 올랐다. 강동 토착 호족들은 손권의 후계자로 태자인 손화를 지지했지만 북부 호족들은 노왕 손패를 지지했다. 이 문제를 처리하는 과정에서 토착 호족들에 대한 손권의 근심과 경계심이 그대로 드러났다.

표면적으로는 손권이 양쪽에게 똑같이 벌을 내린 것 같지만 실제로는 강동 호족에게 치명적인 타격을 안겼다. 강동 호족에 대해서는 대표 인물인 육손을 억울한 죽음으로 내몰고 다른 중요한 인재들도 제거한 반면, 북부 호족들에 대해서는 그리 중요하지 않은 주변 인물들을 처형했을 뿐 주요 인재들에게는 아무런 죄를 묻지 않았고 심지어 몇몇은 승직시키기도 했다.

강동 세력을 위축시킴으로써 정권을 지탱하고 있는 두 세력의 균형을 맞추려고 했던 것이다. 단기적으로 본다면 그의 행동이 옳았다. 하지만 육손이 죽은 후 오나라에는 더 이상 크게 쓸 만한 인재가 나타나지 않았다. 손권의 행동에 실망한 토착 호족들이 그에게서 등을 돌렸기 때문이다. 게다가 오나라의 마지막 군주 손호는 살육을 즐기는 폭군이었다. 강동 호족들도 처음에는 상소를 올리는 등 손호의 포악함을 고쳐보고자 노력했지만 손호는 들은 척도 하지 않았다.

마침내 강동 호족들은 비폭력 비협조 전략으로 돌아섰다. 그들은 더 이상 오나라 정권에 인적·물적·경제적 지원을 하지 않았다. 촉나라 말기에 익주 호족들이 정권을 돕지 않았던 것과 같다. 오나라의 멸망과정은 촉나라와 매우 흡사하다. 위나라를 멸망시키고 등장한 서진(西晉)의 대군이 강을 따라 내려왔지만 오나라 군대는 제대로 맞서 싸워 보지도 못한 채 건업(지금의 난징)까지 힘없이 밀려 내려왔고 손호도 촉나라의 유선과 마찬가지로 스스로 성문을 열고 투항했다.

삼국은 황건적의 난에서부터 시작해 모두 멸망해 진나라로 귀속되면서 비로소 막을 내렸다. 세상이 이렇게 혼란해진 것은 동한의 경제체제가 무너졌기 때문이었다. 황실이 몰락하고 호족들도 땅을 잃고 세금을 거두어들일 권한을 상실하자 새로운 경제체제가 등장해야 할 필요성이 생겼다. 조조, 유비, 손권 모두 호족 출신은 아니었지만 난세가 찾아오자 각자 군대를 일으켰다. 그들의 목표는 모두 새로운 정권과 경제체제를 수립하는 것이었다. 하지만 그들은 물론 그 후계자들도 호족이나 대지주의 막강한 힘을 꺾지 못한 채 호족인 사마씨 가문에 흡수되었다.

오랜 혼란을 겪고 나라가 재편되었지만 동한이 남긴 문제, 즉 지방 호족들이 국가의 세수를 잠식하는 문제는 여전히 해결되지 않았다. 호족들이 국가의 정치와 경제의 명맥을 장악하는 구조는 당나라 초기까지 계속

이어졌고, 문벌이 쇠락하고 과거제가 탄생하면서 비로소 중국사회가 근본적으로 변화되었다. 이에 대해서는 뒤에서 자세히 다루겠다.

호족들은 서진 시기에도 여전히 강한 권세를 과시했다.

제5장

배불리 먹고 싶으면
운하를 파라

우공이산이라는 고사성어가 있다. 옛날에 아흔 살 노인 우공이 있었다. 그의 집 앞에 태행산과 왕옥산이라는 큰 산이 있었는데 이 두 산 때문에 답답하기도 하고 어디 갈 때마다 길을 빙 돌아 가야 해서 여간 불편한 것이 아니었다. 그러자 우공은 산을 옮기기로 결심하고 온 가족을 동원해 산의 흙과 돌을 파다가 멀리 보하이까지 가져다 버렸다. 얼마 뒤 하느님이 그들이 땀을 뻘뻘 흘리며 돌을 나르는 것을 보고 몹시 감동하여 천신을 보내어 순식간에 산을 옮겨 주었다.

　객관적으로 보면 둘레가 700리에, 높이가 만 길이나 되는 커다란 산 두 개를 옮기겠다는 것은 터무니없는 망상이다. 아무리 하루도 쉬지 않고 삽질을 한다 해도 지구가 멸망하기 전에 다 옮길 수 있을지 장담할 수 없다. 만약 지각운동으로 일어나 땅이 다시 융기하기라도 한다면 그동안의 노력이 전부 헛수고가 될 것이다.

　기술이 발달하지 못했던 옛날에는 사람이 자연을 변화시킬 능력이 없었다. 그렇다고 자연에 전적으로 순응해서 살았던 것은 아니며 경제적인 필요에 의해 자연을 조금씩 변화시키기도 했다. 크고 작은 강과 시내를 연결하고 운하를 파서 물자를 운반한 것이 대표적인 예다. 그중에서도 중국의 경항대운하는 가히 기적이라고 할 수 있다. 수나라 때 건설된 이 운하는 그 뒤 1천 년 중국역사를 완전히 바꾸어 놓았다.

01 · 동쪽으로 흐르는 강의 한계

중국의 지형도를 펼쳐보면 중국 땅이 서쪽은 높고 동쪽은 낮은 서고동저의 특징이 있다는 것을 알 수 있다. 이 때문에 대부분의 하천이 서쪽에서 동쪽으로 흘러 바다로 들어간다. 그런데 이런 지형은 고대 중국경제의 발전에 매우 불리했다.

인류의 고대문명이 시작되었을 당시 사람들의 주요 생산물은 곡식과 소금, 동물가죽, 고기 등이었다. 어떤 것을 생산하느냐는 기후조건과 밀접한 관계가 있다. 예를 들면 황허유역에서는 밀을 재배하고 양쯔강 유역에서는 벼를 재배했으며 몽골고원에서는 동물가죽과 고기를 생산했다.

중국 동부는 북부에서 남부로 내려오면서 한온대에서부터 아열대까지 이어지는데 각 기후대에 따라 생산물도 다양하다. 옛날사람들은 주로 물물교환을 통해 필요한 것을 얻었다. 그런데 육로운송은 비용이 너무 많이 들어 먼 곳과 왕래하는 것이 거의 불가능하고 가까운 곳과 물물교환을 하자니 직접 생산하는 것과 크게 다를 바가 없었다. 따라서 옛날 중국인들은 대부분 자급자족에 의존했다.

다행히 강에 배를 띄워 짐을 운반하기 시작하면서 운송비용을 크게 줄일 수 있었다. 사람이 짊어지는 것보다 배에 싣는 것이 훨씬 더 많은 짐을 운반할 수 있기 때문이다. 그런데 유감스럽게도 중국의 강들은 모두 동쪽에서 서쪽으로 가로로 흐르는 반면, 기후대는 위도를 따라 세로로 분포하기 때문에 위도에 따라 생산물의 종류가 달라졌다. 쉽게 말해 강이 같은 위도에서 동에서 서로 흐르기 때문에 통과하는 지역마다 생산물이 거의 비슷해 굳이 배로 짐을 나를 필요가 없었다. 황허유역에서는 모두 밀을 재배하기 때문에 서로 바꿀 필요가 없었고 양쯔강 유역에서는 모두 벼를 재배하기 때문에 역시 서로 교환할 필요가 없었다. 남북으로 흐르는 강이 있다면 물물교환에 유용하게 이용할 수 있겠지만 동서로 흐르는 강은 오히려 육로운송을 방해하고 운송비용을 높이는 역할을 할 뿐이었다.

옛날 중국인들이 장사에 관심이 없었던 것은 아니지만 이런 지형적인 제약으로 인해 어쩔 수 없이 포기하고 농사에만 전념해야 했다. 그러므로 중국에서 '중농억상'의 관념이 생겨난 것이 문화적인 이유 때문이 아니라 지리적 환경 때문이었다는 일부 학자들의 주장에도 일리가 있다.

기원전에도 중국에는 이미 통일된 중앙정부가 건립되어 있었다. 진(秦)나라와 한나라는 광활한 영토를 다스렸으며 황허유역과 양쯔강 유역, 심지어 남부의 주강 유역까지도 세력 범위에 포함되었다. 진한시대에는 황허가 경제의 중심이었다. 남부 경제도 어느 정도 발전하기는 했지만 황허유역과는 비교할 수 없었다. 하지만 한나라 말기에 세상이 혼란해지면서 전란으로 인해 황허유역의 인구가 급감하고 경제가 파괴되었다. 그러자 혼란을 피해 양쯔강 유역으로 내려가는 사람들이 많아졌고 그로 인해 남부지역의 경제가 발전하기 시작했다. 머지않아 양쯔강 유역의 경제력이 황허유역에 대항할 수 있을 만큼 상승했다.

그런데 이것은 국가통일에 이로운 일이 아니었다. 설령 어렵사리 통일국가를 세운다 해도 지방의 경제력이 수도의 경제력을 따라잡거나 심지어 추월한다면 중앙정권이 지방관리들을 통제하기 힘들어지게 마련이다. 한나라 말기부터 수나라 건국 이전까지의 역사를 돌이켜 보면 양쯔강 유역의 경제가 발전한 뒤 중앙정부의 지방 통제가 더 어려워졌음을 확인할 수 있다.

삼국시대에는 북부의 위나라와 남부의 오나라, 서남부의 촉나라가 장기간 대치했고 서진의 건국으로 가까스로 천하가 통일되었지만 얼마 되지 않아서 다시 남북으로 분열되었다. 처음에는 동진과 16국이 대치했고 남북조시대로 들어서면서 남부와 북부의 정권이 경쟁했다. 이 시기에 남부에서는 송·제·양·진(陳)이 차례로 출현하고 북부에서는 북위·동위·서위·북제·북주가 등장했다. 비록 이들 나라가 가끔씩 서로 싸우기는 했지만 어쨌든 남북이 평등한 관계를 유지했다. 북방 이민족의 침략도 400년에 이르는 대혼란과 대분열의 원인이 되기는 했지만, 남부의 나라들이 북부의 용맹한 침략자들과 강을 사이에 두고 대치할 수 있을 만큼 막강한 경제력을 가지고 있었던 것도 무시할 수 없는 원인이다. 서진이 일시적으로 전국 통일을 이루었지만 북부와 남부의 경제적인 대립상황은 해소하지 못했다.

마침내 589년 양견이 세운 수나라가 남부의 진(陳)나라를 멸망시킴으로써 중국 땅에 또 하나의 통일제국이 건립되었다.

그러나 400년 동안 남북으로 분열되어 있는 동안 형성된 정치적·경제적 차이가 무력 정복으로 해소될 수는 없었다. 남부의 호족들이 북부 정권에 반감을 품고 있었기 때문에 언제든 반란을 일으킬 수 있었다. 더욱 심각한 문제는 중국 대분열의 원인제공자인 북방 이민족이 여전히 호시탐탐 중원을 노리고 있다는 사실이었다. 돌궐의 거친 철기군이 북쪽에 자리 잡고 있는 것 외에도 동북쪽 백두산을 중심으로 세력을 키운 고구려가 랴오둥 일대를 장악하고 돌궐과의 연합을 통해 중원 공격의 기회를 엿보고 있었다.

서진 시기에 찾아왔던 위기가 수나라에서 재연되었다. 수나라 황제는 위기타개책으로 정면돌파를 선택했다.

02 · 하늘에서 뚝 떨어진 수양제

수나라 제2대 황제 수양제 양광에 대해 이야기하면 대부분 음흉하고 비열하며 파렴치하고 무자비한 이미지를 떠올린다. 여러 소설, 심지어 정사에서도 양광은 희대의 폭군으로 그려져 있다. 황제가 되기 전에는 검소한 척하더니 황제로 즉위하자마자 사치와 향락을 일삼았다는 둥, 황제가 되기 전에는 순수하고 검박한 척 위장하다가 부황이 죽음을 앞두자 본색을 드러내 아버지의 후궁을 가로채는 패륜을 저질렀다는 둥, 황제가 된 뒤에도 무능하고 부덕하고 업적을 세우기에만 급급해 세상을 어지럽혔다는 둥 그에 대한 평가는 부정적인 것들뿐이다.

그런데 양광이 진정으로 천인공노할 혼세마왕이었다면 그가 우문화급에게 죽임을 당한 뒤에 일어난 일들은 어떻게 해석해야 할까? 수양제가 사망했다는 소식이 전해지자 각지의 반란군 우두머리들이 마치 친아버지가 죽은 것처럼 슬퍼했다. 장안에 있던 이연은 목 놓아 통곡하며 제사를 지내 수양제의 망혼을 위로했고, 관군이 지키고 있는 하간군을 공격하고 있던 두건덕은 공격을 멈추고 도읍으로 사람을 보내 '선제(先帝)'를 애도했으며, 뤄양에 있던 반란군 지도자 왕세충은 머리를 땅에 부딪쳐 피가 철철 흐르도록 통곡했다.

그 뒤 이 반란군 지도자들은 자신이 수나라 왕조에 반대해 반란을 일으킨 우두머리라는 사실을 잊은 듯, 수양제를 시해한 우문화급에게 복수하기 위해 힘을 합쳤다. 이밀은 농민 반란군인 와강군을 이끌고 우문화급의 군대를 공격했다가 병사들을 잃고 자신도 중상을 입었고, 이연이 이끄는 당군은 산둥에서 패퇴하고 있는 우문화급의 부대를 습격했다. 마침내 두건덕이 우문화급을 생포해 참수함으로써 하늘에 있는 수양제의 혼을 달랬다.

친구를 감탄하게 만드는 것은 작은 재주만 있으면 가능하다. 하지만 적을 감탄하게 만들기 위해서는 대단한 지혜가 필요하다. 반란을 일으킨 이들로 하여금 자신의 복수를 하도록 만들었으니 수양제가 얼마나 지혜롭고 대단한 인물이겠는가!

어떤 것이 수양제의 진정한 모습일까? 이 질문에 대한 답은 이세민에게 물어보아야 한다. 왜일까? 이세민의 뜻에 따라 당나라 조정의 사관들이 수양제에게 오물을 뒤집어씌우고 얼굴에 먹칠을 했기 때문이다. 이세민은 어째서 수양제를 폄훼해야 했을까? 그 이유를 파헤치기 전에 먼저 수양제 양광의 인생을 살펴보자.

수문제 양견이 수나라를 건국한 뒤 자신의 아들 양광을 진왕(晉王)에 봉했다. 진왕은 스무 살이 되던 해에 50만 대군을 이끌고 남하해 진(陳)나라를 멸망시키고 직접 부친을 도와 천하를 통일했다. 진나라를 멸망시키는 것이 쉬웠을 것이라고 생각하면 오산이다. 앞에서도 말했지만 양쯔강 남부의 경제가 발전해 남부 정권을 오랫동안 지탱해 주고 있었으므로 남쪽의 진나라를 멸망시켰다면 설령 천재적인 군사가는 아니었다 해도 적어도 무능한 멍청이는 결코 아니었다.

이듬해 남부지역에서 반란이 일어나자 양광은 천부적인 사교능력을 발휘해 남부의 유명인사들을 불러다 등용하고 남부의 불교계 지도자들을 자기 편으로 끌어들였다. 당시 남부는 물론 중국 전역에서 불교가 막대한 영향력을 지니고 있었다. 양광이 이처럼 너그럽고 인의를 중시하는 것을 보고 반란군 우두머리들이 속속 귀순함으로써 피 한 방울 흘리지 않고 반란을 평정했다.

양광의 탁월한 리더십은 그의 아버지 수문제까지 감동시켰다. 수문제는 태자, 즉 양광의 큰형을 폐위시키고 양광을 태자로 앉혔다. 3년 뒤 수문제가 세상을 떠나자 자연히 양광이 황위를 물려받았다. 운 없는 그의 큰형은 양광에게 목숨을 잃었다고 한다. 옛날 중국 황제들은 피붙이에 대한 정도 없고 도리도 몰랐던 모양이다. 중국역사에서 황위에 오르자마자 자기 형제를 죽인 황제들이 수두룩했으므로, 양광이 형을 죽인 것은 그리 이상한 일도 아니다.

새로운 황제가 즉위하면 연호를 새로 정하는 법이다. 양광은 '대업'이라는 기세등등한 연호를 정했다. 위대한 대업을 이루고자 하는 열망의 표현이었을 것이다.

수양제의 부친 수문제는 옹졸하고 인색한 황제였다. 그는 집권 기간 동안 갖가지 명분을 내세워 세금을 올려 백성들을 착취하였고 흉년으로 심각한 기근이 발생했을 때에도 곳간을 열어 굶주린 백성들을 구제하지 않았다. 또 수문제는 교양머리라고는 없는 무식한 황제였다. 심지어 말년에는 학교가 무슨 소용이냐며 폐교령을 내리기도 했다. 수문제는 온갖 고생 끝에 자수성가한 구두쇠 영감처럼 기름이 아까워 한밤중에 등불도 켜지 않을 만큼 푼돈에도 벌벌 떨었다. 하지만 성공한 아버지 밑에서 풍족하게 자란 수양제는 자연히 여유 있고 통이 컸다.

수양제는 황위에 오르자마자 대대적인 사면령을 내려 일 년 내내 세금을 면제해 주었고 그 뒤 십 수 년 동안 여러 차례에 걸쳐 백성들의 조세를 감면해 주고 세율도 계속 낮추었다. 그런데도 나라의 곳간은 언제나 그득하게 채워졌다. 천하가 평정되어 백성들이 마음 놓고 농사를 지으니 생산량이 크게 늘어났기 때문이다.

또한 수양제의 세율 삭감은 오늘날 중앙은행의 금리인하나 경기부양과 비슷한 효과를 발휘했다. 세율이 낮아 백성들이 무슨 장사를 해도 쏠쏠한 수익을 얻을 수 있었으므로 장사를 계속 확장했고 그 덕분에 납부하는 세목과 세액 모두 늘어났다.

수양제는 문화를 중시하는 황제였다. 그는 즉위한 지 얼마 되지 않아 국가 최고 교육기관인 국자감을 비롯해 각종 전문학교를 설립해 수학·천문역법·법률·의학 등 분야의 인재들을 양성했다. 당시 전국적으로 20만 명에 가까운 학생들이 학교에서 교육을 받았는데, 평균적으로 6가구당 1명은 정부에서 운영하는 학교에서 공부했던 셈이다. 중국역사를 통틀어 이처럼 대대적으로 교육을 보급한 사례는 없었다.

대업 3년(607년) 수양제는 매우 중대한 일을 했다. 바로 '진사과'를 둔 것이다. 진사과란 과거시험을 치르고 시험 성적에 따라 관리를 선발하는 제도로 당나라에도 계승되었으며, 그 뒤 왕조가 바뀔 때마다 시험 내용에만 조금씩 변화가 있었을 뿐 과거제도는 계속 유지되었다.

앞에서도 언급했지만 한나라 때부터 명문귀족들이 지방의 세금징수권을 독점하고 있었을 뿐 아니라 자기 세력에 속한 사람을 관리로 추천해 정부에 영향력을 행사할 수 있었다. 따라서 일반평민들이 고위 관리가 될 수 있는 길은 완전히 차단되어 있었다. 수나라 초기에 지방 명문귀족들은 400년에 걸친 대혼란기를 겪으며 세력이 크게 약화되어 있었다. 수나라에서도 명문귀족들이 관리추천권을 갖게 된다면 명문귀족들이 빠르게 세력을 회복할 것이었다.

그러나 수양제 양광은 그들에게 기회를 주지 않았다. 반대로 과거제도를 시행함으로써 평민들에게 개천에서 용이 나올 수 있는 기회를 부여했다. 재능만 있다면 신분과 관계없이 과거시험을 통해 관리가 될 수 있었다. 한나라 때의 관리추천제도는 폐지되어 과거의 명문귀족들이 다시 국가권력을 장악하려는 시도가 물거품이 되었다. 명문귀족의 시대가 종말을 고한 것은 모두 수양제 때문이다.

불과 몇 년 동안 젊은 황제가 국가의 체계를 세우자 만백성이 그를 칭송했다. 그는 개국황제인 부친보다 훨씬 높은 명성을 얻었다. 만약 수양제가 여기에서 멈추고 더 이상 아무것도 하지 않았더라면 그는 중국역사상 위대한 성군의 반열에 올랐을 것이다.

그러나 수양제의 안목과 야심은 이미 국경과 시대를 초월해 있었다. 그는 중국역사상 가장 위대한 황제가 되고 싶었다. 그러기 위해서는 당시 중국의 가장 큰 난제인 남북의 대립과 이민족의 위협을 완전히 해결해야 했다.

과연 수양제가 그것을 해낼 수 있을까? 어떻게 해야 할까?

03 · 대운하 : 한 문학청년의 걸작

　　　　　수양제에게 부친 수문제는 우상이나 동경의 대상이 아니었던 것 같다. 굳이 수양제의 우상을 찾자면 아마 중국 최초의 황제 진시황일 것이다. 수양제가 정말로 진시황의 팬이었는지는 알 길이 없지만, 수양제가 황제로 즉위한 뒤에 했던 행동들을 유심히 살펴보면 진시황과의 공통점을 많이 발견할 수 있다.

　진시황은 6국을 통일한 것에 만족하지 않고 영남지역, 다시 말해 지금의 광둥·광시·푸젠 일대로 영토를 계속 확장했으며 물자운송을 편리하게 하기 위해 양쯔강의 지류와 샹강, 주강의 지류, 리강의 지류 사이에 운하를 파서 양쯔강 유역과 주강 유역을 연결했다. 총 길이 30킬로미터가 넘는 이 운하가 단 4년 만에 완성되었고, 그 뒤 진나라 군대가 수운의 편리함을 이용해 영남지역을 빠르게 장악함으로써 진나라의 국경선은 남쪽으로 확장되었다.

　"그래, 운하다! 운하만 있으면 문제를 해결할 수 있다!"

　진시황이 그랬듯 수양제도 운하에서 해결의 열쇠를 찾았다. 젊은 황제는 지도를 펼쳐놓고 일필휘지로 두 개의 선을 그렸다. 하나는 뤄양에서 출발해 동북 방향으로 이어져 북부 변방의 탁군까지 이어지고 또 하나의 선은 뤄양에서 출발해 동남쪽으로 뻗어나가 첸탕강 유역의 요충지 위항에 닿았다.

그 청사진을 보면 수양제가 어떤 계획을 품고 있는지 누구나 알 수 있었다. 동북쪽 운하는 군대·무기·군량미 등을 북쪽 변방으로 운반해 동북부 변방의 강적 고구려에 대항하기 위한 것이고, 동남쪽 운하는 남북 간 물자교류를 원활하게 하고 남부에서 반란이 일어났을 때 신속하게 진압하기 위함이었다.

이 운하 프로젝트는 진시황이 건설한 운하 영거에 비해 훨씬 큰 규모였다. 프로젝트의 총설계자인 수양제의 지휘로 전국적인 건설이 시작되었다. 조정 관리부터 일반백성들까지 전부 동원된 대대적인 공사였다. 원하든 원치 않든 무조건 피 끓는 황제와 함께 앞으로, 앞으로 돌격해야 했다.

수양제는 직접 진두지휘를 하며 설계도와 공사 진척 상황을 수시로 보고받았다. 대운하 프로젝트의 제1단계인 통제거는 뤄양과 양저우를 연결하는 운하로 길이 1천여 리, 폭 40보에 달하는 거대한 규모였는데, 이 운하를 건설하는 데에는 단 171일밖에 걸리지 않았다.

수양제가 새로 정한 도읍이자 두 운하의 요충지인 뤄양도 불과 열 달 만에 어느 정도 모습을 갖추었다. 수양제는 대운하 공사 외에도 폭 100보, 길이 3천 리에 달하는 치도(군왕이 마차를 타고 달릴 수 있도록 닦은 길—옮긴이)를 건설했다. 치도는 산시(陝西) 성 위린에서 지금의 베이징으로 통하는 길로 훗날 고구려와 전쟁을 벌일 때 육상운송로로 사용되었다. 이 치도 역시 과거 진시황이 건설했던 진직도와 매우 흡사하다. 진직도는 셴양에서 구원군(지금의 네이멍구 바오터우 부근)에 이르는 총 길이 736킬로미터의 길로, 흉노족에 대항하기 위해 건설한 것이다. 이런 것들만 보아도 수양제가 진시황의 팬이었을 것이라는 추측이 크게 틀리지 않을 듯하다.

대업 6년(610년) 거대한 건설 프로젝트가 완공되었다. 그해 1월 15일 수양제는 뤄양에서 성대한 준공식을 거행했다. 흥분한 수양제는 각국 사신과 상인들을 준공식에 초청했으며 보름 동안 약 5만 명을 동원해 갖가지 축하공연을 펼쳤다. 새로운 도읍의 시장을 보수하고 각 점포들도 새롭게 단장했다. 심지어 채소장수들까지 가게 바닥에는 융단을 깔고 길가의 나무에는 비단을 걸어 늘어뜨렸다.

수양제는 치국의 귀재일 뿐 아니라 로맨틱한 문학청년이었다. 그는 일곱 살에 첫 시를 짓고 나무에 비단을 걸고 운하 양편에서 비단 끈을 잡아당기는 행위예술을 하며 놀 정도로 예술적 재능이 충만했다.

수나라 경제가 번영하고 국력이 강성해지자 주변국가들은 긴장했다. 한때 고구려와 밀접한 관계를 맺었던 돌궐과 토욕혼(4세기 초 티베트계 유목민이 중국 칭하이에 세운 나라―옮긴이)의 여러 부락들이 앞다투어 수나라의 신하를 자처했다. 서역과 유럽 상인들이 산 넘고 물 건너 창안·뤄양 등지로 와서 장사를 하자 하서주랑(간쑤 지방에 있는 좁고 긴 형태의 평지―옮긴이)에 속한 우웨이·장예·둔황 등지가 국제무역의 중요한 요충지이자 상품집산지가 되었다. 전국적인 운하건설 프로젝트가 완성되기 전인 대업 5년(609년) 6월, 수양제가 변경 지방을 순찰했는데 고창(高昌)·토욕혼 등 서역 27국의 왕과 사신들이 나와 수양제를 직접 맞이했다고 한다.

수양제는 그때 이미 자신의 우상인 진시황만큼의 업적을 이루었다. 비록 천하통일의 대업을 이룬 것은 아버지 수문제였지만 수양제가 천하통일의 선봉에서 공을 세웠음을 부인할 수 없다. 전국적인 건설 프로젝트가 완공되어 중앙정부와 변방이 치도와 운하로 연결되고, 주변국가들이 앞다투어 찾아와 신하의 예를 갖추었다. 만약 수양제가 거기서 멈추고 더 이상 아무 일도 하지 않았더라면 그는 중국역사상 위대한 성군이자 문화를 사랑한 고상한 인품의 소유자로 기록되었을 것이다.

그런데 그는 그때 겨우 마흔한 살이었다. 아직 왕성하게 일할 수 있는 나이였다. 마흔 줄에 갓 들어선 황제에게 툭툭 털고 떠나 강호에 은둔하라고 하는 것은 너무 가혹한 일이 아닌가.

수양제는 그만둘 생각이 없었다. 그는 자기 우상 진시황을 뛰어넘어 중국역사상 최고의 황제가 되기 위해 계속 앞으로 돌진했다.

어떤 업적을 세워야 천하통일의 업적을 능가할 수 있을까? 바로 고구려 정벌이었다!

한나라 때 중국 동북부와 한반도 북부에 건국된 고구려는 줄곧 중원왕조를 얕보고 있었고, 수나라가 건국된 뒤에도 겉으로는 수나라 조정을 섬기는 듯하지만 실제로는 고분고분하지 않았다. 수양제는 이 점이 계속 못마땅했다. 다른 나라들은 앞다투어 몰려와 신하 나라를 자처하는데 유독 고구려만 굴복하지 않고 툭하면 수나라의 수염을 잡아당기니 중국 최고의 황제를 꿈꾸는 수양제의 체면이 구겨질 수밖에 없었다.

대업 7년(611년) 수양제가 고구려 정벌을 명령했다. 위대한 역사를 창조하려면 그만큼의 투자도 필요한 법이다. 수양제는 사상 최대규모인 113만 대군을 소집해 24로군으로 나누어 고구려로 진격시켰다. 각 군대가 앞뒤 40리 간격으로 행진했는데 그 길이만 해도 960리에 달했고 여기에 군대를 따르는 인부 200여만 명까지 합치면 산과 들을 다 뒤엎을 만큼 대단한 인력과 기세였다.

그런데 이것은 그저 성대한 '열병식'이었을 뿐이다. 게다가 하루이틀에 끝낼 수 있는 일도 아니었다. 수나라 군대는 그 이듬해가 되어서야 탁주에서 집결을 완료했다. 대운하와 치도를 건설하기 위해 동원된 인부만해도 이미 전례 없는 규모로 백성들이 감당하기 힘든 부담이었다. 게다가 불과 몇 년 사이에 대규모 건설공사가 정신없이 이어지니 수나라라는 수레는 이미 속도를 견디지 못하고 뒤집어지기 일보직전이었다. 그런데도 대운하 건설 때 동원된 인력을 모두 합친 것보다 더 많은 규모의 군사와 인부가 고구려 정벌에 징집되었다. 군대가 바다를 건널 배를 만들기 위해 산동 동래 해구에서 인부들이 밤낮으로 일했는데, 물속에 서서 일하다 보니 허리 아래로 구더기가 들끓어 질병이 만연하는 바람에 그중 3분의 1이 목숨을 잃었다. 남부에서 탁군으로 곡식을 운반해 오는 길가에는 과로로 쓰러져 죽은 인부들의 시체가 산처럼 쌓였다.

그나마 고구려 정벌에 성공한다면 수나라라는 수레가 뒤집힐 위기를 모면할 수 있겠지만 고구려에 패한다면 상상조차 할 수 없는 재앙이 닥칠 것이었다. 일이 계속 나쁘게만 꼬이는 것을 머피의 법칙이라고 하던가. 그때 하필 수양제에게 머피의 법칙이 나타났다. 고구려인들은 일찍부터 수나라의 공격에 대비하고 있었던 반면, 수나라 군대는 지구전에 대한 마음의 준비가 전혀 되어 있지 않았다. 수나라의 첫 번째 고구려 원정은 랴오허를 건넌 수나라의 30만 대군이 고구려군에 섬멸당해 패퇴함으로써 허무하게 끝이 났다.

수양제는 젊은 시절부터 모든 것이 순조로웠다. 전쟁·정치·문학 모든 면에서 출중한 성과를 거두었다. 그런 그에게 고구려 정벌의 실패는 말할 수 없는 수치였다. 수양제는 설욕을 위해 이듬해 직접 고구려 원정에 나섰다. 그런데 뜻밖에도 후방에서 긴급상황이 발생했다. 농서 지역의 귀족 양현감이 군대를 이끌고 반란을 일으킨 것이다. 수양제는 하는 수 없이 고구려 원정을 취소하고 급한 불을 끄기 위해 군대를 돌렸다. 양현감의 반란을 진압한 수양제는 세 번째 고구려 원정에 나섰고 고구려로부터 형식적인 항복을 받아낸 뒤 군대를 물려 총총히 돌아왔다. 국내 각지에서 반란이 일어나 나라가 어지러웠기 때문이다.

수양제는 젊은 시절의 순조로운 성공과 타고난 예술적 기질을 통해 화려한 업적을 이루었지만, 좌절을 감당할 수 있는 능력은 부족했다. 이는 일찍 성공한 젊은이들의 공통점이기도 하다. 고구려 정벌 실패의 좌절감을 이기지 못한 수양제는 정사를 내팽개치고 남부로 내려가 주색에 빠져 지냈고 결국에는 반란군에게 목숨을 잃고 말았다.

이 비운의 황제를 어떻게 평가해야 할까? 수양제가 14년의 재위기간 중 황궁에서 지낸 시간은 1년밖에 안 된다. 나머지 시간들은 밖에 나가 대운하 공사를 감독하고 외국사신들을 만나고 직접 원정에 나서는 등 분주하게 돌아다녔다. 물론 밖에 나가 있는 동안에도 정사를 소홀히 하지 않고 매일 열심히 일했다. 그는 부지런하고 성실한 황제였다.

당태종이 이룩한 정관지치를 중국 최초의 태평성세라고 말하지만 사실 대업 5년 수양제의 전성기에 비하면 아무것도 아니다. 수양제의 전성기에는 정관지치에 비해 경지 개간면적이 3배나 많았고 조정에서 관리하는 가구의 수도 2배나 되었다. 그런데도 어째서 정관지치가 그토록 칭송받고 당태종 이세민이 위대한 황제로 추앙받는 것일까?

모두 이세민 탓이다. 대운하 설계와 건설이라는 수양제의 위대한 업적을 제외해도 당태종의 업적은 결코 수양제를 따라갈 수 없다. 게다가 당태종은 형제를 죽이고 아버지를 압박해 황위에 올랐으므로 도덕적으로도 수양제보다 불리한 위치에 있다. 당태종도 직접 고구려 정벌에 나섰다가 성과 없이 귀환했으므로 이 점은 수양제와 비겼다. 수양제와 비교할 때 당태종의 업적과 이미지는 퇴색될 수밖에 없다. 그 때문에 당태종은 사관들의 역사 기록에 번번이 간섭해 의도적으로 수양제의 업적을 깎아내리고 그것도 모자라 그를 탐욕스럽고 무능한 마지막 황제로 그리게 했다.

다행히 현대의 역사학자들이 당나라 때 사관들이 쓴 수나라 사서 말고 다양한 자료들을 통해 수양제 시기의 경제, 인구 등을 연구한 끝에 당태종이 거짓말로 천하를 속이고 후손을 속였음을 밝혀냈다. 하지만 아직도 많은 사람들이 수양제를 무능한 마지막 황제로, 당태종을 둘도 없는 위대한 성군으로 인식하고 있으니 참으로 안타깝다.

04 · 대운하가 중국을 먹여 살리다

수양제가 사망하고 나라가 멸망했지만 대운하는 건재했다. 하이허·황허·화이허·양쯔강·첸탕강 등 중국 5대 강을 잇는 이 인공운하는 중국의 판도를 완전히 바꾸어 놓았다.

당나라는 대운하라는 소중한 유산을 물려받았다. 당나라의 도읍 장안이 관중평야라는 곡창지대를 끼고 있기는 하지만 관중 지역의 인구가 계속 증가해 관중평야에서 수확하는 곡식만으로는 장안과 주변지역의 인구를 모두 먹여 살릴 수는 없었다. 이따금씩 곡식이 부족해 관리에게 녹봉을 지급하는 것조차 힘들기도 했다. 대운하를 통해 남부의 곡식과 기타 물자들을 도읍으로 운반해 오지 않았더라면 당나라 조정은 오래 버틸 수 없었을 것이다. 심지어 여황제 무측천은 대운하의 요충지인 뤄양에 오랫동안 살기도 했다. 운하에서 가까운 곳에 행정기관을 설치해 물자운송의 편의를 돕기 위함이었다.

당나라 초기에는 매년 대운하를 통해 운반되는 곡식이 약 20만 석이었지만 '개원성세'라 불리는 당현종 때에는 곡식 운반량이 매년 700만 석으로 증가했다. 다른 경로를 통해 각지에서 운반되는 토산품까지 합치면 이보다 훨씬 많은 양이었다.

당태종은 수양제가 파놓은 대운하의 덕을 톡톡히 보고도 수양제를 폭군으로 폄하했으니 뻔뻔하기 그지없다.

안사의 난 이후 당나라가 혼란해지고 허베이, 산둥 등지의 절도사들이 제멋대로 할거해 세금을 거두어들이고도 조정에 한 푼도 바치지 않았다. 당나라가 안사의 난 이후에도 150년이나 버틸 수 있었던 중요한 원인이 바로 대운하를 통해 남부의 곡식과 물자를 장안으로 운반했던 것이다.

당나라가 멸망한 뒤 건국된 북송은 장안보다 더 동쪽에 있는 변량(지금의 허난 카이펑—옮긴이)을 도읍으로 정해 대운하와 밀접한 관계를 유지했다. 북송 때에도 대운하의 운송량은 당나라 때와 거의 비슷한 수준에서 유지되었고 가장 많았을 때는 한 해에 800만 석을 실어 날라 당나라때 최대기록을 넘어섰다. 북송 때 대운하의 이용상황은 수양제의 의도에 완전히 부합했다. 대운하를 이용해 전국적으로 곡식과 물자를 운반했을 뿐 아니라 국방을 강화하는 효과까지 거두었다. 북송은 요·서하, 훗날의 금 등 주변국가에 대항하기 위해 해마다 국경지역으로 대량의 전략 물자를 운송했는데 대부분이 대운하를 통해 이루어졌다.

남부에 세워진 남송도 굳이 도읍을 대운하와 인접한 임안(지금의 저장성 항저우—옮긴이)으로 정했다. 이유는 간단하다. 물자운송을 편리하게 하기 위함이었다. 과거에는 대운하를 통해 남부의 물자를 북부의 변량으로 운반했지만 북부 정권이 몰락하자 새로운 도읍인 임안으로 물자가 집중되었다. 대운하의 극히 일부만 가진 남송도 운하를 통해 경제를 번영시켰으니, 대운하를 절반 넘게 차지한 북부의 금나라가 운하를 통해 돈 벌 기회를 놓칠 리 없었다. 금나라는 대운하를 이용해 화이허 유역에서 수확한 곡식을 도읍인 변경까지 운반했다. 변경은 바로 과거 북송의 도읍인 변량이었다.

나라가 나뉘면서 대운하가 둘로 쪼개지자 경제적인 효과가 크게 줄어들었다. 대운하는 위도가 다른 지역들을 연결해 남부와 북부의 물물교환을 실현시킬 때 비로소 진정한 가치를 가질 수 있다. 앞에서도 언급했듯이 중국은 지형과 기후의 특성상 동서 간의 물물교환은 큰 의미가 없다. 비슷한 것들이 생산되기 때문이다. 대운하가 있어야만 남북 간의 물물교환이 가능하기 때문에 역대왕조들이 모두 운하를 중요하게 여겼던 것이다. 따라서 북쪽의 금나라와 남쪽의 남송이 운하를 나누어 가진 뒤에는 물물교환의 효과가 예전만큼 크지 않았다.

더 중요한 것은 대운하의 군사적 가치가 떨어졌다는 사실이었다. 북쪽에서 칭기즈칸이 이끄는 몽골 군대가 사방으로 영토를 확장하고 있었지만 금나라는 몽골의 철기군에 대항할 수 있는 충분한 물자를 집중시키지 못했고 결국에는 남송과 몽골의 협공에 무너졌다. 남송의 처지도 다를 바 없었다. 운하의 아주 작은 일부분만 가지고 얼마나 효과를 낼 수 있었겠는가? 금나라가 멸망한 뒤 남송은 몇십 년 동안 힘겹게 버티다가 역사 속으로 사라졌다.

몽골족이 북쪽에 세운 원나라는 다시 중국을 통일하고 대운하를 통째로 차지했다. 그런데 원나라는 수·당·송 세 나라와 다른 점이 있었다. 몽골고원과 한반도까지 모두 자기 영토로 복속시켰기 때문에 북쪽 변방의 안위를 걱정할 필요가 전혀 없었다는 점이다. 매우 좋은 일이기는 하나 원나라 개국황제인 원세조 쿠빌라이칸에게는 고민거리가 한 가지 생겼다. 도읍을 어디로 정할 것인가 하는 문제였다.

물자운송이라는 측면에서 보면 북송과 금나라처럼 카이펑에 도읍을 두는 것이 적합했다. 카이펑이 대운하의 요충지로 동북부와 동남부의 물자를 편리하게 운반해 올 수 있을 뿐 아니라, 조정에서 관리하기도 매우 편리하고 효과적이었다. 하지만 원세조는 황허유역과 양쯔강 유역을 다스리는 동시에 몽골족의 본거지인 몽골고원까지 관리해야 하는 부담감이 있었다. 카이펑을 도읍으로 삼는다면 몽골고원과 거리가 너무 멀 뿐 아니라, 에어컨도 없었던 당시에 유목민 출신의 몽골 통치자가 몽골고원보다 훨씬 남쪽에 있는 카이펑의 기후에 적응하기 힘들다는 점이었다. 그래서 원세조는 대운하의 최북단인 대도, 즉 지금의 베이징을 도읍으로 정했다. 베이징에 도읍을 두면 운하를 통해 황허와 양쯔강 유역의 물자를 편리하게 운반해 올 수 있으며, 광활한 몽골고원에 대한 통제력도 그대로 유지할 수 있기 때문이었다. 베이징을 도읍으로 삼는다면 두 마리 토끼를 모두 잡는 셈이었다.

대도가 도읍이 되고 나자 남부의 물자를 대도로 운반할 때 운하의 요충지인 카이펑을 거쳐 대도로 오는 것보다 직접 대도로 실어오는 편이 거리가 훨씬 단축되었다. 그래서 원세조는 대운하의 구부러진 구간을 곧게 만들어 남북이 직접 통하는 운하를 건설하기로 했다. 마침내 대도와 항저우를 잇는 새 운하가 탄생했다. 수나라 때 건설된 대운하를 기초로 베이징에서 항저우까지 이어지는 징항대운하가 건설된 것이다. 그때부터 곡식을 운반하는 조운선이 남부의 곡식을 가득 싣고 대도까지 곧장 운반할 수 있었다. 원세조의 징항대운하 개통은 원·명·청 세 나라에 지대한 영향을 미쳤다.

명나라 초기에 난징에 도읍을 정했던 것을 제외하면 원나라 건국부터 청나라 말까지 베이징은 줄곧 중국의 수도였다. 경제의 중심인 남부와 거리가 먼 베이징에서도 전국을 관리할 수 있었던 것은 징항대운하가 수도와 경제 중심지를 연결해 준 덕분이다.

징항대운하를 개통한 것만으로도 원세조는 원·명·청 3대 왕조에 위대한 업적을 남겼다. 물론 이 업적은 수양제가 건설한 대운하를 기초로 한 것이며 새로 건설한 운하의 길이도 수나라 때 운하의 길이에 맞먹는다. 그러므로 내정에 있어서는 수양제가 위대한 황제로 평가되는 원세조보다 더 우세하다. 물론 원세조는 내정 외에 영토 확장에서도 혁혁한 공을 세웠다. 남부의 대리와 남송을 멸망시키고 고려와 월남을 신하나라로 거느렸으며 바다 건너 일본까지 공격했다. 전공에 있어서는 원세조가 수양제보다 우세하니 두 황제에 대한 평가는 무승부인 셈이다.

징항대운하는 이미 곡식 운반이라는 기능 외에 국가를 지탱하는 기둥 역할을 수행했고, 그 덕분에 국가운영과 경제수준이 수나라 이전과는 비교할 수 없을 만큼 높아져 있었다.

그런데 만약 이 기둥이 하루아침에 무너진다면 어떻게 될까?

05 · 대운하에 살고, 대운하에 죽다

　　　　　　　머피의 법칙을 또 한 번 언급해야겠다. 이번
에는 징항대운하를 건설한 원나라가 머피의 법칙의 피해자가 되었다. 원
나라가 새 운하를 건설한 지 불과 몇 십 년밖에 되지 않은 1344년, 황허
에서 대규모 홍수가 발생했다. 황허 범람은 워낙 자주 일어나는 일이라
강물이 넘치는 것으로 그쳤다면 그리 불운한 일은 아니었다. 진정한 불
행은 범람했던 물이 빠지고 난 뒤에 찾아왔다. 두꺼운 진흙층이 대운하
를 완전히 메워버린 것이었다.

　나라의 척추가 부러졌으니 반신불수가 된 것이 아닌가! 조정은 서둘러
사람들을 동원해 진흙더미를 파내려고 했지만 마음대로 되지 않았다. 나
라를 통치하고 있기는 하지만 몽골족은 어쨌든 변방의 소수민족이기 때
문에 한족을 동원해 힘든 일을 시키기가 쉽지 않았다. 게다가 몽골족 관
리들이 먹을 것도 충분히 주지 않고 채찍을 휘두르며 인부들을 재촉하
자, 결국 민란이 발생했다. 백련교(남송 초기에 탄생해 송 · 원 · 명에 걸쳐
성행했던 신흥종교—옮긴이)가 평민들을 지휘해 민란을 일으키고 농민들
이 주도하는 홍건군의 난이 발생하더니 삽시간에 원나라 조정을 반대하
는 전국적인 민란으로 확대되었다.

　공교롭게도 홍건군의 난이 발생한 강회 일대가 대운하가 지나는 곳이
었다. 반란군이 대운하의 조운을 막자 대도에 있는 원나라 조정은 속수

무책이었다. 바다를 통해 양쯔강삼각주 일대의 곡식을 대도로 운반할 수도 있었지만 전란으로 어지러운 시대였으므로 해적들이 들끓어 조운선이 약탈당하기 일쑤였다. 몽골의 철기군들은 유라시아 대륙에서는 막강한 위세를 떨쳤지만, 해상전투력은 형편없어 해적들과 변변히 싸워 보지도 못했다. 원나라 조정은 도읍 주변지역만 겨우 지키면서 남부의 혼란은 방치할 수밖에 없었다. 마침내 주원장이 각지의 반란군을 소탕한 뒤 군대를 몰아 기세등등하게 북상하자 원나라의 마지막 황제는 말을 달려 북쪽 초원으로 줄행랑을 쳤다. 이렇게 해서 원나라는 단 90년 만에 역사 속으로 묻혀 버렸다.

운하로 인해 촉발된 피 비린내 나는 사건은 그 뒤에도 발생했다. 청나라 때에도 대운하로 인한 비극이 재연되었다.

원나라 때 건설된 징항대운하가 명나라와 청나라까지 이어지고 대운하에 과도하게 의존하는 국가경제의 구조에도 변함이 없었다. 1415년 명나라 조정은 해운을 중단하고 모든 조운은 강을 이용하도록 했다. 바닷가에 왜구가 자주 출몰했기 때문이다. 초기에 중국 해안으로 쳐들어 온 왜구는 대부분 일본의 무사들이었지만 나중에는 일부 중국인들도 가담해 왜구와 바닷가에 사는 일반백성들을 구분하기가 힘들었다. 해상운송의 안전을 장담할 수 없게 되자 명나라 조정이 아예 해운을 중지시킨 것이다. 그때부터 청 말기까지 징항대운하의 화물운송량이 전국 운송량의 4분의 3을 차지했으며 당시 중국의 경제중심지들이 모두 대운하 주변에 집중되어 있었다.

산업혁명의 열매를 맛보지 못한 청나라에게도 대운하는 국가를 지탱하는 기둥이었다. 머피의 법칙은 또다시 청나라에 검은 손을 뻗쳤다.

제1차 아편전쟁이 막바지로 치닫고 있을 무렵, 영국 군대가 상하이 우쑹커우를 점령하고 양쯔강 하구를 단단히 막아 조정으로 가는 해로를 끊어 버리자 청나라가 영국에 화의를 요청했다. 하지만 100년 넘게 바다를 누비며 전쟁을 벌여 온 영국 해군은 청나라의 숨통이 아직 온전하기 때문에 어설픈 화의협상으로는 큰 이득을 얻을 수 없다는 것을 잘 알고 있었다. 영국은 화의를 체결하자는 청나라의 애원에도 아랑곳하지 않고 강을 따라 올라가 대운하와 양쯔강이 교차하는 전장을 공격했다. 이 전투에서 영국군은 1만 명 넘는 병력과 70여 척의 전함을 투입해 가뿐하게 전장을 손에 넣었다. 영국 측 피해는 100여 명의 전사자가 전부였다.

영국군이 청나라의 숨통을 꽉 틀어쥐자 베이징에 있던 도광제가 허둥지둥 사신을 파견해 영국군과 협상을 벌였고 영토 할양, 배상금 지급, 통상항구 설치 등 영국의 요구를 전적으로 수용했다. 청나라로 하여금 처음으로 '이민족'에게 그 오만한 머리를 조아리게 만든 것이 바로 대운하의 조운 차단이었다.

제1차 아편전쟁 이후 청나라는 약 10년간 비교적 태평한 세월을 보냈다. 1851년 광시 진톈에서 태평천국의 난이 일어나 반란군이 파죽지세로 난징까지 진격했다. 농민반란군이 세운 태평천국이 1852년부터 10여 년간 양쯔강 하류 일대를 점령하자 그동안 대운하의 조운도 역시 중단되었다. 운하 주변의 도시들이 심한 피해를 입고 양저우 · 쑤저우 · 항저우 · 린칭 등이 전쟁의 불길에 휩싸였다. 조운이 끊기자 청나라 조정은 어쩔 수 없이 바다를 통해 태평천국군에 점령당하지 않은 남부에서 곡식과 물자를 실어 와야 했다.

10년간의 내란 기간 동안 청나라 조정이 허리띠를 졸라매야 했던 것은 물론이고 중국 시장으로 막 들어온 유럽인들도 대운하 차단으로 인해 이해관계가 엇갈렸다. 당시 상하이에 있던 영국 영사 러더퍼드 앨콕은 본국으로 보내는 편지에서 이렇게 말했다.

"매년 이른 봄 베이징은 대운하를 오가는 조운선을 통해 그해에 필요한 곡식을 실어 온다. 지금 대영제국이 소규모 함대를 보내 전장 같은 운하의 거점을 점령하고 청 조정의 반란 진압을 돕는다면 청 조정으로부터 더 많은 이득을 얻어낼 수 있을 것이다. 이것은 연해 지역과 국경 주변의 도시 20개를 함락시키는 것보다 더 효과적이다.”

계속된 공격으로 징항대운하는 곳곳이 막히고 메워져 운하로서의 기능을 상실했다. 1855년 황허의 물줄기가 바뀌어 운하의 산둥 구간이 점점 막혀 버리자 조운은 대부분 해상운송에 의지했다. 태평천국의 난을 평정한 뒤 청나라 조정은 대운하의 조운 기능을 회복시키려 했지만 국고가 바닥나 실행에 옮기지 못했다.

이 오래된 나라에 또 한 번 생사의 고비가 닥쳤다. 한마디로 대운하에 살고 대운하에 죽는 나라가 아닌가?

다행히 청나라에게는 대운하 보수 외에 새로운 선택지가 나타났다. 바로 산업혁명이 탄생시킨 새로운 운송방식인 철도다. 청나라 말기에 건설된 가장 중요한 철도는 징한철도(옛 명칭 노한철도—옮긴이)다. 이 철도는 베이징과 남부의 한커우를 연결하는 것으로 총 길이가 1,214킬로미터나 된다. 1898년 말 남북의 두 종착역 구간이 동시에 착공된 뒤 1906년 4월 1일 전체 구간이 완공되었다. 이때부터 남북으로 자유롭게 이동할 수 있는 철도가 대운하를 대신해 국가의 기둥이 되었다. 1911년에는 톈진과 난징을 잇는 진푸철도도 완공되어 기차 운행이 개시되었다. 약 1천 년간 중국경제를 지탱하던 대운하는 마침내 역사 속으로 사라졌다.

수로운송의 가장 큰 장점은 육로운송에 비해 비용이 훨씬 적게 든다는 것이다. 수양제가 대운하를 건설한 뒤 중국 남부와 북부 간의 물자운송과 무역이 활발하게 이루어지자 중국경제가 빠르게 발전했다. 하지만 대운하에 과도하게 의존한 탓에 나라에 급작스러운 변고가 생겨 대운하가 끊기자 나라 전체가 버티지 못하고 무너지고 말았다.

제6장

송나라에 돈이 부족했다고 하지 마라

송나라는 매우 특별한 시대였다. 송나라의 역사는 '황포가신(黃袍加身)'이라는 고사성어에서 시작된다.

후주의 장수 조광윤이 적을 물리치기 위해 군대를 이끌고 북상하다가 진교역에서 군대를 쉬게 하고 있었다. 그런데 이른 아침 조광윤이 술이 덜 깬 채 장막에서 나오자 부하들이 달려들어 그에게 황제의 옷인 황포를 입히고는 넙죽 엎드려 만세를 높이 외치는 것이 아닌가. 조광윤이 부하들에게 떠밀려 얼떨결에 반란을 일으켜 황제가 되었다. 이것이 바로 '황포가신'의 이야기다.

조광윤이 바로 송나라 개국황제 송태조다. 그때 조광윤이 정말로 술에 취했었는지 아니면 취한 척한 것인지, 또 부하들이 자신에게 황포를 입힐 것임을 사전에 알았는지 몰랐는지는 알 수 없다. 중국역사에서 왕조가 교체될 때마다 새 황제가 황위를 극구 사양하는 척 연기하는 장면이 연출되곤 했다. 새 황제가 눈물을 흘리며 "나는 그럴 수 없소. 왜들 내게 황제가 되라고 강요하는 것이오!"라며 실랑이를 벌였지만, 입만 열면 인의와 도덕을 앞세우던 그들은 누구 하나 거절에 성공하지 못하고 '어쩔 수 없이 떠밀려' 황위에 올랐다. 조광윤도 역시 이런 '고상한 인품'을 가진 황제였다.

비록 처음 시작은 구태의연했지만 조광윤이 세운 송나라는 훗날 놀라운 성공을 거두었다.

01 · 천하 제일의 부자나라, 송

송태조 조광윤은 무인 출신이라서 용맹하고 호전적이며 무예를 중시할 것이라고 짐작하겠지만 사실 그는 생명을 아끼고 세계평화를 염원하는 부드러운 남자였다. 그는 어떤 문제가 생기든 살육을 최대한 피할 수 있는 방법으로 해결했다.

송태조는 즉위한 지 얼마 되지 않아 태묘(황제들이 선조에게 제사를 지내는 사당―옮긴이)의 밀실에 비석을 세우고 후대 황제들이 새로 즉위하면 글을 모르는 환관 한 명만 대동한 채 밀실로 들어가 그 비석에 새겨진 글을 읽도록 정했다. 그 비석에 무슨 글이 쓰여 있는지 황제 외에는 아무도 알 수가 없었다. 훗날 금나라 군대가 송나라 도읍 변량을 함락시키고 태묘로 들어간 뒤에야 그 비문의 내용이 세상에 알려졌다.

비석에는 다음과 같은 내용이 적혀 있었다. 첫째, 시씨 자손(후주의 후예)들을 죽이지 마라. 만약 그들이 모반을 일으킨다면 공개적으로 처형하지 말고 옥에 가두고 자결하게 하라. 둘째, 사대부, 특히 간언하는 신하를 죽이지 마라. 셋째, 후손이 이 두 가지를 어긴다면 천지가 용서치 않을 것이다.

이 세 가지 훈계는 숭나리 황제들의 정치이념이자 경제정책의 기조가 되었다. 이 훈계를 한마디로 하면 세상을 어지럽히지 말라는 것이다. 송나라 황제들은 대외적인 분쟁은 전쟁을 벌이지 않고 평화적으로 해결하고, 대내적으로도 갈등을 최대한 해소해 충돌을 격화시키지 않았다. 세상이 평온해지니 경제가 발전한 것은 자연스러운 일이었다.

세상을 어지럽히지 않는 정책 덕분에 송나라 경제는 단숨에 역대왕조의 갖가지 기록을 갈아치웠다. 송나라의 재정수입이 가장 많았던 해에는 1억 6천만 관(1관=1000문)에 달했다. 훗날 북쪽 땅을 잃고 영토가 절반으로 줄어든 남송도 한 해 최대 재정수입이 1억 관이었다. 국가의 재정수입이 이렇게 많았던 것은 중국 역대왕조를 통틀어 전무후무하다. 명나라 때는 북송 때 재정수입의 10분의 1밖에 되지 않았고 청나라 때 최고의 태평성세인 강희와 건륭 시기에는 재정수입이 조금 증가하기는 했지만 그래도 북송 때의 절반에도 못 미쳤다.

송나라 때 평민들도 다른 왕조보다 훨씬 윤택한 생활을 했다. 학자 사마광이 농부와 하인들도 비단신을 신는다며 사치스러운 세태를 통탄했을 정도다. 《수호전》에서 수박 양산으로 올라온 108명의 호걸들은 살인과 방화를 저지르고 도망쳐 온 사람, 국법을 어기고 도망쳐 온 사람, 할 일 없이 빈둥거리다가 재미있는 일을 해보려고 찾아온 사람 등 제각각 다양한 이력을 가지고 있었지만, 가난에 굶주리다가 찾아온 사람은 없었다.

이렇게 풍족하고 안정적인 사회가 될 수 있었던 이유는 무엇일까? 송나라가 부유했지만 그렇다고 해서 1천 년 전 송나라가 이룬 성과를 과대평가해서는 안 된다. 송나라의 경제기반은 수많은 자경농들이었다. 그들이 바친 곡식과 세금으로 나라가 풍요로워졌으니 사실 송나라도 다른 왕조들과 다를 바 없다. 앞에서 언급했듯이 송나라 때 수확량이 많은 점성도가 중국에 도입되었다. 점성도가 도입되면서 중국인구가 1억 명을 돌파했고 인구가 많아지자 저절로 세금도 늘어났던 것이다.

그런데 경제적으로 볼 때 송나라에게 두 가지 특별한 점이 있었다. 하나는 국제무역이 시작되었다는 점이다.

과거에도 중국은 육상 실크로드를 통해 타국과 무역을 했지만 송나라가 건국한 지 얼마 되지 않아 서북쪽에서 탕구트족이 반란을 일으켜 서하를 건국한 뒤 송나라에서 중앙아시아, 서아시아로 가는 무역로가 차단되었다. 그러자 송나라 대외무역의 중심이 동남부 연해지역으로 집중되었고 머지않아 해상 실크로드가 개척되었다.

송나라는 광저우·임안·명주(지금의 닝보—옮긴이) 등 10여 개 연해도시에 국제무역을 감독하는 시박사라는 관청을 설치했다. 그중 광저우·촨저우·명주의 무역량이 가장 많았고 특히 촨저우는 남송시대에 해상 실크로드의 출발지로서 세계 최대항구로 도약했다.

송나라의 수출품은 비단·자기·설탕·방직품·금속제품 등이었고 수입품은 상아·산호·마노·진주·유향·몰약·안식향·후추·유리·대모(바다거북의 일종—옮긴이) 등 수백 종에 이르렀다. 남송시기에 매년 시박사를 통해 거두어들인 세금은 200만 관으로 전체 재정수입의 6퍼센트를 차지했다. 하지만 이것은 공식적인 수입일 뿐 민간에서 국제무역을 통해 벌어들이는 돈까지 합치면 그보다 훨씬 더 많다.

비록 육상 실크로드를 통해 직접 무역을 할 수는 없었지만 송나라는 육로를 통해 이웃국가들과 무역을 적극적으로 펼쳤다. 금, 대리와의 국경에 시장을 개설해 약재·차·면화를 팔고 인삼·모피·말·나귀 등을 수입했는데, 이런 육상무역으로 거두어들이는 수입도 무시할 수 없었다.

중국 속담에 말이 밤에 풀을 뜯지 않으면 살찌지 않는다는 말이 있다. 송나라도 주요 세수원은 농업이었지만 대외무역에 적극적으로 나섰기 때문에 폐쇄정책을 시행한 왕조들에 비해 훨씬 풍족한 생활을 누렸다.

또한 다른 왕조들은 왕속, 전쟁, 건설공사 등에 거액을 지출했다. 국가 재정수입의 대부분이 사치스러운 황족들의 쌈짓돈으로 사용되고 전쟁을 위한 군비와 건설공사의 비용으로 지출되었다. 이 점은 송나라도 물론 예외가 아니지만 한 가지 특징이 있었다. 송나라 경제가 내수주도형 발전구조였다는 사실이다.

송태조부터 시작해 학자와 문인들을 후하게 대접하였고 과거제가 활성화되면서 과거에 급제하면 관리로 등용했다. 과거제는 일반평민들에게 출세할 수 있는 길을 열어 주었다. 출신도 가문도 따지지 않고 과거시험에 합격하기만 하면 앞날이 환하게 열렸다. 과거제가 활성화되면서 문관이 많아지고 도읍 변량에 사는 조정관리들도 점점 많아졌다.

황족·관리·군인·상인들이 도성에 운집해 당시 변량성의 인구가 100만에 달했다. 그들이 먹고 쓰고 입는 것을 도읍 근처에서 충분히 조달할 수 없어 운하를 통해 남부지역에서 실어 와야 했다. 곡식은 물론 비단·차·자기·목기 등 먹고 즐기기 위해 필요한 것들까지 모두 배에 실어 운반했다. 당시 유럽은 중세 암흑기였고 아메리카 대륙의 마야인들도 아직 고산지대를 벗어나지 못했으므로, 당시 송나라는 세계 최고의 문명국가였던 셈이다.

변량성의 막강한 소비력과 강력한 구매력이 전국 각지의 생산을 자극했다. 송나라는 중농억상 정책을 펼쳤던 다른 왕조와 달리 상인들에 대한 제약이 상대적으로 느슨했으므로, 상인들이 세력을 길러 황권을 위협하지 않을까 하는 두려움도 없었다. 장사로 얻는 이익이 농사를 지을 때보다 몇 배나 많으므로, 수공업과 상업이 발달한 나라는 목축업과 농업을 위주로 한 나라보다 부유할 수밖에 없다. 송나라 때 수공업과 상업 발전수준은 중국 역대왕조 가운데 가장 높았으며 당시 세계 최고 부자나라였다고 해도 과언이 아니다.

02 · 송나라, 모병제로 실업을 해소하다

송나라 황제들은 남부지역이 막강한 경제력을 바탕으로 황권을 위협할까 봐 두려워하지 않았다. 그 이유는 무엇일까? 황제들이 가장 두려워하는 것이 바로 누군가 자신의 자리를 빼앗는 것이다. 그런데 송나라 때는 전국의 걸출한 인재들이 모두 도읍인 변량, 즉 황제 곁에 집중되어 있었기 때문에 지방세력이 힘을 기르는 데 한계가 있었다.

평화주의자 송태조가 천하를 평정했을 때 거느린 군대가 40만 명이 채 되지 않았다. 송태조는 '배주석병권(杯酒釋兵權)(조광윤이 천하를 얻은 뒤 자기 휘하의 무장들이 자신이 했던 것처럼 모반을 일으킬 것을 두려워하여 무장들을 초대해 연회를 열고 병권을 스스로 포기하도록 한 일화—옮긴이)'을 통해 휘하의 장수들로부터 병권을 몰수한 뒤 병권을 독점하고 장수들에게는 후한 재물을 내려 편히 복을 누리도록 했다. 한고조 유방과 명태조 주원장이 황제로 즉위하자마자 개국공신들을 숙청했던 것과 비교하면 송태조의 문제해결 방식은 매우 인간적이다.

그 뒤 북송의 군대는 점점 강해져 북송 중기에는 군사 수가 125만 명에 달했다. 열병식을 좋아했던 수양제 때를 제외하면 역대 중국왕조 가운데 군대의 규모가 가장 컸다. 군대의 빙사늘은 두 종류로 나뉘었는데 그중 하나가 변량을 지키는 금군(궁궐과 수도를 지키는 금위군—옮긴이)이다. 《수호전》에서 표자두 임충이 양산박으로 들어오기 전 직업이 80만 금군

교두였다. 금군 80만은 작가 시내암의 과장이 아니었다. 당시 북송의 도읍에는 80여 만 군대가 집중되어 있었다. 다른 하나는 상군으로 지방 각지에 주둔하고 있었는데 금군보다 규모가 훨씬 적고 대우도 낮았다. 1년에 병사 한 명을 위해 지출하는 돈이 금군은 50관이었지만 상군은 30관이었다. 1년 군비를 다 합치면 총 4~5천 관에 달했다.

이렇게 거대한 규모의 상비군을 유지하면서 병사들에게 후한 대우를 해줄 수 있었던 것은 중국 역대왕조 중 가장 부유한 북송이기 때문에 가능했다. 한 서양학자는 당시 유럽의 약소국 군주들은 변량 도읍의 성문을 지키는 병졸들보다도 열악한 생활을 했다고 한탄했다.

그런데 북송이 이렇게 많은 군대를 거느린 목적이 전쟁에 있었을까? 북송은 북쪽으로는 요와 금, 서북쪽으로는 서하의 위협을 받고 있었으므로 이민족의 침략을 방어할 수 있는 강력한 군대가 필요했다. 그런데 군대는 규모보다 전투력이 더 중요하다. 백만대군이었지만 북송의 군대는 대외전쟁에서 승리한 경우가 거의 없었고 요나라 군대가 툭하면 국경을 뚫고 황허까지 내려오곤 했다.

송나라 군대가 번번이 전쟁에 패한 것이 금군이 제대로 훈련받지 못한 오합지졸이었기 때문일까? 그렇지 않다. 근본적인 원인 중 하나는 북송이 대규모 군대를 양성한 목적이 단순히 전쟁이 아니라 실업률 해소에 있었다는 점이다.

중국 역대왕조들은 병사들을 모집할 때 징병제와 모병제 둘 중 하나를 선택했다. 징병제는 백성들을 강제로 군대에 입대시키는 것이고 모병제는 돈을 주고 병사들을 고용하는 것이다. 송나라는 중국역사상 유일하게 장기간 모병제를 시행한 왕조였다. 송나라 병사들은 모두 돈을 받고 나라에 고용되었으며 퇴역제도도 없어서 누구든 군대에 입대하기만 하면 평생 고용이 보장되어 먹고 입을 걱정 없이 살 수 있었다.

북송 때 수확률이 높은 점성도가 널리 보급되기 시작하고 벼와 밀을 번 갈아가며 경작하면서 곡식생산량이 급증했으며 이로써 인구가 1억 명을 돌파했다. 송나라 때 상품경제가 발달해 수많은 비농업 분야에서 노동력을 대거 흡수하기는 했지만 여느 통치자들과 마찬가지로 송나라 황제들도 점점 늘어나는 실업자들 때문에 골머리를 앓았다.

어느 시대든 실업자들은 사회안정에 잠재적인 위협이다. 이 위협을 없 애기 위해 송나라가 내놓은 카드는 이번에도 역시 돈이었다. 직업 없이 떠도는 사람들 중에 신체 건장한 사람들을 뽑아서 돈을 주고 고용해 병 사로 삼은 것이다. "한 사람을 고용하면 나라에는 병사가 한 명 늘어나고 산에는 산적이 한 명 줄어든다." 이것이 바로 북송의 실업해소책이었다.

이 정책을 처음 내놓은 사람은 송태조 조광윤이었다. 그는 흉년에는 민란이 일어나기도 가장 쉽지만 병사를 모집하기도 가장 쉽다고 했다. 굶주린 백성들이 많아 적은 돈으로도 병사들을 쉽게 모을 수 있기 때문이 다. 반대로 풍년에는 백성들의 의식이 풍족해 돈을 많이 주어도 군대에 지원하는 사람들이 거의 없었다. 군인은 어쨌든 위험한 직업이기 때문이 다. 《수호전》을 보면 조정에서 수차례 관리를 보내 양산박의 산적들을 회 유하고 귀순하도록 설득하는데 이것이 바로 북송의 국책이었다. 송나라 황제들은 산적을 무력으로 소탕하기보다는 돈으로 회유하는 편이 더 쉽 다고 생각했다. 어차피 돈은 국고에 넘칠 만큼 가득 차 있었으니 말이다.

군대에 입대하면 먹고 자는 것도 해결되는 데다가 돈까지 벌 수 있으니 굶주린 백성들에게는 그보다 더 좋은 일이 없었다. 다른 왕조에서는 군 대를 모으는 일이 큰 난제였지만 북송은 이 문제를 가뿐하게 해결했다.

물론 부유한 송나라도 민란을 피해갈 수는 없었다. 북부에서는 송강의 난이, 남부에서는 방랍의 난이 발생한 바 있다. 하지만 송나라 때 민란은 한나라를 무너뜨린 황건적의 난이나 당나라를 멸망시킨 황소의 난, 훗날 명나라를 몰락시킨 이자성의 난과 비교하면 규모도 훨씬 작고 나라의 운명을 뒤흔들 만큼 치명적인 타격을 입히지도 않았다. 북송과 남송 모두 민란이 아니라 외적의 침입으로 멸망했다. 이것만 보아도 송나라의 모병제가 사회의 불안을 잠재우는 데 큰 효과를 발휘했음을 알 수 있다.

송강과 방랍이 일으킨 봉기도 민간의 지지를 받지 못해 탄탄한 기반을 가질 수 없었다. 송나라 백성들 중에 정의를 위해 제 목숨까지 내던질 사람이 많지 않았고, 또 설령 나라에 반감을 가졌더라도 조정의 회유와 설득에 금세 넘어가 투항했다. 송강의 난이 일어났을 때에도 봉기를 일으킨 우두머리들이 조정이 내민 돈의 달콤한 유혹을 못 이기고 투항하는 바람에 봉기가 실패했다.

이렇듯 모병제 시행의 목적이 실업문제의 해결에 있었기 때문에 모집된 병사들은 전투력이 약할 수밖에 없었다. 북송에서 처음 병사를 모집할 때는 엄격한 체격기준이 있었다. 예를 들면 상등 금군의 키는 5척 8촌 이상이어야 했다. 5척 8촌 이상이라면 지금으로 따지면 거의 180센티미터에 가깝다. 최저기준은 송진종 때 5척 5촌이었지만 기준이 점점 높아지면서 직업 없이 떠도는 실업자들 중에 합격할 수 있는 사람이 별로 없어 실업해소라는 기본적인 정책이념에 부응할 수 없었다. 그러자 누군가 체격이 건장하기만 하면 키가 크든 작든 상관하지 말자고 건의했고 그 뒤 최저기준이 계속 낮아져 송인종 때는 5척 2촌, 즉 약 160센티미터만 넘으면 군대에 입대할 수 있었다. 마음만 먹으면 신체기준을 통과해 입대할 수 있었던 것이다.

병사들을 이렇게 모집했으니 전체 군대의 신체조건이 어땠는지 짐작할 수 있다. 임충 같은 금군 교두가 병사들을 아무리 열심히 훈련시켜도 신체조건이 열악한 병사들을 송태조와 같은 용맹한 장수로 길러낼 수는 없었다. 게다가 병사들의 입대동기 또한 돈을 벌기 위함이었으므로 국가

수호에 대한 사명감이나 자부심 같은 것을 기대할 수 없었고 후한 포상이나 격려금이 없으면 싸우려 하지 않았다. 북송의 장수들은 병사들이 용감하게 싸우도록 하기 위한 고육지책으로 군대의 기율까지 어겨가면서 병사들에게 음주와 노름을 허용했다. 병사들이 음주와 노름으로 가진 돈을 탕진해야만 돈을 벌기 위해 적과 맞서 싸울 것이기 때문이었다.

이런 오합지졸의 군대에 국방을 맡겼으니 송나라가 대외전쟁에서 번번이 참담하게 패배한 것도 전혀 이상하지 않다. 그렇다면 송나라는 북쪽과 서북쪽에서 호시탐탐 중원을 노리는 외적들을 어떻게 막아 냈을까?

03 · 북방 호족을 물리치다

　　　　　　　　　　　　　　송나라는 외적의 위협도 돈으로 해결하려고
했다. 하지만 이것은 터무니없는 생각이었다.

　송나라가 처음부터 이렇게 무능했던 것은 아니다. 북송 초기에 거란
이 만리장성 남쪽의 연운 16주를 빼앗아 버렸다. 연운 16주는 지금의 베
이징 · 톈진 · 허베이 · 산시(山西) 일대로 모두 토지가 비옥한 농경지대
였다. 앞에서 언급했듯이 유목민족이 농사짓는 법을 배우면 아무도 당해
낼 수 없다. 송태조의 아우인 송태종 조광의는 외적이 옥토를 차지하고
있는 것을 참지 못하고 연운 16주를 되찾기 위해 거란을 공격했다. 송태
종은 거란이 세운 요나라를 만리장성 북쪽으로 쫓아낸 뒤 보란 듯이 만리
장성 근처의 험준한 봉우리에 방어선을 구축했다.

　그런데 당시 요나라의 대권을 실질적으로 장악하고 있던 소태후가 직
접 철기군을 이끌고 참전해 거센 반격을 퍼부었다. 양가장(양씨 가문의
장수들—옮긴이)의 유명한 장수 양업도 이 전투에서 장렬히 전사했다. 송
과 요의 전쟁은 송진종과 소태후가 단연지맹을 맺을 때까지 계속되었다.
양쪽 모두에게 심각한 피해를 입히며 기나긴 공방전을 벌인 뒤에야 송과
요는 마침내 화의협상을 벌였다. 명분은 화의였지만 사실은 요나라가 가
격을 제시하고 송나라가 가격을 깎는 흥정이었다.

　북송 측 협상대표로 가게 된 사신 조리용은 떠나기 전 송진종에게 평화

를 위해 얼마를 지불할 용의가 있는지 물었다. 송진종은 "불가피하다면 백만이라도 좋다"라고 대답했다. 그런데 재상 구준이 듣고 너무 큰돈이라고 생각해 만약 요나라에 30만 관 이상 바치기로 하면 목이 달아날 줄 알라며 조리용을 협박했다. 결국 조리용은 은 10만 냥, 비단 20만 필을 바치는 것으로 협상을 타결시켰다. 그런데 이것만 해도 굉장한 금액이었다! 대략적으로 환산할 때 은 1냥은 동전 1관에 해당하고 비단 1필 역시 동전 1관과 맞먹었다.

조리용이 돌아와 송진종을 알현하려는데 때마침 송진종이 식사를 하고 있어서 문 밖에서 기다려야 했다. 협상 결과가 궁금했던 송진종은 내시를 시켜 조리용에게 물어보게 했다. 조리용은 국가의 기밀을 내시에게 말할 수 없다고 생각해 말없이 내시에게 손가락 세 개를 펼쳐보였다. 내시가 들어가 그대로 보고하자 송진종은 300만 냥을 바치기로 한 것으로 착각하고 "너무 많구나!"라며 탄식했다. 그러더니 잠시 뒤 이렇게 중얼거렸다.

"조금 많기는 하지만 어쨌든 일이 해결되었으니 다행이로구나."

잠시 뒤 조리용이 들어와 30만 냥이라고 보고하자 송진종은 뛸 듯이 기뻐하며 조리용에게 큰 상을 내렸다.

단연지맹 이후 약속에 따라 송나라는 해마다 은 30만 냥을 요나라에 바치고 국경에 시장을 열어 무역을 했다. 그 뒤 송나라와 요나라는 120년 동안 단 한 번도 전쟁을 벌이지 않고 각자 태평성세를 누렸다.

단연지맹은 북송의 황제들에게 커다란 교훈을 남겼을 뿐 아니라 우리에게도 특별한 사실을 알려 주었다. 앞에서 언급했듯이 송나라의 재정수입이 1억 관은 가뿐히 넘었으므로 30만 냥이면 재정수입의 0.3퍼센트밖에 되지 않는다. 요나라에 조공을 바친다는 사실에 체면이 구겨지기는 했지만 끝까지 요나라와 싸웠다면 전쟁에서의 승리는 둘째치고 해마다 들어가는 전투비용과 인명 피해만 해도 1천만 관은 넘었을 것이다. 송태종 때부터 시작된 요나라와의 전쟁은 송나라에게 이득될 것이 없었다.

거란 역시 송나라와의 전쟁이 길게 지속되는 것을 바라지 않았다. 요나라는 송나라와 비교할 수 없을 정도로 경제기반이 열악했기 때문이다. 요나라의 기병들이 전쟁 때는 병사가 되고 평소에는 유목민으로 돌아갔지만 전쟁이 몇 년 동안 계속되니 소와 양을 돌볼 사람이 없었다. 게다가 송나라에는 소와 양을 방목할 수 있는 너른 초원이 없었기 때문에 전쟁으로 인해 요나라의 경제가 거의 붕괴될 지경이었다.

따라서 단연지맹은 철저한 경제논리에 따라 맺어진 조약이었다. 송나라는 적은 돈으로 큰 지출을 막고 평화를 샀고 요나라 역시 송나라로부터 배상금 명목으로 조공을 받아 경제적으로 여유로워졌으므로 양측에게 모두 이득이었다.

남송 때는 송나라의 적수가 금나라로 바뀌었다. 돈으로 외적의 위협을 무마시키는 전략에 익숙한 남송의 황제들은 이번에도 해마다 금나라에은 25만 냥과 비단 25만 필을 바치고 금나라 황제를 숙부라고 부르며 태평한 세월을 보냈다. 비록 체면도 깎이고 돈도 바쳤지만, 송나라는 영토는 줄어들어 남송이 된 뒤에도 매년 재정수입이 8천만 관에 달했으므로 금에 바치는 조공이 기껏해야 재정수입의 1퍼센트밖에 되지 않았다. 체면 때문에 금나라와 죽기로 싸우거나 만리장성을 새로 쌓을 것인가, 아니면 푼돈을 내어 주고 위협에서 벗어날 것인가?

이 문제를 두고 송나라는 현명한 선택을 했지만 수백 년 뒤 명나라는 어리석은 선택을 했다. 명나라 멸망의 직접적인 원인은 숭정제가 전쟁을 고집했던 것이다. 명나라는 후금에 대항하기 위해 해마다 전쟁을 벌이며 막대한 돈을 쏟아 부었다. 전쟁으로 고통받던 백성들이 들고일어나 봉기를 일으키자 농민봉기를 진압하느라 군비지출이 더욱 늘어났다. 결국 명나라는 악순환의 고리에 빠졌고 엎친 데 덮친 격으로 해외로부터 유입되는 은의 양이 급격히 감소하면서(이 원인에 대해서는 뒤에서 자세히 설명하도록 하겠다) 국고가 바닥나 나라마저 잃고 말았다.

남송과 북송은 북쪽의 거란족·여진족·탕구트족·몽골족과 번갈아가며 싸웠다. 거란족·여진족·탕구트족과 싸워 이기고 남송 말기에는 유라시아 대륙을 주름잡은 몽골대군에게 수십 년 동안 대항하기도 했었다. 이것만 보더라도 송나라는 절대로 힘없고 무능한 나라가 아니었다.

송고종 조구는 후대사람들에게 굴욕적인 화친을 맺고 충신 악비에게 황당한 죄명을 씌워 죽인 무능한 황제로 손가락질 받았다. 송고종이 무능한 데다가 악비를 죽인 악독한 황제인 것은 분명한 사실이다. 하지만 역사적인 인물이나 왕조를 평가할 때는 기개나 인품을 살피는 것도 중요하지만 최종적인 결과를 간과해서는 안 된다. 명나라가 멸망한 뒤 명나라의 잔당이 남부로 내려가 자리를 잡으려 했지만 얼마 못 가 와해되었다. 하지만 송고종은 송나라가 바람 앞의 등불처럼 흔들리는 동안에도 옛 영토의 일부를 되찾고 남송을 세워 금나라와 강을 사이에 두고 대치했다. 그가 정말로 어리석고 무능한 황제였다면 해낼 수 없는 일이었다. 북벌을 단행해 중원의 땅을 되찾지는 못했지만 중국역사상 남부지역만 차지한 채 태평한 세월을 보냈던 왕조가 몇이나 될까?

북부 이민족에게 비단과 돈을 주는 방법으로 나라의 오랜 안정을 이루고 체면도 잃지 않은 왕조는 부자 왕조인 송나라가 유일했다.

그런데 송나라가 돈이 많고 풍족한 것은 사실이지만 요나라와 금나라에 바친 조공을 보면 한 가지 재미있는 사실이다. 바로 송나라가 은과 비단은 아낌없이 주었지만 동전은 한 닢도 주지 않았다는 사실이다. 이는 자국의 동전을 국외로 유출시키지 않으려는 송나라의 의도였다. 심지어 그들은 오늘날의 어음과 비슷한 대용화폐를 만들어내 국경지방에서 유통시키며 국경 부근에서의 동전유통량을 줄었다.

돈이 넘쳐 났던 송나라가 어째서 동전을 그토록 귀하게 여겼을까?

04 · 동전을 녹여 구리주전자를 만들다

송나라 때 주조한 동전은 중국을 대표하는 진귀한 유물 중 하나다. 주조 기술이 정교했던 것은 물론이고 동전에는 당시 황제의 친필이 새겨졌다. 송태조 조광윤은 일개 무장 출신으로 쇠몽둥이를 휘두르던 인물이지만 그의 후대 황제들은 거의 모두 서예에 능했다. 특히 송휘종은 꽃과 새를 잘 그리고 수금체라는 자신만의 독특한 필체를 만들어 오늘날까지도 명필로 추앙받고 있다. 송나라 사람들은 풍족한 물질생활을 영위했을 뿐 아니라 예술작품을 동전에 새겨 넣어 감상할 만큼 정신적으로도 여유 있고 풍요로운 생활을 했다.

송나라는 중국 역대왕조 가운데 동전주조량이 가장 많다. 북송 167년 동안 특별한 시기를 제외하면 대부분 1년에 100관이 넘는 동전을 주조했다. 동전주조량이 가장 많았던 송신종 때는 한 해 동전주조량이 500만 관이 넘었고 동전주조에 들어간 구리의 양만 해도 약 1톤에 달했다. 어떤 이들은 동전훼손율을 고려하지 않고 북송이 주조한 동전에 과거 왕조에서 주조한 동전까지 합치면 북송 말기에 유통된 동전의 양이 3억 관에 달했을 것이라는 추측을 내놓기도 했다. 매년 요나라에 조공으로 바친 30만 관과 비교하면 송나라의 동전유통량은 천문학적인 수라고 할 수 있다.

그런데 불가사의하게도 송나라는 고질적인 동전부족에 시달렸다. 북송의 문인 소동파는 저장 일대에 동전부족이 심각함을 알리는 상소문을 올리면서 백성들이 가진 돈이 없으니 은과 비단을 시장에 내놓아도 사려는 사람이 없고 상인들이 툭하면 대낮에도 문을 닫고 장사를 쉰다고 했다.

설마 화폐발행권을 가진 조정이 시중에 돈이 부족한 것을 알면서도 돈을 만들지 않았던 것일까? 송나라 관리들이 그 정도로 아둔했던 것은 물론 아니다. 그런데 동전 수십만 관을 주조해도 시중에 풀리기도 전에 온데간데없이 사라져 버렸다.

남송시대에는 동전부족이 훨씬 더 심각했다. 금나라와 맞서 싸울 것을 강력하게 주장한 것으로 유명한 무장 이강이 상소를 올려 시중에서 동전을 찾아볼 수가 없으니 농민들이 곡식을 아무리 싼값에 팔아도 사람들이 돈이 없어서 사지 못하고, 농민들은 세금 낼 돈이 없어서 어쩔 수 없이 도망치는 일이 빈번하다고 호소했다.

시중에 동전 품귀현상이 나타나자 동전의 가치가 천정부지로 치솟았다. 심지어 조정에서 동전의 가치를 다시 정해야 할 정도였다. 실제로 송 태종은 동전 77문을 100문의 가치로 사용하라는 명령을 내렸다. 동전의 실제 가치가 액면가보다 40퍼센트 이상 높았던 것이다. 동전부족이 더욱 심각했던 남송 때는 시중에서 50문짜리 동전을 100문의 가치로 사용했다. 동전의 가치가 2배로 오른 것이다.

송나라 조정이 해마다 동전을 주조했는데 그 많은 동전이 다 어디로 사라졌을까? 거란족이나 탕구트족 같은 외적들이 약탈해 간 것도 아니고, 송나라의 경제성장 속도가 화폐발행 속도를 초월할 만큼 빨랐던 것도 아니다. 바로 송나라 백성들이 동전을 녹여 그 구리로 다른 것을 만들어 팔았던 것이다.

돈을 녹여 다른 물건을 만들면 녹인 돈보다 더 많은 돈을 벌 수 있으니 그런 기회를 누가 마다하겠는가? 처음에 이런 일이 가능했던 것은 송나라의 동전주조 원가가 비쌌기 때문이다. 중국 역대왕조들은 모두 화폐주조권을 독점하고 있었다. 한나라 때는 조정의 허가를 받은 개인에 한해 화폐를 주조할 수 있도록 허용한 적도 있고, 조정에서 화폐주조를 국영으로 할 것인지 민영으로 할 것인지 토론하기도 했다. 하지만 송나라 때는 화폐주조권을 조정이 독점했다.

일반적인 상식으로는 화폐주조로 손해를 본다는 것이 잘 이해가 되지 않는다. 예를 들어 1관어치 구리로 동전을 만들면 그 동전의 액면가를 총 1.5관이나 2관으로 만들면 동전주조에 소요되는 다른 비용을 조달할 수 있고 이득을 남길 수도 있다.

그런데 현실적으로는 나라에서 액면가를 마음대로 올릴 수가 없다. 동전의 액면가가 구리 원가보다 너무 높으면 사람들이 위험을 무릅쓰고 위조동전을 만들 수 있기 때문이다. 또 관리들이 보통 나태하고 해이해서 일 효율성이 낮아 동전을 주조하는 과정에서 구리를 낭비하고 쓸데없이 허비되는 것들도 많았고, 또한 부패한 관리들의 횡령도 비일비재했다. 이런 이유로 당나라 때는 화폐를 주조하는 관청에 돈이 부족한 괴현상이 나타나기도 했다.

물론 정상적인 상황에서는 관청이 화폐주조로 손해를 볼 리 없지만 화폐가 시중으로 풀려나간 뒤 가치가 변동되면서 더 이상 관청이 통제할 수 없게 되었다. 한 예로 송나라 때는 경제발전과 함께 심각한 인플레이션이 나타났기 때문에 동전주조를 위한 구리의 가치도 물가와 함께 치솟았다. 관청에서 어렵게 동전을 만들고 액면가를 새겨 넣어도 얼마 못 가서 구리 가격이 상승해 동전의 액면가가 실제가치보다 낮아졌다. 똑같은 양의 구리로 만들었더라도 동전보다 구리주전자나 구리화로가 더 비싸지자 약삭빠른 사람들이 동전을 녹여 구리주전자, 구리화로 등을 만들어 팔기 시작했다. 그것만으로도 큰 차액을 얻을 수 있었다. "동전 10전을 녹이면 구리 1냥이 되는데, 이것으로 그릇을 만들어 팔면 5배 이익을 얻을 수 있다"는 말이 나돌기도 했다.

북송에서 남송까지 관청에서 동전을 만들면 백성들이 동전을 녹여 다른 것으로 만들어 파는 현상이 계속되었고, 그 때문에 시중에는 항상 동전이 부족했다. 동전이 부족했기 때문에 송나라가 요나라나 금나라에 바치는 조공품에도 동전은 포함되지 않았다. 게다가 구리는 무기를 만들 수 있는 전략자원이기 때문에 군사적인 이유에서도 동전보다는 은과 비단으로 보내는 것이 더 안전했다.

한마디로 송나라는 경제가 발전하고 국제무역이 활발해 물자는 풍부했지만 일상적인 거래에 사용되는 기본화폐인 동전은 부족했다.

동전 품귀현상이 지속되자 송나라는 철로 화폐를 주조하는 방법을 생각해 냈다.

그보다 전인 오대시대에도 몇몇 지역에서 철로 만든 철전을 사용한 적이 있었다. 후주시대에 쓰촨 일대의 할거세력들이 철전을 사용했고, 북송은 후촉(後蜀)을 멸망시킨 뒤 동전부족 현상을 해소하기 위해 철전을 주조했다.

마르크스는 "금과 은은 원래는 화폐가 아니지만 화폐는 원래부터 금과 은이었다"라고 말했다. 어떤 금속이 사람들에게 그 가치를 널리 인정받고 화폐의 재료가 된다는 것은 그 금속의 성질과 밀접한 관련이 있다.

옛날 유럽 각국은 구불구불한 해안선과 천혜의 항구 덕분에 국제무역이 활발하게 이루어졌고 거래규모도 컸다. 따라서 거래의 편의를 위해 귀금속을 화폐로 사용하게 되었고 금화와 은화가 널리 유행하기 시작했다. 마르크스는 바로 이것을 두고 말한 것이다.

만약 마르크스가 중국에서 태어났다면 그는 "은과 동은 원래 화폐가 아니지만 화폐는 원래부터 은과 동이었다"고 말했을 것이다. 옛날 중국은 자경농을 기반으로 한 농업국가로 상품거래의 규모가 작았다. 물론 가끔씩 나라에서 물건을 대량으로 사들이기는 했지만 싼값의 구리로 만든 화폐와 귀금속인 은만으로도 거래에 불편함이 없었다. 금은 거래에는 거의 사용하지 않았고 황제가 신하들에게 상을 하사하거나 불상을 도금할 때 주로 사용했다.

쇠로 만든 철전도 함께 사용했다. 쇠는 구리보다 가치가 더 낮기 때문에 실, 바늘 같은 일상용품을 거래할 때는 철전을 사용하는 편이 더 적합했다. 그런데 철전은 단점이 많았다. 쌀 한 자루를 사려고 해도 무거운 철전을 메고 가야 했고, 또 금과 은은 녹이 슬지 않고 구리는 상온의 건조한 환경에서는 녹이 슬지 않지만 철은 쉽게 산화되어 녹이 슬기 때문에 금세 가치가 떨어졌다. 보관하기가 쉽지 않다는 것도 철전이 유행하지 못한 원인 중 하나다.

그 외에도 송나라 때에 두 가지 문제 때문에 동전 대신 철전을 보급하려는 시도가 번번이 좌절되었다. 철전은 동전보다 만들기가 쉽기 때문에 위조화폐가 나타나 국가경제에 혼란을 일으킬 수 있다는 것이 첫 번째 이유였다. 두 번째 문제는 철전과 동전이 함께 사용되면서 나라에서 철전과 동전의 교환비율을 정해야 했다는 점이다. 송나라 때는 지금처럼 교통망이 발달하고 은행 시스템이 완비되지 않았기 때문에 철전이 일부 지역에서만 유통되었다. 그 때문에 철전이 많은 곳에서는 동전에 비해 철전의 가치가 낮고, 철전이 적은 곳에서는 상대적으로 철전의 가치가 높았다. 지역마다 교환비율이 달라지자 그 차액을 노려 돈을 버는 사람들이 많아졌다. 철전의 가치가 다른 두 지역을 오가면서 철전을 사고 팔면 이득을 챙길 수 있었다. 관청에서 동전과 철전의 교환비율을 억지로 유지시키는 것은 거의 불가능했다.

동전은 사라지고 철전은 널리 통용되지 못하자 송나라 조정은 돈 문제로 골머리를 앓았다. 그런데 바로 이때 새로운 형태의 화폐가 혜성처럼 등장해 오랜 고민이 단숨에 해결되었다. 송나라 황제는 마침내 묵은 체증이 내려간 듯 안도의 한숨을 내쉬었다.

제7장

너무 일찍 탄생한 지폐가
화를 부르다

송나라는 심각한 인플레이션에 시달렸다. 동전의 액면가가 원료의 가치를 따라잡지 못해 동전을 녹여 구리제품을 만드는 일이 공공연하게 성행했다. 그런데 이것도 상식적으로는 이해가 되지 않는다. 이론적으로 시중에 화폐유통량이 줄어들면 나라경제는 디플레이션에 빠진다. 그런데 송나라는 어째서 인플레이션의 늪에서 벗어나지 못했을까?

　그 대답은 아주 간단하다. 송나라에는 동전과 철전뿐 아니라 동전보다 액면가가 훨씬 높은 저폐(楮幣)라는 것이 있었다. 저폐의 등장으로 송나라의 돈 부족 현상이 단시간 내에 해결되었다. 하지만 저폐라는 거센 풍랑은 북송과 남송 두 왕조를 모두 흔들어 무너뜨렸다.

01 · 지폐가 등장하다

중국은 세계 최초로 인쇄술을 발명한 나라다. 채윤의 종이 발명과 필승의 활자인쇄술 발명이라는 두 가지 발명을 통해 중국인들은 오랜 옛날부터 편리한 생활을 누렸다. 그런데 종이가 금융 분야에서 사용되기 시작한 것은 당나라 후기에 들어선 뒤였다.

당헌종 재위시절, 각지를 돌아다니며 장사를 하는 상인들은 무겁고 부피가 큰 동전을 가지고 다녀야 했기 때문에 몹시 불편했다. 이런 불편함을 해결하기 위해 '비전'이 발명되었다. 상인들이 관청에 동전을 가지고 가면 관청에서 발급관청과 동전의 액수가 적힌 증명서를 발급해 주고, 다른 지역으로 이동했을 때 현지 관청에 이 증명서를 내면 같은 액수의 동전을 받을 수 있었다. 동전이 다른 지역으로 날아간 것 같다고 해서 이 증명서를 비전(飛錢)이라고 불렀는데, 오늘날의 어음과 같다고 보면 된다.

비전이 등장하면서 상인들이 무거운 동전을 가지고 다닐 필요가 없어 거래가 더욱 편리해졌으며 거래에 필요한 동전의 수가 줄어들어 동전부족 현상도 해소되었다. 하지만 비전은 화폐가 아니고 한번 쓰면 폐기되었기 때문에 진정한 지폐라고 할 수 없다.

송나라는 쓰촨에 있던 후촉을 멸망시킨 뒤 동전을 모두 몰수해 도읍으로 가져왔지만 동전부족 문제가 더 심각해지는 것을 막기 위해 그 지역에서 철전이 계속 유통되도록 했다. 심지어 나중에는 쓰촨지역에서 동전유통을 금지하고 철전만 사용하도록 명령했다.

하지만 철전은 구매력이 너무 낮았다. 북송 전기의 화폐 교환비율에 따르면 철전 1관어치의 무게가 3킬로그램에 달했다. 철전의 가치가 동전의 10분의 1밖에 되지 않았기 때문이다. 당시 비단 한 필을 사려면 철전 15킬로그램이 필요했다. 일반인들도 철전을 사용하기가 불편했으니 상인들의 불편함은 더 말할 것도 없다. 비단 100필을 사려면 소달구지에 철전을 싣고 가야 했고 소액거래는 힘들게 철전을 들고 가느니 차라리 거래를 포기하는 편이 나을 정도였다.

송태종은 하는 수 없이 청두의 대상인 16명과 계약을 맺고 '교자포'를 설립했다. 교자포는 세계 최초로 지폐를 발행하는 민간 금융기관으로 일종의 신용화폐인 '교자(交子)'를 발행했다. 교자는 처음에는 비전과 비슷하게 정식화폐가 아니라 민간증명서였다. 그런데 훗날 북송 조정이 교자 발행에 관여하면서 교자 발행의 주체가 민간에서 정부로 바뀌었다. 북송 조정이 교자를 화폐로 사용할 것을 강력하게 밀어붙임에 따라 교자는 쓰촨 시장의 유통화폐로 지위가 격상되었다.

북송은 세계 최초로 지폐를 발행했을 뿐 아니라 초기에는 지폐발행에 현대적인 금융기준을 적용했다. 지폐를 발행할 때 일정한 비율의 태환준비금을 적립하도록 한 것이다.

지폐의 탄생지인 쓰촨은 철전 유통지역이기도 했다. 처음에는 일정 액수의 철전을 태환준비금으로 예치해 놓고 그만큼의 지폐를 발행했다. 지폐발행액의 28퍼센트에 해당하는 철전을 태환준비금으로 예치하도록 규정되어 있었다. 오늘날에도 은행의 지급준비율이 20퍼센트를 넘지 않는 것을 감안하면 송나라는 지폐발행에 있어서 매우 신중했음을 알 수 있다. 또 당시에는 제지기술이 낙후해 지폐가 빨리 마모되었기 때문에 3년마다 지폐를 새로 발행하고 구지폐를 회수했다.

동전부족으로 시달리던 송나라에게 지폐는 신비의 묘약과 같았다. 앞에서 언급했듯이 사람들이 동전을 모아서 녹인 구리로 그릇이나 주전자를 만들어 팔았기 때문에 시중에서 동전을 찾아보기가 힘들었다. 사실 송나라의 동전은 송나라의 법정화폐였지만 네 나라가 함께 사용했다. 송나라 외에 요나라, 서하, 금나라에도 송나라 동전이 통용되었던 것이다. 오늘날 EU가 유로를 공통화폐로 사용하듯 네 나라가 같은 화폐 체제 안에 있었다. 심지어 국경을 마주하지 않은 고려, 일본, 동남아 각국까지 송나라 동전이 흘러들어가 송나라의 동전부족 현상이 더욱 심각해졌다.

동전이 부족하면 디플레이션이 나타나게 마련이다. 하지만 지폐를 발행할 때 예치하는 태환준비금이 지폐의 액면가보다 훨씬 적었기 때문에 지폐가 유통되기 시작하면서 디플레이션은 빠르게 해결되었고 시장에 화폐가 유통되자 상업거래도 훨씬 편해졌다.

송나라는 저폐 외에도 오늘날의 어음이나 수표와 비슷한 증권을 발행했는데 그중에는 액면가가 고정된 증권도 있었다. 이 증권을 관청에 가지고 가면 소금·술·차·백반·향료 등을 살 수 있었다. 더욱 흥미로운 것은 송나라에 승려와 도사(도교의 수행자—옮긴이)만을 위한 증권이 있었다는 것이다. 이 증권을 '자의(紫衣)' 또는 '사호(師號)'라고 불렀다. 그들은 이 전용증권으로 필요한 물건을 샀다. 지폐가 등장하자마자 생활 곳곳에 깊숙이 파고들어 사람들의 생활이 더욱 편리해졌다.

02 · 지폐가 동전을 몰아내다

　　　　　　　　지폐 발명은 금융의 혁신이었다. 그러나 시대를 너무 앞선 지폐는 사람들에게 기쁨을 선사함과 동시에 고통과 재앙도 안겨 주었다. 어떤 화폐든 고유의 특성이 있게 마련인데, 지폐도 예외가 아니다. 지폐는 '주조'가 너무 쉽고 액면가를 마음대로 써넣을 수 있다는 특징이 있다. 이 점 때문에 지폐는 잘 사용하면 천리마처럼 기수를 위해 대단한 공을 세울 수도 있지만, 제대로 통제하지 못하고 잘못 사용하면 거친 야생마처럼 기수를 바닥에 내동댕이쳐 버린다. 그러므로 지폐가 복이 될 것인지 화가 될 것인지는 기수의 제어능력에 달려 있다.

　　북송 초기에는 지폐 사용에 매우 신중을 기해 태환준비율을 엄격하게 지켰으므로 시장에서도 지폐의 신용이 유지되었다. 그 덕분에 송인종부터 송신종까지 50년 동안은 지폐의 가치가 안정되어 국가경제 발전에 크게 기여했다.

　　그러나 송휘종 때에 이르러 조정의 권력을 쥔 태사 채경이 지폐를 남발하고 지폐유통을 전국적으로 확대하자 북송 경제는 심각한 인플레이션의 늪에 빠졌다. 태환준비율이 계속 낮아져 태환준비금이 지폐 액면가의 60분의 1밖에 되지 않는 상황인데도 지폐를 발행했고, 결국에는 태환준비금이 없는 상황에서도 지폐발행을 멈추지 않아 넘쳐나는 지폐가 북송 말기의 경제를 어지럽혔다.

북송 말기에도 호시탐탐 공격할 기회를 엿보고 있는 요나라와 금나라는 커다란 위협이었기 때문에 외적 방어에 큰 자금이 필요했다. 하지만 그 와중에도 채경은 고상한 예술을 즐기는 송휘종을 위해 화석강이라는 선단을 만들어 전국 각지의 기석과 괴수(怪樹)를 도읍으로 실어 날랐다. 황제에게 기석과 괴수를 바치느라 수많은 중산층이 가산을 탕진했다. 또 방랍이 남부에서 봉기를 일으켰을 때에도 북송 조정은 봉기군을 돈으로 회유해 진압했다. 화석강을 만든 돈으로 외적을 방어했더라면 군비조달을 위해 지폐를 남발할 필요도 없었다. 그러므로 북송의 지폐 남발은 요나라와 금나라의 탓이 아니라 황제와 간신들의 탐욕이 근본적인 원인이다.

　지폐가 너무 많아지자 인플레이션이 나타나고 시중의 동전이 자취를 감추었다. 경제학에서는 이런 현상을 두고 "악화가 양화를 구축한다"고 한다. 북송의 민중들은 지폐가치가 폭락할 것임을 알고 지폐를 받지 않으려 하고 이미 가지고 있는 지폐도 서둘러 동전이나 실물로 바꾸어 집에 쌓아두었다. 그러자 시중에 지폐는 넘쳐나는데 동전은 찾아볼 수 없었다. 지폐라는 '악화'가 동전이라는 '양화'를 구축한 것이다.

　혼란이 심각해지자 조정은 궁여지책으로 백성들이 세금을 납부할 때 반드시 일정한 액수의 동전을 포함시키도록 규정하고 지폐와 동전의 교환비율을 정했다. 그런데 지폐의 신용을 떨어뜨린 장본인인 조정이 백성들에게 지폐를 신뢰하라고 강요하는 것은 처음부터 잘못된 금융정책이었으며 오히려 지폐의 신용도 몰락이 이미 기정사실임을 만천하에 알리는 셈이었다.

　사실 북송은 금나라의 철기군이 국경을 넘어 쳐들어오기 전에 이미 지폐로 인해 몰락한 상태였다. 금나라의 침입은 그저 무너지고 남은 잔해를 처리하는 역할을 했을 뿐이다.

　북송의 멸망과 함께 저폐도 사라졌다.

03 · 세 왕조가 지폐로 몰락하다

지폐로 인해 무너진 왕조는 북송이 처음이었지만 마지막은 아니었다. 그 뒤 남송과 금, 원도 역시 지폐 때문에 멸망했다.

남송은 북송 때 영토의 절반을 계승했을 뿐 아니라, 지폐발행이라는 영광스러운 전통까지 물려받았다. 남송의 통치자들은 북송의 지폐발행에서 큰 교훈을 얻었다. 특히 송휘종과 송흠종 두 황제가 금나라에 인질로 끌려갔던 '정강지치(靖康之恥)'를 잊지 않았기 때문에 남송 황제들은 지폐발행에 있어서만큼은 신중을 기했다.

남송의 제2대 황제 송효종은 지폐발행 문제로 10년 동안 밤잠도 제대로 이루지 못했다. 송효종은 마침내 과거 왕조의 경험에서 얻은 교훈을 종합해 지폐발행 한도를 정하고 지폐를 자유롭게 교환할 수 있으며 세금납부에 사용할 수 있다는 등의 몇 가지 규정을 발표했다. 얼핏 들으면 평범한 규정인 듯하지만 이것이 지폐의 신용도를 유지시키는 기초가 되었다.

지폐는 남송 초기부터 전국적으로 사용되었다. 다행히 그때는 태환준비금이 충분하고 지폐발행량도 엄격하게 통제한 덕분에 지폐가 남송 초기의 경제회복에 크게 이바지했다.

그러나 지폐가치가 안정을 유지한 지 30년 만에 옛 병폐가 다시 나타났다. 따지고 보면 그 잘못은 남송에 있다. 1206년 남송은 충분한 준비도 없이 무모하게 금나라를 공격했다. 그런데 금나라는 이미 남송의 공격에 대비해 만반의 준비를 갖추고 있었다. 남송 군대가 줄줄이 패배한 뒤 금나라의 반격이 시작되었고 남송의 영토였던 쓰촨이 금나라에 투항했다. 이 전쟁으로 심각한 타격을 입은 남송은 부득이하게 지폐발행을 통해 난관을 극복했다.

그것으로 남송의 좋은 시절은 끝이 났다. 금나라와 빈번하게 전쟁을 벌이고 금나라가 멸망한 뒤에는 몽골의 철기군과 수십 년 동안 싸워야 했다. 이렇게 오랜 전쟁에 필요한 막대한 군비는 어디에서 조달했을까? 북송 때의 구리광산을 타국에 빼앗겼으니 남송이 쓸 수 있는 카드는 지폐뿐이었다.

송효종이 남긴 교훈을 까맣게 잊은 듯 송나라의 지폐발행량이 30배 넘게 급증했다. 악성 인플레이션이 또다시 세상을 뒤덮었다. 지폐를 가지고 있으면 재산가치가 계속 줄어들었으므로 사람들은 앞다투어 지폐를 동전으로 바꾸었다.

조정이 나서서 백성들에게 지폐 사용을 강요하려고 했지만 지폐를 거부하는 백성들의 분노를 누그러뜨리기에 역부족이었다. 1209년 겨울 도읍 임안의 쌀장수들이 폐지나 다름없는 지폐를 받지 않겠다며 집단휴업을 벌였다. 그러자 쌀이 없어서 굶을 것을 걱정한 사람들이 너도나도 쌀을 사러 몰려들어 쌀 사재기 열풍이 불었다. 남송 조정이 어렵게 모은 동전 1,400만 관으로 지폐를 회수하고 각지에서 곡식을 구해다가 쌀을 공급한 뒤에야 3년 만에 겨우 혼란이 진정되었다.

남송 말기에 몽골 기병이 금나라를 멸망시킨 뒤 곧장 말을 달려 남하해 남송의 국경을 위협했다. 다급해진 남송은 또다시 지폐를 인쇄해 겨우 고비를 넘겼다. 그런데 이번에는 악화가 양화를 구축했을 뿐 아니라 곡식까지도 모두 쫓아버렸다. 시장에는 지폐만 수두룩할 뿐 쌀은 한 톨도

보기 어려웠다. 당시 지폐 200관으로 짚신 한 켤레도 살 수 없었던 것만 보아도 인플레이션이 얼마나 심각했는지 짐작할 수 있다.

그런데 당시 지폐발행량이 가장 많은 나라는 남송이 아니었다. 남송보다 한발 먼저 멸망한 금나라가 지폐발행량에서 남송을 초월했다. 남송 황제들은 유능하든 무능하든 어쨌든 문화적이었기 때문에 무슨 일을 하든 국법과 규정을 중요하게 여겼다. 그들은 태환준비금도 얼마 없이 지폐를 남발하는 것이 망국으로 가는 지름길임을 알고 있었다. 다만 급박한 상황에서 난관을 타개하기 위한 고육지책으로 지폐 과다발행을 선택했을 뿐이다.

금나라의 초기 황제들은 모두 거친 초원을 누비던 무식한 장수들이었기 때문에 경제적인 사고는 송나라에 훨씬 뒤졌다. 그들은 북송의 영토 절반을 빼앗은 뒤 지폐라는 선진문명을 접하고 북송의 방식을 그대로 이어받아 지폐를 발행했다. 처음에는 발행량이 적었기 때문에 경제에 실보다는 득이 더 많았다.

그런데 지폐의 달콤함을 맛본 금나라 황제들이 대외전쟁의 군비조달을 위해 지폐를 마구 찍어내기 시작했다. 금나라가 지폐를 발행한 70년 동안 지폐가 다섯 번 바뀌었는데 바뀔 때마다 지폐가치가 떨어졌고 결국에는 은의 6천만 분의 1까지 떨어졌다. 금나라 후기에는 지폐 1만 관어치를 가져야 전병 한 장을 살 수 있었다. 남송은 어쩔 수 없는 상황에서 지폐를 남발했지만 금나라는 아무런 절제도 없이 지폐를 남발해 몰락을 자초했다.

몽골이 남송과 연합해 금나라를 멸망시킨 뒤 '지폐와 왕조'라는 이야기의 주인공은 몽골족이 세운 원나라로 바뀌었다.

13세기 이탈리아의 여행가 마르코 폴로가 중국에 갔다가 원나라에서 사용하는 화폐를 보고 깜짝 놀라 자신의 기행문에 이렇게 적었다.

대칸이 각 왕국과 지역 등 자신의 권력이 닿는 모든 곳에 이런 지폐를 유통시키도록 명령했다. 누구든 자신이 아무리 강한 권력을 가졌다고 여기더라도 지폐 사용을 거역할 수는 없었다. 사실 그들은 지폐 사용을 좋아했다. 대칸이 통치하는 곳이라면 어딜 가든 지폐가 통용되었기 때문에 순금으로 만든 화폐와 똑같이 지폐로 물건을 살 수 있었다.

지폐는 유럽인 마르코 폴로의 견문을 넓혀 주었다. 그러나 아쉽게도 그는 송나라와 금나라가 지폐가치 폭락의 거센 풍랑에 쓰러졌다는 사실을 알지 못했다. 또 그는 자신이 방문한 강대국 원나라 역시 수십 년 후 흩날리는 지폐 속에서 무너질 것이라는 사실은 더더욱 알지 못했다.

금나라와 남송이 멸망한 뒤 원나라 통치자들은 두 나라의 경험에서 교훈을 얻어 지폐체계를 수립했다. 태환준비금을 예치해야 한다는 규정도 물론 빠질 수 없었다. 원나라는 영토가 넓고 킵차크 칸국·일 칸국 등 형제나라들이 유라시아에 자리 잡고 있었기 때문에, 금·은·구리·철 등의 자원이 풍부해 이 금속들을 지폐의 태환준비금으로 사용할 수 있었다. 지폐발행에 유리한 조건을 가지고 있었던 것이다. 원나라 지폐는 전국적으로 통용되었으며 유일한 법정화폐였다.

그러나 아쉽게도 쿠빌라이칸 이후 원나라 황제들은 대를 이을수록 점점 무능해지기만 했다. 사치와 방탕을 일삼는 황제들에게 가장 필요한 것은 돈이었다. 급기야 황제들은 각지에 태환준비금으로 예치되어 있는 금과 은을 가져다 쓰기 시작했다. 태환준비금이 시중에 풀리면 화폐공급량이 많아져 인플레이션을 유발하게 된다. 태환준비금이 바닥나자 원나라 황제들은 다시 송나라와 금나라의 전철을 밟아 지폐를 남발하기 시작했다. 게다가 지폐를 찍어내기만 할 뿐, 인플레이션 억제를 위해 지폐를 회수해야 한다는 사실조차 몰랐다.

인플레이션은 일단 발생하면 호랑이가 산에서 내려오는 것처럼 계속 악화되기만 한다. 원나라 말기에 이르러서는 지폐의 액면가로 계산할 때 쌀값이 원나라 초기보다 6~7만 배나 올랐다!

원나라의 멸망은 외적의 침입 때문이 아니었다. 원나라의 보루는 내부에서 틈이 벌어져 무너졌으며, 지폐 남발은 몽골 기병의 다리를 꽁꽁 묶는 올가미였다.

04 · 범람하는 지폐 : 천 년이 넘도록 풀리지 않는 수수께끼

송태조 조광윤이 황제로 즉위한 960년부터 원나라의 마지막 황제 원순제가 몽골 초원의 고향으로 돌아간 1368년까지 400년이 넘는 세월 동안 지폐가 송·금·원 세 왕조의 운명을 좌우했다. 지폐가 1천 년 전에 세상에 등장한 것은 결코 우연이 아니었다. 중국에서 발명된 인쇄술도 큰 원인이었다. 하지만 지폐가 400년 넘게 파란만장한 세월을 이어갈 수 있었던 것은 금속화폐 주조의 단점과 밀접한 관련이 있다.

금속으로 화폐를 주조하면 금속자원의 양에 따라 화폐공급량이 결정된다. 매장량이 풍부한 광산이 발견되면 화폐공급량이 급증하고, 오랫동안 광산이 새로 발견되지 않으면 원료가 없어 화폐를 주조하지 못하니 시중의 화폐유통량도 점점 줄어들게 된다.

게다가 훼손되거나 죽은 사람의 노잣돈으로 무덤에 함께 묻히는 화폐는 시장에서 영영 사라지게 된다. 따라서 금속화폐의 경우 각 시기별 경제상황과 경제규모에 따라 유통량을 조절하기가 어렵다. 예를 들어 한 국가의 경제규모 성장률이 화폐원료용 광산의 채굴량 증가율을 크게 뛰어넘는다면 금속부족이 화폐부족으로 이어져 디플레이션이 나타나게 된다. 화폐가 부족하면 거래가 원활하게 이루어지지 않고 경제발전도 중단될 수밖에 없다.

금속화폐의 가장 큰 단점은 휴대하기 불편하다는 것이 아니라 화폐공급량이 경제성장 속도를 따라갈 수 없다는 것이다. 이 점이 경제발전에 훨씬 치명적인 영향을 미치기 때문이다. 과거 중국에서 동전 사용을 금지하거나 동전의 국외유출을 금지하는 일이 많았는데 이런 것들도 화폐부족으로 인해 내놓은 불가피한 조치였다.

지폐의 등장은 가뭄 끝의 단비와도 같았다. 채윤이 발명한 제지술은 나무껍질, 삼 부스러기, 헌 누더기를 이용해 종이를 만드는 것으로 원가가 매우 낮을 뿐 아니라 재활용이 가능했다. 원료부족으로 인한 화폐발행량의 제약이 사라지고 시장에 필요한 양만큼 얼마든지 화폐를 공급할 수 있었다.

그러나 안타깝게도 지폐는 그 자체로 가치가 너무 낮아서 지폐를 발행하려면 다른 가치 있는 것을 태환준비금으로 예치해야 했다. 각 나라마다 이 사실을 분명히 알고 있었음에도 결국 화폐 남발의 달콤한 유혹을 이겨내지 못하고 몰락의 길로 들어섰다.

그러나 송 · 금 · 원 세 왕조의 통치자들을 너무 비난할 필요는 없다. 지폐 남발이 그들에게서 시작되기는 했지만 그들이 멸망한 뒤에도 지폐 남발 현상은 사라지지 않았다. 훗날 중국 국민당 집권 시기에 법폐(法幣)를 남발했고, 오늘날에도 세계 각국이 금융위기를 극복하기 위해 지폐를 마구잡이로 찍어내고 있으니 말이다.

과연 조폐기가 국가경제를 구할 수 있을까? 그 대답은 송나라 사람들에게 물어보아야 할 것이다.

제8장

실패한 개혁가들 :
왕망, 왕안석, 주원장

산다는 것은 원래 힘든 일이지만 중국농민으로 사는 것은 더욱 힘들다.

요즘 말로 표현하자면 옛날 중국농민들은 사회의 절대취약계층이었다. 그들은 국가의 세수 중 거의 대부분을 책임져야 하는 막중한 임무를 짊어지고 있었지만 투표권도 없고 자신들의 의견을 대변해 줄 대표도 없었다.

하지만 당시에도 몇몇 고관과 권세가들이 백성들의 고통을 함께 느끼고 농민들이 윤택한 생활을 누릴 수 있도록 도와주고자 '농촌 잘살기' 운동을 벌이기도 했다. 그들의 시도는 과연 성공했을까?

01 · 2천 년 전 왕망이 두었던 장기판의 한 수

　　　　　　　　"하늘이여! 내게 천명을 내리셨다면 어째서
반란을 진압해 주지 않으셨나이까? 제가 큰 죄를 지었다면 제게 벼락을
내려주소서!"

　이 애통한 울부짖음의 주인공은 서한 말기의 왕망이다. 사방에서 봉기
가 일어나 도읍을 압박하고 있을 때 그는 자기 운명을 구할 수 있는 방법
이 없었다. 그는 하는 수 없이 신하들을 이끌고 장안 남쪽 교외에 가서 하
늘에 제사를 지내며 자신의 억울함을 눈물로 하소연했다.

　왕망은 서한 정권을 빼앗은 반역자가 아닌가? 그런 그가 억울하다니?
사실 왕망은 중국역사를 통틀어 몇 안 되는 훌륭한 인물이다. 다만 그가
일을 그르치는 바람에 서한을 멸망시켰을 뿐이다.

　왕망은 일찍 아버지를 여의었다. 생활력이 강했던 어머니는 먹고 입는
것을 아껴가며 그를 유명한 학자 진삼에게 보내 공부시켰다. 왕망은 어
머니의 기대를 저버리지 않고 학업에 몰두했다. 그는 훌륭한 스승의 영
향을 받아 잘못된 세상을 바로잡는 올바른 인물이 되겠다는 꿈을 세웠
다. 그가 옳고 그름을 판단하는 기준은 모두 옛날 책 속의 가르침이었다.

　그래서 그는 어머니께 효도하고 일찍 세상을 떠난 형의 자식을 거두어
들여 자기 자식처럼 소중하게 키웠다. 그는 도량이 넓고 너그러워 남을
돕는 일에 앞장섰으며 길에서 연장자와 마주치면 뒤로 물러나 허리를 굽

히고 상대가 지나간 다음에야 허리를 펼 만큼 예의를 중하게 여겼다. 스승을 만나러 가기 전에는 정성스레 목욕을 하고 옷을 단정하게 입고 관을 썼으며 반드시 선물을 가지고 갔다. 그의 주변 사람들은 어린아이가 철이 일찍 들었다며 칭찬했고 스승과 동문들도 유가의 가르침인 '극기복례'를 몸소 실천하는 본보기라고 그를 평가했다.

앞에서도 언급했지만 한나라는 명문귀족들이 관직을 독점한 시대였다. 왕망도 관리가 되기 위해서는 그 길을 따라야만 했다. 백부 왕봉의 적극적인 추천에 힘입어 벼슬길에 오른 왕망은 관직사회에 신선한 바람을 일으켰다. 그는 경서를 두루 읽고 학식이 뛰어났으며 청렴하고 자기 절제가 뛰어난 인물이었다. 또 그는 누구와도 원만하게 잘 지내고 남을 공경하고 예의를 지켰다. 다른 관리들은 일을 할 때 사심을 개입시켰지만 왕망은 흔들림 없이 공정하게 공무를 처리했다.

왕망의 명성이 점점 높아지자 기원전 8년 한성제가 그를 대사마로 등용했고 왕망은 마침내 막강한 권력을 가지게 되었다.

대사마가 된 뒤에도 왕망은 조금도 오만하지 않았다. 오히려 전보다 더 겸손하고 신중했으며 하인이나 빈민에게 돈을 나누어 주고 백성들의 의견에 귀를 기울였다. 그는 사치스러운 사회분위기를 바꾸기 위해 솔선수범해서 검소한 생활을 했다. 외출할 때 타는 마차나 그가 입는 옷은 모두 대사마의 것이라고 상상할 수 없을 만큼 소박했다. 한번은 대신들이 왕망의 집을 방문했는데 왕망의 처가 문 밖으로 마중 나온 것을 보고 사람들이 하인으로 착각한 적도 있었다. 왕망의 처가 빈민들이나 입는 거친 옷감으로 만든 옷을 입고 있었기 때문이다.

왕망의 정책은 전적으로 유가의 이론에 따랐다. 그는 황족을 존경하고 떠받들며 조정에서 자기 무리를 만들지 않고 친족을 관리로 등용하지 않았다. 또 억울한 누명을 쓰고 옥살이를 하고 있는 황족의 후예들을 석방시켰다. 그러자 황족들이 모두 그의 편이 되어 그를 옹호하고 신뢰했다.

왕망은 관리들에게 검소하게 생활할 것을 당부하고 관리들에게 돈 100만 냥과 땅 30경을 모아 빈민구제를 위해 사용했다. 홍수나 가뭄이 발생하면 먹을 것을 줄여 백성들의 고통을 함께 나누었으며 노인과 아이들에게는 형벌을 내리지 말고 여자들은 중죄를 지은 경우가 아니면 체포하지 못하도록 금지했다.

왕망은 《주례》에 기록되어 있는 방법을 본떠 전국에 창고를 짓고 곡식을 저장해 재해에 대비했다. 관리제도를 개혁하고 '사보(四輔)'를 설치해 주공(주문왕의 아들이자 주무왕의 동생으로 주무왕이 죽자 조카를 보좌해 주나라의 기초를 세움. 공자가 꿈에 그릴 만큼 존경한 인물―옮긴이), 공자 등 성현의 자손을 관직에 등용했다. 그는 또 교육을 널리 보급시키고 태학의 학생정원을 크게 늘렸다. 당시 태학의 학생 수가 몇 배로 늘어나 1만 명을 넘었다. 각지에 학교를 세우고 유능한 인재를 모아 교육시킴으로써 명문귀족이 아닌 이들에게도 관리가 될 수 있는 길을 열어 주었다.

왕망이 대사마가 된 뒤 혼란했던 사회가 점차 안정을 되찾았다. 사회의 전통적인 가치관이 널리 퍼져 나가면서 나라 전체의 분위기가 눈에 띄게 좋아졌다. 귀족에서부터 지식인, 일반백성들까지 모두 왕망의 훌륭한 인품과 출중한 능력을 인정하고 심지어 모두가 고대하는 통치자라고 여겼다.

당시 사람들은 부패하고 타락한 유씨 황족을 신뢰하지 않았기 때문에 왕망에 대한 지지를 적극적으로 표출했다. 마침내 서기 8년의 어느 날 왕망이 천명을 받고, 또 백성들의 뜻에 따라 황제로 즉위했다. 이로써 200여 년 동안 이어진 서한 왕조는 역사 속으로 사라졌다. 도읍 장안성이 환희에 가득 차고 백성들이 새 옷을 입고 나와 새 황제의 등극을 경축했다.

마침내 신(新)이라는 나라가 탄생했다. 왕망은 이 광활한 천지에서 큰 뜻을 펼치기로 했다.

당시 중국인들에게는 한 가지 꿈이 있었다. 요임금·순임금·우임금·탕임금 같은 성군의 다스림을 받으며 전원에서 목가적인 생활을 하는 것이다. 그들이 다스리던 때에 세상은 암흑천지가 아니었고 누구나 공평했다. 왕망이 서한을 무너뜨리고 권력을 빼앗은 목적은 백성들의 이런 염원에 부응해 이상적이고 행복한 세상을 만드는 것이었다. 이 점은 분명한 사실이다.

신나라의 정책은 조정에서 반포됨과 동시에 전국 각지로 전달되었다.

왕망은 나라의 근본인 농민과 농업을 가장 먼저 개혁하고자 했다. 진나라와 한나라 이래로 지방호족들의 토지겸병이 점점 심해지고 빈부격차가 날로 확대되었다. 토지겸병이란 남의 땅을 빼앗아 대토지를 소유한 지주가 되는 것을 말한다. 왕망은 옛날사람들이 풍족하게 살 수 있었던 것은 토지를 균등하게 분배했기 때문이라고 생각해, 1인당 100무(옛날 면적을 세는 단위―옮긴이)씩 땅을 나누어 주고 땅을 많이 가지고 있는 사람은 귀족이든 평민이든 아무 조건 없이 가난한 이들에게 땅을 나누어 주도록 했다. 또한 토지를 사고팔거나 저당잡지 못하도록 금지했다.

이 밖에도 노비매매를 금지하고 노비의 범위를 더 이상 확대하지 않았으므로 시간이 가면서 노비제도가 저절로 유명무실해졌다.

모든 백성이 노동을 할 것을 장려했다. 일을 하지 않고 빈둥거리는 사람들은 매년 1인당 옷감 한 필씩 벌금을 내도록 하고, 벌금을 낼 능력이 없는 사람들은 조정이 직접 나서서 노역을 시켰다. 노역기간 동안에는 나라에서 먹을 것을 주었다.

관청 전매제도도 시행했다. 술·소금·철기를 관청에서 독점매매하고 산과 들, 강과 바다에서 나는 천연자원은 모두 국가소유로 국가에서 채굴하고 개발했다.

중앙정부가 화폐를 통일적으로 발행하고 '국가은행'을 설립해 가난한 백성들에게 돈을 빌려주었다. 이자는 연 10퍼센트로 하여 고리대금으로 인한 백성들의 피해를 막았다.

지금으로 말하면 계획경제체제였다. 빈부격차를 없애기 위해 정부가 물가를 통제하고 상인들이 시장가격을 조종하지 못하도록 했다. 곡식, 옷감 같은 필수품은 정부가 시장에 공급이 많을 때 사들였다가 공급이 부족할 때 시장에 방출해 물가를 안정시켰다.

황제부터 말단관리에 이르기까지 모두 변동임금제를 시행해 풍년이 들면 녹봉을 전액 지급받고 흉년이 들거나 책임을 제대로 완수하지 못하면 녹봉을 삭감했다. 관리의 녹봉이 백성들의 생활에 따라 달라졌던 것이다. 백성들의 의식이 풍족하면 관리의 녹봉이 많아지고 백성들이 굶주릴 때는 관리들도 함께 허리띠를 졸라매야 했다.

왕망이 시행한 일련의 정책들은 하늘도 놀랄 만큼 파격적인 것이었다. 왕망은 자신이 생각하는 이상국가를 건설하기 위해 광활한 영토를 바둑판

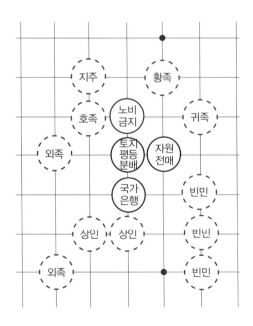

삼아 바둑돌을 배치했다. 그의 정책을 살펴보면 19세기 유럽에서 등장했던 공상적 사회주의와 비슷하다. 공상적 사회주의는 공유제, 계획경제, 토지 평등분배, 노동에 따른 변동임금제를 주장했다. 공상적 사회주의를 창시한 사람들이 왕망의 정책에 대해 알았더라면 1세기에 살았던 왕망이 이처럼 이상적인 청사진을 제시했다는 사실에 깜짝 놀랐을 것이다.

고상하고 너그러운 인품으로 덕망을 누린 왕망은 분명히 훌륭한 인물이었다. 그러나 천하를 다스리는 기술은 그리 절묘하지 못했다.

토지 평등분배를 예로 들어 보자. 농민봉기군들이 외쳤던 "빈부와 귀천의 차이를 없애자", "토호를 타도하고 땅을 나누자"라는 구호와 매우 흡사하다. 왕망은 농사짓는 사람이 땅을 직접 소유하도록 하기 위해 땅이 없는 사람에게 땅을 나누어 주자고 주장했다. 그런데 지주계급은 한 나라 통치계급 중 중요한 비중을 차지했다. 넓은 토지를 가지고 있던 그들에게 토지는 목숨과도 같았다. 그런 지주들에게 토지를 내놓으라 하는 것은 호랑이에게서 가죽을 벗기겠다는 것이었다. 땅이 없으면 지주들이 어떻게 산단 말인가?

지주가 토지를 내어놓지 않자, 왕망은 명령에 불복하는 자는 황족이든 명문귀족이든 예외 없이 옥에 가두어들였다. 얼마 뒤 감옥이 가득 찼지만 지주계층은 계속 완강하게 저항했다. 이는 국가 통치계급을 향한 왕망의 정면도전이었다.

국가은행 설립과 화폐개혁 역시 비현실적인 정책이었다. 왕망의 본래 취지는 민간에서 성행하는 고리대를 근절하려는 것이었다. 민간고리대는 국법의 보호를 받지 않기 때문에 돈을 빌리고 갚지 못하는 사람을 폭력으로 위협하는 일이 비일비재했다. 따라서 국가은행을 통해 합법적으로 돈을 빌려준다면, 돈이 필요한 사람들에게 도움이 될 것이고 이것이 사회안정으로 이어질 것이다. 정책의 출발점은 훌륭했다.

그런데 국가은행을 설립하기 위해 가장 중요한 것은 국가의 신용이다. 우선 화폐가치가 안정되어야 하고 대출 양측의 이익을 법적으로 규정하고 보호해 주어야 한다.

그런데 왕망은 단기간에 다섯 차례나 화폐제도를 개혁하고 28종 화폐를 발행했다. 거북이 등껍데기, 조개껍질, 옷감까지 모두 화폐가 되었다. 화폐체계가 이렇게 혼란한데, 은행의 신용을 논할 수가 있을까? 화폐제도를 개혁하고 새 화폐를 발행할 때마다 백성들의 재산가치는 급락했다. 백성들을 위한 정책이 백성들을 빈곤의 구렁텅이로 몰아넣은 것이다.

지주들이 왕망과 대립하고 민생이 피폐해지면서 하층백성들까지 왕망에게 반기를 들기 시작했다.

과거에 '대중의 연인'이었던 왕망이 하루아침에 '공공의 적'으로 전락한 것이다. 각지의 호족들이 속속 군대를 앞세워 반란을 일으켰다. 당시 반란군의 우두머리 중 29퍼센트가 일반백성의 신분이었고 호족이 71퍼센트를 차지했다는 통계자료도 있다.

왕망의 애끊는 통곡에도 하늘은 그를 불쌍히 여기지 않았다. 서기 23년 왕망은 장안성으로 들이닥친 봉기군에게 목숨을 잃었다. 왕망은 모든 사람이 잘사는 이상적인 사회를 세우려고 했지만 아쉽게도 그의 꿈은 물거품이 되어 버리고 말았다.

02 · 경제학자 왕안석의 두 가지 발명품

왕망을 실패하게 만든 것은 사실 오래된 경서들이었다. 그는 경서에 묘사된 허황된 이상에 집착해 헤어나지 못했다. 경서 속 이야기들이 모두 거짓말이며 그 말을 현실에 적용시키려는 것은 나무에 올라가 물고기를 잡는 것과 같다는 사실을 왕망은 모르고 있었다. 왕망이 죽고 1천 년 뒤에 또 한 명의 야심찬 개혁가가 역사의 무대에 등장해 농업을 대대적으로 개혁하고자 했다. 바로 왕안석이다.

1067년 북송 송신종이 즉위했다. 이 황제는 태자였을 때부터 자신의 스승이자 왕안석의 친구인 한유를 통해 왕안석의 주장들을 접하고 타당하다고 여겼다. 혈기왕성한 20대에 황제가 된 송신종은 요나라에 굴욕을 당하고 있는 상황을 반전시키고자 왕안석을 재상으로 발탁해 변법을 실시했다.

왕안석은 왕망과 달랐다. 그는 옛 경서를 믿지 않고 혁신을 주장했으며 출중한 능력도 지니고 있었다. 학자들이 가장 감탄하는 그의 정책은 청묘법이다.

농사는 계절의 영향을 많이 받는다. 곡식을 수확하기 전에는 땅에 돈과 노동력을 투자하고 곡식을 수확함으로써 1년 동안 투자한 것에 대한 보상을 받는다. 그러므로 농부들이 가장 힘든 시기는 곡식이 아직 자라지 않은 싹일 때다. 이때 돈이 없으면 한 해 농사를 망쳐 버릴 수도 있다.

왕안석은 농민들의 이런 어려움을 이해하고 지방관으로 임명된 뒤 관청이 나서서 농민들의 논밭에 자라고 있는 싹을 담보로 관청에서 돈을 빌려줄 수 있도록 허용했다. 이율은 개인이 돈을 빌려줄 때보다 낮았다. 이렇게 빌려준 돈은 농작물을 수확한 뒤에 돌려받았다. 이것은 농민들에게 대단한 희소식이었다. 돈을 많이 투자할수록 농작물 수확량도 많아지기 때문이다.

후대 학자들도 이 청묘법을 획기적인 방법으로 평가했다. 청묘법은 최초로 국가 금융기관을 설립해 농민들에게 소액대출을 해주어 곡식생산을 촉진했다는 점에 큰 의의가 있다. 농민과 농업에 대해 왕안석은 부패한 유생들처럼 공자와 맹자의 도리만 읊어대지 않았고 금융의 관점에서 현실적인 해결방법을 제시했다.

왕안석은 재상이 된 뒤 청묘법을 전국으로 보급시켰다. 농민들은 해마다 곡식을 수확하기 전에 현지 관청에서 돈이나 곡식을 빌릴 수 있는데, 경제적 수준이 비슷한 사람끼리 10명씩 조합을 만들어 연대책임을 지고 서로 감독하도록 했다. 대출액수는 대출인의 경제적 수준에 따라 최소 1관에서 최대 15관 이내에서 결정했다. 파종기에 빌린 돈은 그해 수확기에 갚아야 했으며 이자는 원금의 20퍼센트였다. 오늘날 은행의 대출금리가 10퍼센트 미만인 것을 감안하면 왕안석의 대출금리는 매우 높은 것이었다. 하지만 급하게 돈이 필요한 농민들에게는 이것 역시 소중한 기회였으므로 경제적 가치가 충분했다.

처음에는 허베이·경동·회남 세 곳에서 청묘법을 시범 시행한 뒤 점차 전국으로 보급했다. 그런데 왕안석도 예상하지 못했던 상황이 나타났다. 청묘법의 본래 취지는 곡식을 수확하기 전 생계가 막막한 농민들에게 지원을 해주는 것이었다. 그런데 실제 시행과정에서 지방관들이 이를 부패의 수단으로 악용하기 시작했다. 관리들이 돈을 벌거나 공을 세우려는 사욕에 빠져 농민들에게 대출을 강요하고 마음대로 이자율을 높였다. 이렇게 되니 청묘법이 완전히 변질되어 관청이 농민들에게 강압적으로 고리대를 빌려주는 수단으로 변질되고 말았다.

엎친 데 덮친 격으로 청묘법이 시행된 지 얼마 되지 않아 전국적인 가뭄과 황충(메뚜기떼가 습격해 농작물을 갉아먹는 재해―옮긴이)이 몇 년 동안 계속되었다. 재해가 발생했을 때는 국가에서 빈민구제에 적극 나서야 하지만 각지 관리들은 재해로 고통 받고 있는 농민들에게 원금상환과 이자납부를 강요했다. 결국 농민들은 빈털터리가 되었으며 심지어 자식을 팔거나 도망쳐 산으로 들어가기도 했다.

청묘법과 함께 왕안석의 혁신적인 경제정책으로 불리는 균수법도 청묘법과 비슷한 운명이었다.

중앙정부는 전국 각지에서 실어온 공물로 관리들에게 녹봉을 지급하고 대규모 건설, 재해구제 등의 자금으로 사용했다. 하지만 같은 지역이라도 어느 해에는 풍작이고 어느 해에는 흉작이고, 또 같은 물건이라도 어떤 지역에서는 비싸고 어떤 지역에서는 싸다. 지역별 차이를 고려하지 않고 일률적으로 똑같이 공물을 거두자 나라에서 불필요하게 비싼 돈을 주고 필요한 물건을 사는 일이 발생했다. 값이 싼 지역에서 공물로 징수했다면 싼값에 얻을 수 있는데 비싸게 사야 했던 것이다. 또 옛날에는 교통이 발달하지 못해 먼 지방에서 물건을 운반해 오자면 운반비용이 비싸고 노동력 손실이 컸다.

이런 문제점을 해결하기 위해 왕안석은 과거의 정책을 참고해 자신만의 균수법을 고안해 냈다. '발운사'라는 관리를 두고 조정에서 필요한 물자가 있을 때 가격이 낮은 곳에서 구매하고 가격이 비슷하다면 가장 가까운 곳에서 구매해 운송비용을 낮추었다. 반대로 조정에서 쓰고 남은 잉여물자는 가격이 높은 지역에 가져다 팔았다. 이 방법을 통해 중앙정부의 지출을 절감하고 가끔은 지역 간 가격격차를 이용해 이익을 내기도 했다.

그런데 균수법 역시 시행과정에서 왕안석이 예상하지 못한 폐해가 나타났다. 이번에도 역시 관리들의 편법행위였다. 발운사의 임무는 공급량이 많아 재고가 적체되거나 값이 싼 상품을 사두었다가 가격이 오르면 팔아서 차액을 얻는 것이었다. 그런데 발운사들이 정부의 특권을 이용해 한 지역에서 공급이 부족한 상품을 다른 곳에서 싸게 사다가 비싼 값에 팔아 폭리를 취했다. 이렇게 하면 자신에게 할당된 금액만 상부에 제출한 뒤 나머지 돈은 자기주머니를 채울 수 있었다.

이렇게 해서 이 업무를 담당하는 관청이 국영기업이자 독점기업으로 변질되었다. 발운사들은 돈을 벌 수 있는 장사는 모두 독점해 민간상인들이 진입하지 못하도록 막았다. 민간상인들이 자유롭게 장사를 할 수 없으니 상업이 점점 쇠퇴했다. 결국 조정의 지출은 줄어들었지만 그보다 더 많은 돈이 발운사의 주머니로 들어갔고 민간상인과 백성들은 착취당했으며 시장은 점점 침체되었다. 오늘날 독점기업들의 폐해가 북송시대에도 비슷하게 발생했던 것이다. 왕안석은 황제 앞에서 "백성들에게 세금을 더 부과하지 않아도 국가의 수입은 충분하다"며 장밋빛 청사진을 내놓았지만 얼마 못 가서 물거품처럼 깨어졌다.

송신종이 세상을 떠나자 왕안석은 기댈 언덕을 잃고 새 황제에 의해 재상자리에서 쫓겨났다. 그의 뒤를 이어 재상이 된 사람은 한때 그의 친구였던 사마광이었다. 사마광은 왕안석이 실시한 모든 변법을 폐지했다. 왕안석은 변법으로 인해 원로들에게 원망을 샀는데, 그중에는 그의 재능과 학식을 높이 평가하는 사마광과 한유도 포함되어 있었다. 건국 초기 수십 년간 북송의 조정에는 개혁파와 보수파의 대립과 암투가 끊이지 않았다. 국가경제와 농민들의 행복에 관심을 갖는 사람은 없었다.

03 · 목동 출신 황제 주원장의 질투

농민들의 생활에 진정으로 관심을 가졌던 지도자를 꼽자면 명태조 주원장을 빼놓을 수가 없다.

주원장은 아마 중국 역대 황제 중 출신이 가장 비천한 황제일 것이다. 어릴 적 부모를 여의고 고아가 된 그는 생존을 위해 남의 집 목동으로 일하고 절에 들어가 승려가 되기도 했다. 다행히도 원나라 말기에 세상이 혼란스러워지면서 불우한 그에게도 기회가 찾아왔다. 비천한 출신의 그가 봉기에 가담해 점점 두각을 나타내더니 마침내 명나라의 개국황제가 되었다.

주원장이 황제가 된 뒤에 했던 일들은 목동의 관점에서 바라보면 이해하기가 쉽다.

주원장은 탐관오리를 증오했다. 아량이 넓어 사대부를 죽이지 않았던 송나라 황제들과 달리 그는 엄격한 부패척결법을 시행했다. 관리가 부정부패로 착복한 돈이 은화 60냥이 넘을 경우 예외 없이 사형에 처했다. 이를 위해 관청에 '토지사'를 설치했다. 토지사가 토지신을 모시고 제사를 지내는 사당이었다고 생각한다면 큰 오산이다. 토지사는 사람의 껍질을 벗기는 곳이었다. 탐관오리들의 껍질을 벗기고 그 껍질 속에 볏짚을 채워 허수아비를 만든 다음 이 무시무시한 허수아비를 관청에 걸어 사람들이 볼 수 있게 했다.

주원장은 탐관오리들이 백성들의 재산을 빼앗는 것을 끔찍하게 싫어했다. 그런데 그가 탐관오리를 증오했던 것이 단지 그 이유뿐만은 아니었다. 목동으로 일하던 어린시절 그는 부모가 굶어죽는 것을 직접 눈으로 목격했다. 원래 자기 부모가 받아야 하는 구휼식량을 탐관오리가 중간에서 횡령했기 때문이다. 그 때문에 주원장은 부패 없는 깨끗한 나라를 세우려고 했다. 깨끗한 나라를 세우자면 관리들의 청렴함이 가장 중요한 요건이다. 이것은 주원장의 꿈일 뿐 아니라 억울하게 죽은 부모의 혼을 위로하기 위함이었다.

민중을 동원해 봉기를 일으켜 탐관오리를 응징하는 것은 주원장이 처음 만들어낸 방법이다. 그는 지방관리가 나쁜 짓을 저지르면 백성들이 들고 일어나 관리를 체포할 수 있도록 허용했다. 그렇게 압송된 관리는 도읍에서 중벌에 처해졌다. 부패한 관리를 체포해 도읍으로 압송할 때는 육로의 각 관문마다 그들의 통행을 허가하도록 하고, 관리를 보호하기 위해 관문을 통과하지 못하게 막는 사람은 사형에 처하고 구족을 몰살했다. 실제로 명나라 때 백성들이 탐관오리를 체포해 도읍으로 압송한 일들이 있었다. 도읍으로 압송된 관리들이 어떻게 되었는지는 길게 말하지 않아도 짐작할 수 있을 것이다.

주원장은 상인들도 싫어했다. 목동이 재주가 출중해 황제가 되기는 했지만 글공부를 한 적은 없었다. 그는 곡식과 면화를 생산하는 일이 세상에서 가장 숭고한 직업이며 상인들은 스스로 사회적 부를 창출하지 못할 뿐 아니라 농민들이 피땀 흘려 번 돈을 빼앗아 간다고 생각했다. 그래서 그는 상인을 증오했다. 주원장이 내놓은 정책들 중에 황당한 것들도 있었다. 예를 들면 농민은 주(명주실을 촘촘하게 교차시켜 짠 비단—옮긴이)·사(가볍고 얇은 비단—옮긴이)·견(명주실로 거칠게 짠 비단—옮긴이)·포(베—옮긴이) 네 가지 옷감으로 만든 옷을 입을 수 있지만 상인은 그중 제일 질이 낮은 견과 포로 만든 옷만 입을 수 있었다.

주원장이 천하를 얻기 위해 다투고 있을 때 당시 남부의 거상 심만삼이 그에게 물질적인 지원을 아끼지 않았다. 주원장이 난징에 도읍으로 세울 때 심만삼이 도읍 건설 자금의 3분의 1을 댔다고 한다. 처음에는 주원장도 심만삼에게 예의를 갖추어 심만삼의 아들에게 관직을 내렸다. 그런데 천하를 통일하고 황제가 되고 나자 주원장은 심만삼의 재산을 몰수하고 그를 윈난으로 귀양 보내 죽을 때까지 돌아오지 못하게 했다.

목동이 지주를 증오하는 것은 충분히 이해할 수 있다. 지주는 농촌의 세력계층이기 때문에 농민과 지주 사이에 갈등이 발생하면 손해를 보는 쪽은 언제나 약소계층인 농민들이다. 목동이었던 주원장도 어린시절 지주로부터 핍박을 받고 원나라의 토지겸병으로 고통 받는 농민들의 생활을 직접 목격했다. 그 때문에 권력을 손에 넣은 뒤 지주계층을 의도적으로 탄압했던 것이다. 주원장은 원나라 때 귀족과 고위 관리들을 몰살했을 뿐 아니라 자신을 보좌해 함께 천하를 일군 개국공신들까지도 가만두지 않았다.

나라가 새로 세워지면 귀족들도 새로 나타나게 마련이다. 하지만 주원장은 토지겸병의 죄를 물어 귀족들을 가차 없이 처형했으며 자신을 따르는 개국공신들도 차례로 죽이고 그들의 토지를 몰수해 농민들에게 나누어 주었다. 주원장이 개국공신들을 죽인 것은 더 이상 쓸모가 없어졌기 때문에 자신의 안위를 위한 토사구팽이기도 했지만 지주를 향한 그의 증오심과도 연관이 있다.

목동은 글공부를 한 지식인들을 부러워하고 질투했다. 신하들이 그가 주씨인 것에 착안해 그가 북송의 대유학자 주희의 후손인 것처럼 꾸미려고 했지만 주원장 자신조차 주장할 근거가 부족하다고 생각해 신하들의 제안을 거절했다.

지식인들을 어떻게 대우할 것인지는 주원장을 골치 아프게 만드는 문제였다. 국가를 통치하려면 전략이 필요하기 때문에 반드시 지식인들의 지혜와 재주가 필요하지만 지식인들은 쉽게 부패를 저지르고 탐관오리나 지주, 거상이 될 수 있기 때문에 경계하지 않을 수 없었다. 결국 주원장은 재상제도를 폐지하고 각 부문의 관리들이 재상을 통하지 않고 직접 황제에게 보고하도록 했다. 이 방법은 황권을 강화하고 관리들의 조정 간섭을 통제할 수 있으므로 관리들의 부패와 타락을 줄이는 효과가 있었다.

자신을 위협할 수 있는 세력들을 숙청한 뒤 주원장은 본격적인 농촌 개조에 착수했다. 그는 농민들을 자애롭고 친근하게 대했다. 그는 농촌마을을 단위로 하여 이갑제를 시행했다. 이갑제는 한마디로 농촌자치제였다. 마을에서 명망 높은 연장자를 이장으로 선출했다. 이장은 마을에서 일어나는 사소한 분쟁들을 중재하고 처리했으며 조정의 법령을 농민들에게 전달했다.

황제는 또 전국의 농촌마을이 모두 한마음이 되기를 바랐다. 농번기에는 날마다 새벽 5시에 마을을 돌며 북을 두드려 사람들을 깨워 일하러 나가게 하고 일하러 나가지 않고 늦잠 자는 사람이 있으면 마을의 노인들이 꾸짖어야 했다. 게을러서 생계가 어려워진 사람이 나쁜 짓을 하다가 발각되면 그를 꾸짖지 않은 죄로 노인들까지 처벌했다.

해마다 1월과 10월에 마을에서 전체회의를 열어 착한 일을 한 농민에게는 상을 내려 마을의 본보기로 삼고, 반대로 행실이 나쁜 사람들은 이장이 호되게 질책했다. 질책을 받고도 행실을 고치지 않으면 그들의 입대를 조정에 신청할 수 있었다.

이장선거제와 전민회의제는 목동 출신의 황제 주원장이 농촌에 선사한 혁신적인 제도였다. 주원장은 이 두 가지 소박한 제도를 통해 농촌이 행복하고 조화로워지기를 바랐다.

심지어 주원장은 백성들을 위해 집을 지어 주기도 했다. 홍무 7년 주원장은 난징의 관리들에게 명령해 빈 땅에다가 커다란 기와집 260채를 지어 난징에 사는 백성들 중 집이 없는 사람들에게 나누어 주도록 했다. 한 달 뒤 주원장은 또 난징 부근의 화정현(지금의 상하이—옮긴이)에도 명령을 내려 송나라 때 지어진 낡은 집들을 부수고 새로 지어 집 없는 사람들에게 나누어 주도록 했다.

난징과 상하이에서 집을 지어 주는 일이 빠르게 완료되자 주원장은 매우 기뻐하며 이 방법을 전국적으로 시행하기로 했다. 그는 전국의 모든 군현에 명령을 내려 굶주린 사람에게는 관청에서 먹을 것을 주고 집이 없는 사람에게는 관청에서 집을 지어 주도록 했다. 그런데 지방관리들은 도읍과 그 부근은 돈이 많고 인력도 많아 성공했지만 가난한 시골마을에서는 황제의 명령을 따르기가 힘들다고 생각했다. 그런데 이런 의견을 황제에게 보고하자 주원장이 버럭 화를 냈다. 주원장은 국가에서 준 돈으로 감당할 수 없다면 현지의 지방관리들이 알아서 방법을 생각해 내야 한다고 생각했던 것 같다.

주원장이 농촌을 새롭게 변화시킨 것은 분명한 사실이다. 전란이 끝나고 세상이 평화로워지자 명나라 농민들은 안도의 한숨을 내쉬며 생계를 위해 열심히 일하기 시작했다. 과거의 지주들이 모두 사라지고 새로 등장한 지주계급도 무너지자 농촌의 토지겸병도 근절되어 더 많은 사람들이 땅을 얻어 농사를 지을 수 있게 되었다.

하지만 황제가 세운 신농촌은 곡식과 면화를 수확해 백성들이 걱정 없이 먹고 입을 수는 있었지만 그 이상의 부를 창출할 수는 없었다. 사회가 발전하기 위해서는 농업이 기반이 되어야 하지만 농업만으로는 산업혁명을 이룰 수 없다. 신농촌에서는 일상용품조차도 정교하게 만들 수 없었다. 아무리 평범한 자기라도 많은 시설과 도구, 기술자들의 힘이 필요하기 때문이다. 목동 100명이 모이면 소를 더 많이 기를 수는 있지만 정교한 무늬를 새긴 자기를 만들 수는 없다.

사실 주원장으로 인해 중국의 경제발전은 뒷걸음질 쳤다. 그는 경제가 농업중심 단계로 퇴보하고 상업과 서비스업이 사라져 누구나 배불리 먹고 따뜻한 옷을 입는 것을 이상적인 삶으로 여기기를 바랐다. 그러나 인간의 욕심은 끝이 없다. 더 편하고 풍족하게 살고 싶어 하는 것은 인간의 본능이다.

주원장의 명나라 외에도 중농억상을 정책이념으로 삼았던 왕조는 매우 많았다. IT시대로 불리는 오늘날에도 많은 중국인들의 잠재의식 속에 상인은 사기꾼이고 지식인은 비현실적인 꿈을 꾸며 농민은 착하고 순박하다는 생각이 자리 잡고 있다. 이것도 중농억상 이념의 잔재이다.

경제발전이 인간의 기본적인 욕망을 충족시키기 못하면 좋은 결과가 나올 수 없다. 주원장 재위시절에는 청렴한 관리들이 많았지만 주원장이 세상을 떠난 뒤에는 탐관오리들이 속출해 나라를 피폐하게 만들었다. 주원장은 개국공신, 관료, 상인, 지주 등 모든 세력계층을 타도했기 때문에 자기 피붙이에만 의지해 나라를 다스려야 했다. 그는 자기 아들들에게 작위를 내리고 각자 군대를 이끌고 각지에 주둔하도록 했다. 넷째 아들 연왕은 베이징, 셋째 아들 진왕(晉王)은 산시(山西), 둘째 아들 진왕(秦王)은 시안(西安), 열일곱 번째 아들 영왕은 대녕에서 군대를 주둔시켰다. 도읍에서 변고가 생기면 각자 3천 군대를 이끌고 도읍으로 돌격해 반란을 진압하기 위함이었다. 하지만 주원장이 사망하자 연왕이 제일 먼저 반란을 일으켜 주원장이 지목한 후계자를 죽이고 권력을 빼앗았다. 권력에 대한 욕망 역시 인간의 본능이다. 단순히 혈육에 대한 정으로 훌륭한 나라를 만들겠다는 것은 매우 유치한 생각이다.

명나라 후기에 이르자 주원장의 후손들이 가장 적극적으로 토지겸병에 나섰다. 그들의 탐욕은 주원장이 직접 만들어 놓은 신농촌을 철저히 무너뜨리고 또다시 농민들을 약소계층으로 전락시켰다.

04 · 왜 피해자는 언제나 농민일까?

　　　　　　　　　　왕망, 왕안석, 주원장은 모두 자신의 권력을 이용해 농민들에게 낙원을 만들어 주려고 했지만 결국 실패했다. 왕망은 생명도 명예도 모두 잃었고 왕안석은 관직사회의 비정함을 맛보고 초라하게 생을 마감했다. 주원장 역시 사후에 그의 개혁조치들이 모두 폐지되어 농민들의 생활이 오히려 그전보다 더 열악해졌다.

　옛날에 이런 현상을 분석한 학자가 있었다. 명 말기의 사상가 황종희는 농민들의 고된 삶에 대한 자신의 글에서 각 왕조마다 조세개혁을 실시했지만 그때마다 농민들이 부담해야 할 세금이 더 많아지기만 했음을 안타까워했다. 농민들이 열심히 농사를 지어도 수확한 곡식을 팔아 그 돈으로 세금을 내야 했고 중간에서 상인들에게 속아서 손해를 보는 일도 많았다. 대부분의 왕조가 토지비옥도에 관계없이 일률적으로 세금을 부과했기 때문에 척박한 땅에 농사를 짓는 사람들의 생활은 비참하기 그지없었다. 이처럼 조세개혁을 할 때마다 개혁 초기에는 세금부담이 줄어들지만 시간이 지나면 세금부담이 예전보다 더 높아지는 현상을 후대사람들은 '황종희 법칙'이라고 부른다.

　피해를 보는 것은 왜 항상 농민들일까? 과거 중국은 농업국가로 세수의 거의 대부분이 농민들이 낸 돈과 곡식으로 충당되었지만 그중 농민들을 위해 쓰는 돈은 극히 일부였다. 통치자가 권력을 이용해 하층농민들을 착취했고 어떤 개혁가들이 내놓은 개혁정책은 실제로 개혁이 아니라 백성 착취였다. 이것이 바로 '황종희 법칙'이 출현하는 중요한 원인이다.

하지만 그 외에도 경제학 관점에서 보면 과거 중국농민들은 태생적으로 취약계층일 수밖에 없었다. 그들이 생산하는 곡식은 가격탄력성이 매우 낮은 상품이기 때문이다. 가격탄력성이 낮다는 것은 가격이 변화해도 수요에 큰 변화가 없다는 뜻이다.

곡식은 가격탄력성이 낮아서 곡식가격이 오르든 내리든 곡식 수요에는 큰 변화가 없다. 곡식가격이 내리면 수요가 늘어나기는 하지만 증가량이 많지 않다. 곡식가격이 내렸다고 해서 사람들이 먹는 양이 갑자기 몇 배로 늘어날 수는 없기 때문이다. 반대로 곡식가격이 올랐다고 해서 굶고 살 수는 없으므로 수요가 크게 줄어들지는 않는다.

농민들이 내는 세금은 고려하지 않고 단순히 농민들의 곡식수확량만을 놓고 보면, 크게 풍년이 든 해에는 농민들이 곡식을 팔기 위해 경쟁하지만 수요는 아주 조금 늘어날 뿐이므로 곡식가격이 폭락한다. 심지어 풍년이 든 해에 농민들의 수익이 오히려 감소하기도 했다.

곡식이 없어서는 안 되는 물자이지만 곡식재배로 큰 수익을 내기는 쉽지 않다. 어쩔 수 없이 받아들여야 하는 현실이다. 하지만 주원장은 이 사실을 받아들이지 않았다. 아니, 어쩌면 그는 가격탄력성이 무엇인지 몰랐을 수도 있다. 그는 사람들이 열심히 농사를 지어 곡식과 면화를 수확하는 것만으로도 행복하게 살기를 바랐다. 좋은 생각이기는 하지만 안타깝게도 인간의 본성과 경제의 법칙을 간과했기 때문에 성공할 수 없었다.

농부가 넓은 땅을 가지고 농장주가 되어 곡식을 대량생산하면 생산효율이 높아져 부자가 될 가능성이 높다. 오늘날 미국의 농장주들이 윤택한 삶을 누리는 것과 같다. 그러나 과거 중국에서는 농민은 많은데 농사를 지을 수 있는 땅은 좁아 1인당 경지면적이 매우 적었기 때문에 토지겸병으로 농업생산효율을 높이면 농민들이 농사지을 땅이 없어 실업자로 전락했다. 게다가 이런 잉여노동력을 흡수할 수 있는 산업이 없었으므로 실업자가 많아지면 국가의 통치권력이 흔들렸다.

따라서 국가의 안정을 유지하기 위해서는 토지겸병을 억제하고 최대한 많은 농민들에게 농사지을 땅을 나누어 주어야 했다. 아무리 좁고 척박한 땅이라도 몇 사람을 먹여 살릴 수는 있기 때문이다. 왕망, 왕안석, 주원장 모두 이런 신념을 가지고 있었고 자기 신념에 따라 정책을 펼쳤다. 하지만 인구, 경지면적 등 당시의 상황이 그들의 정책 성공에 걸림돌이 되었다. 수많은 잉여노동력을 흡수했던 산업혁명이나 IT혁명 시대와는 상황이 너무도 달랐다.

왕망, 왕안석, 주원장 모두 시대에 한 획을 그은 개혁가들이었지만 그들의 개혁은 실패할 수밖에 없었다.

제9장

정화의 대항해가 수행한
두 가지 비밀임무

연왕이 이끄는 군대가 난징 금천문에 다다르자 명나라의 제2대 황제 건문제는 직접 나아가 연왕을 맞이하려고 했다. 하지만 주위 신하들이 뿔뿔이 도망쳐 버려 그의 곁에는 몇 안 되는 시종들만 남아 있었다. 건문제는 "연왕을 볼 낯이 없구나!"라고 탄식하고는 궁에 불을 질러 자결했다. 그 소식을 들은 연왕이 황급히 태감들을 보내 불을 끄게 했지만 이미 늦은 뒤였다. 연왕은 불길 속에서 발견된 건문제의 시신을 보고 목 놓아 울며 외쳤다.

　"너는 왜 이토록 어리석은 짓을 했느냐! 나는 네가 훌륭한 황제가 되도록 도와주기 위해 왔는데 너는 어째서 목숨을 끊었단 말이냐!"

　연왕 주체가 조카인 건문제의 황위를 빼앗은 사건이 발생한 뒤 사관들은 황권에 대한 두려움으로 역사적 사건을 왜곡하고 제멋대로 기술해 놓았다. 하지만 출처도 증거도 없는 사서는 참고할 만한 가치도 없다.

　사실 건문제의 죽음은 미궁에 빠져 있다. 당시 궁궐에 큰 화재가 발생했던 것은 사실인 듯하다. 하지만 연왕이 건문제의 시신을 끌어안고 통곡했다는 것은 거짓일 가능성이 크다. 아마 연왕은 건문제의 행방도 모르고 시신도 찾지 못해 골치를 앓았을 것이다. 조카 건문제가 살아 있다면 보좌를 내놓으라고 협박하면 그만이고, 시신이 발견된다면 황제가 죽었으니 연왕이 자연스럽게 대통을 이어받아 새 황제로 즉위할 수 있다. 하지만 건문제를 찾을 수 없으니 그가 죽었다고 거짓말을 꾸며내야 했던 것이다.

주체가 황제가 되자 미궁에 빠진 사건도 사람들의 기억 속에서 사라졌다. 하지만 주체는 재위기간 동안 한 태감을 시켜 함대와 군사들을 이끌고 바다를 누비게 했다. 막대한 돈을 쏟아 부으면서까지 몇 차례나 항해를 떠나게 한 이유는 무엇일까? 온데간데없이 사라져 버린 건문제를 찾기 위함은 아니었을까?

01 · 정화는 왜 대항해를 했을까?

연왕의 명령을 받고 대항해를 했던 태감이 바로 그 유명한 정화다. 사실 그의 본명은 정화가 아니었다. 그의 성은 무함마드였다. 무함마드라는 성만 들어도 그의 조상이 중국인은 아니었음을 짐작할 수 있을 것이다. 사실 정화는 중앙아시아 귀족의 후예였다. 그의 선조가 원나라 초기에 중국으로 건너와 윈난에 정착하면서 마(馬)씨로 성을 바꾸었다. 정화의 본명도 마삼보였다. 그런데 그는 뜻하지 않은 재앙으로 열두 살에 태감이 되었다. 윈난을 공격한 명나라 군대에게 잡혀 거세된 뒤 도읍으로 보내진 것이다. 불행 중 다행으로 그는 주인을 잘 만나 연왕의 저택에서 일하게 되었다. 연왕이란 물론 훗날 명성조 영락제가 된 주체다.

마삼보는 주체에게 충성을 바쳐 신임을 얻었고 주체가 황위를 빼앗는 과정에서도 큰 공을 세웠다. 주체는 황제가 된 뒤 논공행상을 하면서 마삼보에게 정씨 성을 하사해 정화로 개명하게 하고 4품 관직을 내렸다. 황제에게 성씨를 하사받는다는 것은 당시 관리들에게 굉장히 영광스러운 일이었다. 1품대신들 중에도 그런 영예를 입은 사람이 없었으므로 주체가 정화를 얼마나 신임했는지 짐작할 수 있다.

영락 3년(1405년), 황제의 명을 받은 정화가 군사 2만 8천여 명, 배 40척을 이끌고 쑤저우 유가하를 출발해 첫 번째 항해를 시작했다. 그때부터 선덕 5년(1430년) 정화가 마지막 항해를 할 때까지 그는 총 일곱 차례나 서쪽바다를 항해했다. 매번 항해 때마다 수행인원과 함대의 규모는 첫 번째 항해와 큰 차이가 없었다. 영락제가 항해를 명령하면서 내린 조서에는 항해의 목적에 대해 중국의 위세를 만방에 떨쳐 주변 이민족들을 굴복시키기 위함이라고 적혀 있다. 그러나 《명사》〈정화전〉에는 "성조(영락제)는 혜제(건문제)가 해외로 도망간 것으로 의심하여 그의 종적을 찾으려 했다"고 기록되어 있다. 건문제의 행방을 찾는 것이 항해의 진정한 이유라는 것이다.

얼핏 들으면 제법 타당한 이유다. 유가사상의 영향으로 당시 중국인들은 '정통성'을 매우 중요하게 여겼다. 비록 영락제가 주원장의 넷째 아들이기는 하지만 정통성으로 따지자면 주원장의 황위는 맏아들에게 계승되어야 한다. 그러나 맏아들이 요절했으므로 맏아들의 맏아들인 건문제가 황제가 되어야 마땅하다. 정상적인 상황이라면 영락제가 황위를 물려받는 일은 절대로 일어나지 않았을 것이다. 연왕이 황위를 찬탈한 뒤 당시 대유학자 방효유는 새 황제 섬기기를 거부하고 상복을 입고 조당으로 들어가 '연적찬위(燕賊纂位)(연나라 도적이 황위를 찬탈하다―옮긴이)'라고 썼다. 분노한 연왕은 방효유의 구족을 몰살하고도 분이 풀리지 않아 방효유의 제자와 친구까지 모조리 죽여 십 족을 멸했다.

과거 중국에서는 정통성을 지켜야 한다는 관념이 매우 강했기 때문에 건문제가 죽었음을 확인하기 전까지 영락제는 한순간도 마음을 놓을 수가 없었다. 그러므로 영락제는 막대한 돈을 들여가며 자신의 심복 정화를 시켜 해외원정에 나서게 했다. 보좌를 지키기 위한 일이었으므로 아무리 많은 돈이 들어도 아깝지 않았다.

그런데 이것만으로는 영락제가 정화에게 여섯 번이나 항해를 나서게 한 이유를 다 설명할 수는 없다(제7차 항해는 영락제 사후에 이루어졌다).

영락 3년부터 19년까지 그 오랜 세월 동안 건문제를 찾아다녔다는 것은 설득력이 부족하다. 정화가 이끄는 함대는 첫 번째 항해에서 이미 인도 서해안의 캘리컷에 상륙해 기념비를 세우기도 했다. 이 기념비에는 "이 곳에서 중국까지의 거리는 10만 리가 넘으나 사람들이 매우 비슷하여 행복하고 부유하며 같은 관습을 따른다. 앞으로 만세 동안 영원히 남을 선언을 여기 이 돌에 새긴다"라고 적혀 있다. 만약 정화의 항해 이유가 정말로 행방불명된 건문제를 찾기 위함이었다면, 머나먼 인도까지 그렇게 여러 번 항해할 필요는 없었을 것이다.

그러므로 정화가 정말로 건문제의 행방을 찾아다녔다고 해도 그것은 부수적인 임무였을 가능성이 크다. 그렇다면 정화의 주된 임무는 국가의 위세를 떨치는 것이었을까? 실제로 명나라에는 그런 전통이 있었다. 주원장도 명나라를 개국한 뒤 일본과 동남아 각국에 사신을 보내 명나라가 중국의 주인이 되었음을 선포하고 조공을 바칠 것을 요구했다.

주원장이 적극적으로 선전한 덕분에 동남아 각국들이 이미 명나라가 건국된 사실을 알고 있었으므로 또다시 나라의 위세를 떨칠 필요는 없었다. 하지만 영락제는 조카의 황위를 빼앗아 황제가 되었기 때문에 '정통'이라는 이미지를 내세우기 위해 또 한 번 주변국가에 자신이 어떻게 황제가 되었는지 알려야 할 필요성은 있었다.

실제로 정화의 항해는 외교적으로 큰 공을 세웠다. 정화는 함대를 이끌고 방문하는 나라마다 국왕과 우호적인 관계를 맺고 후한 선물보따리를 풀어 놓으며 그 나라 사절의 답방을 요청했다. 심지어 어떤 국왕들은 답방을 위해 직접 명나라를 방문하기도 했다. 물론 당시에는 국가 간의 관계가 평등하지 않았다. 동남아 국가의 국왕들은 자기 나라에서는 국가원수라는 귀한 신분을 가지고 있지만 명나라와 비교하면 작은 마을의 족장보다도 힘이 약했다. 그런 이들이 토산품을 가지고 명나라를 방문하면 외국사절로서 융숭한 대접을 받을 뿐 아니라 바깥세상을 구경할 수 있는 좋은 기회였으므로 답방 요청을 흔쾌히 받아들인 것도 이해할 수 있다.

만약 정화의 항해가 정말로 나라의 위세를 떨치고 타국과 우호관계를 맺기 위한 일이었다면 명나라로서는 불필요한 낭비였다. 실력으로 따지면 당시 정화가 방문했던 동남아와 서남아 국가들 가운데 명나라를 무너뜨리고 중국 땅을 차지할 만한 힘을 가진 나라는 없었다. 나라의 위세를 떨치겠다는 목적을 이미 제1차 항해에서 거의 달성했는데 또다시 거액을 쏟아 부어 항해에 나설 필요가 있을까?

정화의 함대는 인도양 서쪽 기슭의 아랍과 아프리카까지 항해했다. 당시 아랍과 아프리카가 명나라에 조공으로 바칠 수 있는 것은 기린 몇 마리뿐이었는데 기린을 중국으로 데려온들 무슨 가치가 있었을까? 단순히 친구를 사귀기 위한 것이었다면 2만 명이 넘는 군사와 배 수십 척을 거느리고 항해에 나설 필요가 있을까?

영락제와 정화의 지능을 과소평가해서는 안 된다. 영락제와 정화는 중국역사상 가장 똑똑한 인물이었다고 해도 과언이 아니다. 그들이 뚜렷한 목적도 없이 그렇게 많은 돈과 인력을 투자했을 리 만무하다. 두 사람에게는 밝힐 수 없는 또 다른 이유가 있었을 것이고, 정화는 그 비밀임무를 완수하기 위해 연거푸 항해를 감행했을 가능성이 크다.

02 · 돈이 부족하다

　　　　　대항해의 총기획자는 영락제였으므로 영락제의 입장에 서서 생각해 보자. 대국의 황제인 영락제는 두 가지 중요한 과제를 안고 있었다. 하나는 국방, 즉 원나라 후예인 몽골인들의 재기를 경계하는 것이었다. 영락제는 웅대한 전략을 품고 도읍을 난징에서 베이징으로 옮겨 북쪽을 향해 정면 도전했으며 몇 차례나 직접 원정에 나서 몽골 각 부족의 힘을 크게 약화시키고 수십 년 동안 몽골 철기병의 발을 몽골초원에 묶어 놓았다. 그러므로 정화의 항해가 국방과는 큰 관련이 없는 것으로 보인다.

　　영락제가 해결해야 하는 또 한 가지 과제는 국내경제였다. 영락제는 아버지 주원장이 남긴 난제를 안고 있었다. 바로 돈 부족이다.

　　앞에서도 이미 언급했듯이 중국에는 금광과 은광이 별로 없었기 때문에 금속을 화폐로 사용했던 당시에는 경제가 발전하면 화폐유통량이 경제규모를 지탱하지 못하는 문제가 두드러지게 나타났다. 주원장은 지폐를 발행했던 원나라의 방식을 이어받아 대명보초를 발행함으로써 화폐공급량을 늘렸지만 지폐가치가 걷잡을 수 없이 떨어져 민간에서는 여전히 지폐가 아닌 동전을 사용했다.

　　그러나 동전은 값싼 구리로 만들기 때문에 동전 한 닢의 가치가 매우 낮았다. 소액거래에서는 동전을 사용해도 큰 문제가 없지만 경제가 점점 발전하면서 거래규모가 점점 커지자 동전 사용이 불편해졌다. 거액거래에서는 많은 동전이 필요했지만 구리 채굴량이 빠르게 늘어나지 않았다. 채굴기술이 낙후되고 구리광산을 찾기 힘들었기 때문이다. 또 동전을 주조하든 은화를 주조하든 필요한 기술과 시간은 거의 비슷하기 때문에 동전주조 원가는 동전 자체의 가치에 비해 상대적으로 높고 은화 주조 원가는 은화 자체의 가치에 비해 상대적으로 낮았다.

더욱 심각한 문제는 동전은 부족한데 경제가 발전하면서 상품 생산량이 많아져 동전 한 닢의 구매력이 크게 증가했다는 점이었다. 이것이 바로 디플레이션이다. 가령 원래는 동전 한 닢으로 곡식 한 자루를 살 수 있었는데 시간이 흐르면서 동전 한 닢으로 곡식 두 자루를 살 수 있게 되었다고 치자. 그러면 하층 자경농들에게는 곡식수확으로 벌 수 있는 돈이 줄어들게 되므로 좋은 일이 아니다. 화폐유통량이 적은데 지폐를 발행하지 않으면 사람들은 번거로운 물물교환으로 거래를 할 수밖에 없고 그 경우 경제발전에 큰 걸림돌이 된다.

영락제가 이런 현대적인 금융관념을 가진 것은 아니었겠지만 어쨌든 그는 명나라 왕조의 통치권력을 유지하기 위해서는 빨리 돈을 벌어야 한다는 사실을 알고 있었다. 그런데 북쪽 유목민족과 오랫동안 대치하고 있으므로 몽골고원에서는 돈을 벌 수가 없었다. 그렇다면 남쪽 바닷길을 통해 돈을 벌어올 수는 없을까? 바다에서 금·은 같은 귀금속 산지를 찾아 무력으로 빼앗거나 평화적인 방법으로 사온다면 돈 부족 문제를 단번에 해결할 수 있었다.

물론 이것은 순전히 추측이다. 비슷한 생각을 가진 사람이 있다면 커다란 영광이다.

두뇌회전이 빨랐던 황제 영락제라면 분명히 이런 생각을 했을 것이다. 정화가 일곱 차례 항해를 했던 상황을 상상해 보면 영락제의 깊은 뜻을 짐

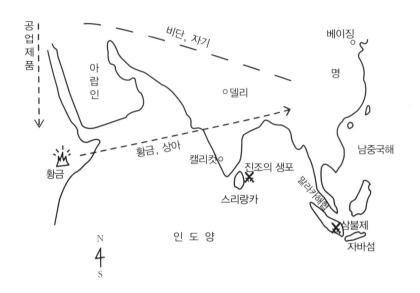

작할 수 있다. 화폐를 주조할 수 있는 금속을 찾음과 동시에 중국의 막강한 실력을 외국에 선전함으로써 금·은을 주고 중국의 자기와 비단을 사도 믿을 수 있음을 알리려는 것이었다.

정화의 비밀임무란 바로 돈, 더 정확히 말하면 금·은 같은 귀금속 화폐를 찾는 것이었다.

하지만 이 임무를 공개적으로 밝힐 수는 없었다. 명나라는 도덕을 숭상하는 나라였으므로 돈을 벌고 싶어도 돈을 좋아한다는 사실을 밖으로 드러낼 수 없었다. 돈을 좋아한다고 말하는 즉시 유생들의 비난이 쏟아질 것이었다. 영락제는 이미 천하제일의 유학자인 방효유를 죽여 세상의 따가운 비난을 받은 바 있었다. 또다시 돈을 찾으러 정화를 외국으로 보낸다고 공공연하게 말했다가는 유생들로부터 어떤 악독한 저주를 들을지 상상도 할 수 없었다.

발언권이 강한 문인들이 도덕을 좋아한다면 황제 또한 도덕의 깃발을 높이 세우고 국위선양을 위해 정화를 외국으로 보낸다고 말하는 편이 여러모로 유리했다. 이런 이유는 유가사상에 부합하는 것이었으므로 반대하는 사람들이 별로 없었다.

사람의 마음을 들여다보든 역사를 분석하든 겉으로 하는 말만 듣지 말고 숨겨진 의도가 없는지 곰곰이 생각해 보아야 한다.

그렇다면 정화는 비밀임무를 완수했을까?

03 · 아프리카에 황금이 있다는 소식

　　　　　　　　사랑을 사고 싶다고 살 수 있는 것이 아니듯
돈도 찾고 싶다고 찾을 수 있는 것이 아니다. 만반의 준비를 갖추었어도
일단 나라 밖으로 나가면 어려운 일이 속출하게 마련이다. 게다가 정화
의 계획은 당시 국제무역의 질서에 도전하는 것이었다.

　명나라 전기에 국제무역의 중심은 서아시아였다. 당시 아랍인들은 유
럽·아시아·아프리카 세 개 대륙이 만나는 곳이라는 지리적 장점을 이
용해 삼각무역을 했다. 중국에서 비단과 자기를 수입해 유럽으로 가져가
유리 같은 유럽의 공업제품으로 바꾼 다음, 이것을 가지고 아프리카로
가서 금과 상아로 바꾸고 다시 이 금과 상아로 중국의 비단과 자기를 샀
다. 이런 방식의 국제무역을 통해 아랍인들이 큰돈을 벌었기 때문에 아
랍인들과 무역을 하는 유럽인·아시아인·아프리카인들은 아랍인들을
부러워하며 아랍인을 통하지 않고 직접 거래해 돈을 벌고 싶어 했다.

　정화는 원래 아랍 혈통이고 항해에 대해 잘 알고 있었으므로 아랍인들
의 무역에 대해서도 잘 알고 있었다. 그의 목표는 아프리카의 황금과 상아
였다. 이것은 아마도 영락제의 생각이었을 것이다. 그래서 제1차 항해에
서는 남중국해에서 인도양으로 가는 길목에 있는 방해세력들을 평정하고
인도 서해안의 캘리컷에 상륙했고, 제2차 항해에서는 지나가는 길목에
있는 동남아와 서남아 각국과 돈독한 관계를 맺었으며, 제3차 항해에서

는 아랍인들이 사는 아라비아반도에 도착해 국제무역의 중심지를 직접 눈으로 목격했으며 아프리카 동해안으로 일부 선단을 보내 아프리카 흑인들과 접촉했다.

아프리카로 일부 선단을 먼저 파견한 것은 정화의 충동적인 호기심이 아니라 심사숙고를 거쳐 나온 결정이었다. 정화는 아프리카에 황금산지가 많다는 것을 알고 있었을 것이다. 아마도 그는 몇 차례 항해를 하면서 얻은 정보로 그 사실을 알고 있었을 것이다. 어쨌든 선단을 아프리카로 보낸 것이 아프리카의 황금 때문이었음을 짐작할 수 있다.

동아프리카가 한때 황금산지이기는 했다. 고대 이집트의 황금들도 모두 동아프리카 수단에서 가져온 것들이었다. 그러나 유감스럽게도 명나라 때에는 동아프리카의 황금을 다 캐낸 뒤였다. 아랍인들은 서아프리카 내륙에서 황금을 사서 사하라사막을 가로질러 아랍으로 가져오고 있었으며 흑인 추장들의 협조가 없이는 이 먼 여정을 완수할 수 없었다.

정화도 황금을 얻기 위해서는 이런 번거로운 과정을 거쳐야 했다. 그가 아랍 혈통으로 아랍인들과는 자연스럽게 교류할 수 있지만 서아프리카 흑인 추장들과 관계를 맺고 무역로를 개척하는 것은 결코 쉽지 않았다. 결코 몇 년 만에 할 수 있는 일이 아니었다. 명나라는 본질적으로 농업국가였다. 영락제라는 똑똑한 황제와 정화라는 대항해가가 있기는 하지만 그들의 뒤를 이어 이 어려운 일을 해낼 수 있는 사람이 없었다. 중국은 그렇게 먼 곳에서 무역로를 개척할 수 있는 원동력도, 능력도 없었다.

황금을 찾기 위한 시도는 이렇게 실패로 돌아갔다. 이제 돈을 찾기 위해서는 다른 방법을 생각해 내야 했다.

그런데 정화에게는 비밀임무가 하나 더 있었다.

04 · 정화는 영락제가 세운 수출입회사의
선봉대였다

중간상인인 아랍인들을 배제하고 직접 무역을 할 수 없다면 아랍상인들에게 이익을 조금 양보하는 대신 조정이 그들과 직접 거래하는 것이 최선의 방법이었다. 그래야만 아프리카의 황금과 상아가 명나라에 도착하면 곧바로 국고로 들어가 화폐공급량을 늘릴 수 있었다.

그러나 이 방법도 성공하지 못했다. 영락제를 비롯한 명나라 황제들은 아랍인들이 관청과 거래를 해야 한다고 생각했다. 조정이 자기와 비단 등을 통일적으로 수매한 다음 아랍인들에게 팔면, 아랍인들에게 받은 금을 모두 국고에 넣을 수 있으므로 조정으로서는 큰 이득이었다.

그런데 조정의 통제를 벗어나 해외에 나가서 활동하는 중국상인들이 명나라 황제의 이 웅대한 전략을 물거품으로 만들었다. 사실 송나라 때부터 중국 해안지역을 중심으로 이미 국제무역이 매우 발달해 있었다. 국제무역으로 큰돈을 번 중국상인들은 오늘날의 외국에 본거지를 세우고 활동하고 있었다. 지금의 싱가포르에도 당시 해외에서 활동하는 화교상인들이 세운 항구가 있었다. 중국상인들은 중국에서 우수한 상품을 사들인 다음, 동남아와 서남아의 해상무역망을 통해 중국상품을 말라카해협 일대의 항구로 가져가 그곳에서 아랍상인들에게 팔았다. 그렇게 얻은 금 등 귀금속은 다시 중국으로 가지고 와서 상품을 샀다. 따라서 그들의 무역은 조정의 통제를 받지 않았고 무역을 통한 이익도 모두 상인들이 가졌다.

이 점을 용납할 수 없었던 영락제는 정화에게 또 한 가지 비밀임무를 맡겼다. 바로 중국상인들의 해외 근거지를 파괴하는 것이었다. 영락제는 그렇게 하면 아랍상인들이 명나라 조정과 직접 거래할 수밖에 없을 것이라고 생각했다.

정화는 정말로 중국상인들의 해외 근거지를 파괴했을까? 물론 사서에는 그런 기록이 남아 있지 않다. 도덕을 숭상하는 당시 분위기에서 힘으로 남을 굴복시키는 것은 공맹의 가르침에 어긋나는 행동이었기 때문이다. 영락제가 공개적으로 정화에게 2만 군사를 주며 중국상인들을 죽이라는 임무를 내렸다면 그는 폭군이라는 꼬리표를 뗄 수 없었을 것이다.

그런데 사서에 공개적으로 기록되어 있지는 않지만 몇 가지 실마리를 찾을 수는 있다. 사서에 따르면, 정화의 제1차 항해 당시 삼불제(스리비자야)라는 곳을 지나갔다고 한다. 삼불제는 지금의 수마트라섬 남쪽으로 말라카해협의 남단에 위치해 싱가포르와 마주보고 있었으므로 매우 중요한 위치에 있었다.

원래는 중국상인들만 이곳을 오가며 무역을 했지만 1397년 자바섬의 마자파히트왕국이 삼불제를 공격해 나라를 멸망시킨 뒤 몹시 혼란스러워졌다. 현지의 중국상인들은 양도명이라는 중국 광동 출신의 상인을 삼불제의 왕으로 옹립하고 한 지역을 다스렸다. 양도명은 애국심 때문인지 무역의 편의를 위함인지 몰라도 수시로 명나라 조정에 조공을 바쳤다.

그런데 정화의 함대가 삼불제를 지날 때 큰 사건이 터졌다. 삼불제 부근 해역에서 활동하던 해적 진조의가 정화의 함대를 공격하려는 계획을 짜고 있었던 것이다. 당시 양도명이 타지에 나가 있었기 때문에 그의 부하들이 곧바로 정화에게 이 사실을 알렸다. 정화는 교묘한 계략으로 진조의를 함정에 빠뜨려 5천 명이 넘는 해적들을 섬멸시켜 버렸다. 수십 척의 해적선이 모두 불타고 진조의는 산 채로 포로로 잡혔다. 정화가 진조의를 명나라로 압송하자 영락제는 각국 사절들 앞에서 그를 처형했다.

이것은 사서에 기록된 내용이다. 그런데 진조의의 처형은 정화와 그 부하들의 증언에 따른 것이었다. 변호사도 증거 채집도 없었던 당시에 진조의가 정말로 악독한 죄를 지었음을 입증할 수 있는 증거는 없었다. 그런데 몇 가지 의문에 주목하지 않을 수 없다.

첫째, 정화의 함대는 기세등등하게 출항했으며 그가 2만 군사를 거느리고 있다는 사실은 삼척동자도 알고 있었다. 수천 명밖에 되지 않는 해적들이 어떻게 감히 정화의 함대를 공격하려 했을까? 대포로 무장한 정규군 2만 명과 맞서 싸우려 할 만큼 해적들이 대단한 실력을 가지고 있었을까? 해적들이 제정신이었다면 그런 무모한 일을 했을 리 없다.

둘째, 정화가 항해하는 동안 항해를 방해하는 세력의 우두머리들을 여러 명이나 생포했다. 대부분 정화가 해적이라고 주장하는 이들과 이민족이 세운 약소국의 국왕이었다. 그런데 그 가운데 중국인인 진조의만 처형되었을 뿐 이민족 국왕들은 대부분 사면되었다. 그중 한 사람에 대해 뒤에서 소개하도록 하겠다. 똑같은 죄를 지었는데 어째서 진조의는 목숨을 잃고 이민족 국왕들은 풀려났을까?

진조의가 화교상인들의 우두머리였을 가능성이 크다. 영락제가 정화를 보내 해외에서 떠도는 '방랑자'들을 진압하도록 하자 양도명 같은 일부 상인들은 항복했지만 대부분의 상인들이 힘들게 세워 놓은 해외 근거지를 포기하려고 하지 않았다. 그 대표적인 인물이 바로 진조의였을 것이다. 그러자 정화가 군대를 이끌고 진조의 세력을 공격해 조정의 전략을 방해하는 '해적'들을 소탕했던 것이다. 영락제가 명령에 불응하는 진조의를 처형한 것은 황제의 말을 듣지 않는 화교상인들을 위협해 일벌백계의 효과를 내기 위함이었다.

이는 터무니없는 추측이 아니며 이를 뒷받침할 수 있는 증거도 있다. 청나라 때 영국 동인도회사의 서기였던 래플스경이 싱가포르에 도착했을 때 그곳에서 거대한 성채의 유적을 발견했다. 당시 원주민들은 그렇게 큰 성채를 지을 만한 능력이 없었다. 도대체 누가 언제 그렇게 거대한 성채를 지었을까?

래플스경이 조사한 결과 그 성채는 화교상인들이 송나라 때부터 원나라를 거쳐 명나라 때에 이르기까지 지어 놓은 해외기지였다. 정화의 함대가 동남아에 도착한 뒤 그들은 아랍상인들과 연합해 중국상인들의 기지를 공격했다. 당시 아랍상인들은 정화가 자국민들을 공격하는 이유조차 알지 못했다. 정화가 공개적으로 밝힌 이유는 중국상인들이 자국에서 나쁜 짓을 하고 도망친 죄인들이며 그들이 자기 부모도 내팽개치고 외국에서 돈벌이에만 혈안이 되어 돈을 흥청망청 쓰고 있으니 죽어 마땅하다는 것이었다.

이 말은 명나라 유생들이 입버릇처럼 말하는 도리와 매우 비슷하다. 정화의 이 말은 물론 거짓이었다.

자국민을 공격해 죽인 것은 명나라가 처음이 아니었다. 당나라 때도 비슷한 일이 있었다. 당시 동유럽의 비잔틴제국은 중국의 비단을 몹시 좋아해 실크로드를 통해 중국의 비단을 비싼 값에 수입했다. 당나라 황제들도 명나라 황제와 마찬가지로 푸른 눈의 외국인들이 조정과 직접 거래하기를 바랐다. 하지만 당나라 때 중국상인들이 실크로드를 통해 이동해 외국에 근거지를 세우고 무역을 하자 외국인들의 금화와 은화가 상인들의 주머니로만 들어갈 뿐, 당나라 조정은 돈을 벌 기회가 없었다.

이 점에 불만을 갖고 있던 당태종은 후군집과 이정 두 장수를 보내 실크로드에 있는 고창국을 공격하도록 했다. 고창국은 중국상인들의 중요한 무역거점이었다.

이것이 바로 천 년 넘게 내려온 중국의 경영이념이다. 중국 황제들은 통치기반을 탄탄하게 다지기 위해 수익이 높은 사업을 독점하거나 민간 상인들에게 세금을 부과해 조정의 수입을 늘렸다. 관청의 통제를 벗어나 장사를 하는 상인들은 모두 황권에 대한 잠재적인 위협으로 간주했다. 그들의 힘이 커지면 조정이 그들과 경쟁해야 했는데 관청은 대부분 효율이 낮기 때문에 민간상인들과의 경쟁에서 이길 수 없기 때문이었다. 그래서 황제는 무력으로 민간상인들이 조정 사업에 끼어들지 못하게 하거나, 아니면 사업을 하되 조정에 세금을 내도록 강요했다.

이런 황권지상주의는 상업의 발전에 커다란 걸림돌이 되었다. 중국이 소농경제를 기반으로 한 상품경제에서 벗어나지 못한 원인도 바로 여기에 있다.

정화는 영락제가 세운 수출입회사의 선봉대였던 셈이다. 그는 화교상인들을 소탕하는 한편, 동남아 및 서남아 소국과의 정부 간 무역을 강화했다. 정화가 항해를 할 때마다 반드시 거치는 곳이 캘리컷이었다. 자기와 비단을 실은 정화의 함대가 캘리컷에 도착하면 현지 국왕이 관리를 보내 명나라 관리와 가격을 협상하고 가격이 결정되면 계약을 체결했다. 현지 국왕은 금화와 은화로 명나라의 자기와 비단 등을 샀으며 가끔은 현지 상인들도 보석 · 진주 · 호박 등을 가져와 명나라 물건과 교환하기도 했다.

객관적으로 볼 때 정화는 두 번째 비밀임무를 매우 성공적으로 완수했다. 아시아의 소국들이 잇따라 중국에 사신을 보냈던 것이 바로 그 점을 증명한다. 다만 비용과 효과라는 측면에서 보면 투입한 비용에 비해 얻어낸 효과가 너무 적었다. 무역로는 한 번 방문으로 쉽게 만들 수 있는 것이 아니기 때문이다. 정화도 이 점을 잘 알고 있었으므로 서둘러 무역망을 구축하고 명나라라는 국가의 브랜드를 수립하기 위해 또 한 장의 카드를 내놓았다.

05 · 정화와 세 번째 카드

상인을 바라보는 시선 가운데 '이익을 위해 의리를 저버린다'는 부정적인 시선들이 있다. 사실 상업 자체가 이익을 추구하는 것이기 때문에 상인들이 이익을 추구하는 것은 크게 탓할 일이 아니다. 하지만 상인도 역시 인간이고, 특히 옛날에는 세계평등, 인간평등의 관념이 없었기 때문에 상인들이 장사를 할 때 여러 가지 요인들이 개입될 수밖에 없었다. 그중 대표적인 것이 바로 종교다.

같은 종교를 가진 사람들과 거래를 하면 종교가 다른 사람들과 거래를 할 때보다 더 우호적이고 순조로웠다. 세계적으로 몇 차례 종교전쟁이 발발했다. 유럽의 십자군원정도 기독교문명이 아랍의 '이교도'를 상대로 벌인 기나긴 전쟁이었다. 전쟁이 끝나고 평화가 찾아온 뒤에도 기독교를 믿는 상인들과 서아시아 종교를 믿는 상인들은 거래를 할 때 서로 강한 경계심을 드러냈다.

정화는 아랍인이면서 중국에서 살았으므로 불교에 대해서도 잘 알고 있었다. 총명한 그는 종교가 상업에 큰 영향을 미친다는 사실을 잘 알고 있었다. 그러므로 정화는 일곱 차례 항해를 하면서 한편으로는 무역을 내세워 서남아의 소국들을 커다란 무역망에 편입시켰지만, 또 한편으로는 종교를 앞세워 이슬람과 불교 세력을 지지해 명나라와의 무역관계를 돈독하게 유지시켰다.

사서에서는 이런 기록을 찾을 수 없지만 몇 가지 단서를 발견할 수는 있다. 정화의 함대에 승선했던 명나라 관리의 회고록을 보면, 정화가 일곱 차례 항해를 하는 동안 화교상인들을 소탕했을 뿐 아니라 외국세력과도 전투를 벌였다. 실론섬 전투가 그중 하나다.

실론은 지금의 스리랑카다. 정화의 주장에 따르면, 실론의 국왕 알라가코나라가 이웃나라를 공격해 국제적인 우호분위기를 흐려놓고 툭하면 인근 바다를 지나는 선박들을 약탈해 해상무역을 방해했다. 정화는 제3차 항해 때 영락제가 외국에 보내는 조서를 가지고 실론섬을 방문했다. 알라가코나라에게 나쁜 짓을 그만두라고 설득하려는 것이었다. 그런데 뜻밖에도 정화가 군대를 이끌고 상륙한 틈을 타 알라가코나라가 보낸 5만 군대가 정화의 함대를 불태우고 정화가 함대로 돌아가지 못하도록 막았다. 돌발상황에 다급해진 정화는 실론의 대군이 출격했으므로 도읍은 비어 있을 것이라고 판단하고 실론의 도읍을 공격해 알라가코나라 국왕을 생포했다.

포로로 잡힌 알라가코나라는 명나라로 압송되었고 영락제는 자신의 너그러움을 만방에 알리며 알라가코나라에게 관용을 베풀었다. 알라가코나라의 친족들 가운데 능력 있는 사람을 뽑아 실론의 새 국왕으로 앉히고 일 년 뒤에는 알라가코나라를 가족들이 있는 실론으로 돌려 보냈다.

이 기록을 보면 명나라가 실론섬 전투에 매우 현명하게 대처함으로써 세계평화를 수호한 것처럼 보인다. 그런데 이것도 역시 사관들이 영락제의 눈치를 보며 가공한 것이다.

이 기록이 가공되었음을 알 수 있는 몇 가지 증거가 있다. 스리랑카의 병력은 지금도 십 수만 명에 불과하다. 600년 전 스리랑카는 지금보다 경제가 훨씬 낙후되어 있었고 군웅이 각 섬을 차지하고 있었으므로 전체 인구가 오늘날의 10분의 1도 되지 않았을 것이다. 과연 실론섬에 군사가 5

만 명이나 주둔하고 있었을까? 당시 실론섬의 군대는 5천 명도 되지 않았을 가능성이 크다.

알라가코나라가 이런 보잘것없는 실력으로 정화의 함대를 공격했을까? 진조의와 마찬가지로 알라가코나라가 정화의 2만 정예군과 수십 척의 무장전함을 공격하는 것은 호랑이의 코털을 건드리는 것과 같았다.

진조의에 대해서는 서남아 각국의 역사에서 기록을 찾을 수 없기 때문에 진조의가 실제로 처형당했는지 증명할 길이 없다. 하지만 실론섬 전투에 대한 기록은 남아 있다. 이 기록을 근거로 다른 각도에서 이 전투의 배경을 분석해 보겠다. 정화가 항해하던 시대에 스리랑카는 정국이 매우 혼란했다. 알라가코나라가 한때 가족에 의해 보좌에서 쫓겨났다가 외국에서 용병을 고용해(인도 남부의 용병들이었을 것이다) 1399년에 다시 정권을 탈환했다. 그러나 평화는 오래가지 않았다. 1411년 정화의 함대가 찾아온 것이다. 우여곡절 끝에 겨우 정권을 다시 잡은 알라가코나라가 과연 용감하게 명나라 해군을 공격했을까? 그랬을 가능성은 거의 없다.

알라가코나라가 정화에게 포로로 잡혀 명나라로 압송되었다가 다시 돌아오는 사이 그의 세력기반은 완전히 와해되었고 그는 다시 권력을 잃었다. 독실한 불교신자인 새 국왕은 인도 남부세력의 침입을 격퇴하고 스리랑카를 통일한 뒤 불교를 적극적으로 지원하고 있었다.

외국의 기록들을 살펴보면 알라가코나라와 정화가 전투를 벌인 진정한 원인을 찾을 수 있다. 의도적인 것이었든 아니었든 정화가 알라가코나라를 포로로 잡아 명나라로 압송함으로써 불교세력이 스리랑카에서 뿌리를 내릴 수 있었다. 불교세력이 인도양의 요충지인 스리랑카를 통제한다면 명나라의 해상무역에 상당히 유리했다.

정화가 종교 카드를 내놓았음을 증명할 수 있는 증거가 또 있다. 정화가 제1차 항해에서 동남아 자바섬을 지나고 있을 무렵, 자바섬에서 내란이 발생해 동자바와 서자바 사이에 전쟁이 발생했고 서자바가 전쟁에 승리해 동자바를 멸망시켰다. 정화의 기록에 따르면, 정화의 군대가 전쟁에 휘말렸다가 서자바 군대의 오인으로 병사 170명이 목숨을 잃었으며 서자바 왕은 정화의 보복이 두려워 금 6만 냥을 배싱금으로 내이 주기로 했다. 그런데 서자바가 그렇게 많은 금을 내놓지 못하자 영락왕이 너그럽게 배상금을 면제해 주었다. 이것이 중국 사서에 기록된 내용이다.

그런데 이 사건에 대한 외국 문헌의 기록은 사뭇 다르다. 당시 자바지역은 마자파히트왕국에 속해 있었다. 마자파히트왕국은 바로 삼불제를 멸망시킨 나라다. 늙은 국왕이 죽자 정실이 낳은 딸과 사위, 그리고 첩이 낳은 아들 사이에 치열한 왕위쟁탈전이 일어났다. 전쟁의 승리는 딸과 사위에게 돌아갔고 국왕의 아들은 붙잡혀 참수되었다. 정화가 자바섬에 도착했을 때 바로 이 내전이 한창 진행 중이었다. 아쉽게도 이 전쟁에서 정화가 어떤 역할을 했는지에 대한 기록은 찾을 수가 없다.

그래도 역시 단서는 있다. 마자파히트왕국은 힌두교 국가였지만 내전 이후 자바섬 북부의 항구에 이슬람 세력들이 흘러들어오기 시작했다. 당시 이슬람에는 이슬람교를 자바에 전파한 전설의 성인 왈리 송오(Wali Songo) 9인의 전설이 내려오고 있었는데 그중 몇 명이 중국인이었으며 그들이 정화와 깊은 관련이 있다. 외국 기록에 따르면 정화가 이슬람교의 자바섬 전파를 촉진하는 역할을 했다고 한다.

그렇다면 전쟁에서 정화의 병사 170명이 목숨을 잃은 사건은 어떻게 해석해야 할까? 중국 사서의 기록대로 오인 사살이었을 가능성은 적다. 명나라 사람은 피부색이나 언어, 옷차림, 사용하는 무기만 보아도 현지인들과 확연히 차이가 나기 때문에 멀리서도 한눈에 구분할 수 있다. 낙오된 병사 한두 명쯤은 오인 사살할 수 있다고 해도 170명이나 오인 사살했다는 것은 상식적으로 이해가 되지 않는다. 또한 정화가 정말로 내전을 중재하는 평화의 사절이었고 내전의 양측 당사자 모두 명나라 해군의 강한 실력을 알고 있었다면 섣불리 정화의 함대를 향해 도발했을 리 없다.

그러므로 병사 170명은 오인 사살된 것이 아니라 정화의 함대가 이 내전에 개입해서 전투를 벌이다가 전사했을 가능성이 크다. 지금으로서는 정화가 내전 중 어느 한쪽과 모종의 거래를 하기 위해 전쟁에 개입한 것으로 추측할 수 있다. 정화는 전쟁 뒤 현지인들이 명나라와 무역관계를 수립하고 이슬람이 자바섬에서 무역항구를 확보할 수 있기를 바랐을 것이다.

정화가 종교 카드를 내놓은 것은 국가이익 때문이기도 했지만 개인적인 종교를 위한 것이기도 했다. 결과적으로 볼 때 정화가 일곱 차례 항해를 하는 동안 동남아와 서남아에서 명나라를 중심으로 한 무역망이 구축되었으며, 최소한 동남아와 서남아의 소국들이 명나라와의 교류를 원했음은 분명한 사실이다. 영락제는 세 곳에 무역항구를 열고 닝보와 일본, 촨저우와 필리핀, 광저우와 남중국해의 섬들이 서로 무역을 하도록 했다.

06 · 침몰한 배 옆으로 돛단배가 지나가다

안타깝게도 정화가 애써 구축한 무역망은 너무 약했기 때문에 세력을 형성하기 위해서는 시간이 필요했다. 정화가 살아 있을 당시 명나라 조정도 이 무역망을 활성화시켜 이익을 얻기 위해 많은 노력을 기울였다.

영락제 재위기간(1402~1424년) 동안 건조된 해선이 약 1,800척에 달하는데 그중 1,700여 척이 처음 6년 동안 건조되었다. 거대한 해선 한 척을 건조하자면 쌀 1천 석(60톤에 가깝다)이 필요했던 것으로 추산된다. 옛날에는 비용을 계산할 때 쌀을 기준으로 하는 것이 가장 편했다. 명나라 초기에 돈 부족 현상이 심각했음은 이미 여러 번 설명했다. 돈이 부족했기 때문에 돈으로 원가를 계산하는 것은 정확하지 못했다. 당시 명나라의 한 해 곡식수입이 쌀 3천만 석이었는데 6년 동안 해선 1,700척을 건조했다고 계산하면 매년 배를 만드는 데 쌀 28만 석 이상 지출했다는 계산이 나온다. 이는 한 해 곡식수입 중 1퍼센트에 해당하는 양이므로 감당할 수 있는 수준이었다.

그러나 영락제 집권 후기가 되면 몽골과 여러 차례 전쟁을 벌이는 바람에 항해사업을 확대할 만한 여유가 없었다. 정화의 함대가 계속 비슷한 수준에서 유지되었던 이유가 바로 여기에 있다. 명나라가 도읍을 난징에서 베이징으로 옮긴 뒤 정치의 중심이 북쪽으로 이동하면서 해상무역의 중심인 남부와 멀어졌다. 정화가 비록 황제의 신임과 지지를 받고 있기는 했지만 조정에서는 입지가 약해 사면초가에 빠졌다.

1422년 정화가 제6차 항해를 떠났다가 귀국한 지 2년 뒤 영락제가 세상을 떠나고 새 황제가 즉위하자 정화 함대의 출항계획도 취소되었다. 정화는 명나라의 해양 외교관계와 무역망을 직접 구축했지만 정화의 함대가 바다에 나타나지 않자 남중국해의 소국들이 조공할 기회를 잃었고 명나라와의 관계도 끊어졌다.

항해사업이 그대로 끝나는 듯했을 때 뜻밖에도 희망의 빛이 나타났다. 1430년 영락제의 손자인 명선종이 즉위한 지 얼마 되지 않아서 내란을 평정한 뒤 정화를 다시 불렀다. 명나라의 황제가 누구인지 외국에 알려야겠다며 정화에게 함대를 다시 소집해 출항하라고 명령한 것이다.

제7차 항해는 명나라에 실질적인 의미가 없었다. 정화의 함대가 과거의 항해노선을 따라 한 바퀴 돌면서 각국의 옛 친구들과 만나 인사를 나누었을 뿐이다. 그러나 정화에게 이 제7차 항해는 매우 중요한 의미가 있다. 정화는 1433년 이 항해에서 돌아오던 도중 인도 캘리컷에서 병사했다. 그의 시신도 캘리컷에 안장되었다. 정화가 세상을 떠나면서 무슨 생각을 했는지는 알 수 없지만 자신이 열정을 바친 항로에서 세상을 떠났다는 것은 위대한 항해가인 그에게 큰 영광이었을 것이다.

정화가 떠난 뒤 명나라가 구축하려던 원양무역망도 흐지부지되었고 명나라는 육지에만 의지해 살아가며 더 이상 바다로 진출하려는 웅대한 포부를 떨치지 않았다. 명나라의 돈 부족 문제 역시 정화가 세상을 떠날 때까지도 해결되지 못했다.

금과 은이 언제쯤 명나라의 숨통을 틔워줄 수 있을까? 그런데 역사는 정말로 불가사의한 것이다. 그리 오래 지나지 않아서 돈 부족 문제가 아주 가뿐하게 해결되었다. 돈 문제가 해결된 과정에 대해서는 뒤에서 자세히 설명하도록 하겠다.

에필로그

1433년 정화가 객사했던 바로 그해, 유럽의 작은 나라 포르투갈의 국왕 조앙 1세도 세상을 떠났다. 이 국왕은 재위기간 동안 해양국가로 발돋움하겠다는 국가정책을 세우고 직접 군대를 이끌고 항해를 떠났다. 그는 아프리카 서북쪽의 중요한 항구 세우타를 함락시키고 항해학교를 설립해 항해사업을 적극 지원했다. 대서양의 마데이라제도와 아조레스제도가 포르투갈 항해가에 의해 발견되었다. 조앙 1세가 사망한 뒤 그의 아들도 항해사업을 계승했고 포르투갈은 본격적인 해상패권시대로 들어섰다. 명나라에서 영락제와 정화가 죽은 뒤 아무도 항해사업을 계승하지 않았다는 사실이 안타까울 따름이다.

1524년 포르투갈 항해가이자 희망봉을 돌아 인도에 도착한 바스코 다 가마가 인도 코친에서 병사했다. 코친은 정화가 병사한 캘리컷에서 그리 멀지 않은 곳이다. 동양과 서양의 항해가가 특별한 인연으로 서로 만난 셈이다.

세계가 대항해시대로 접어들었을 때 정화의 함대는 이미 사람들의 기억 속에서 잊힌 뒤였다.

제10장

바다는 넓고
해적들은 많다

명나라 황제의 명령을 받은 정화의 함대가 인도양과 남중국해의 넘실대는 파도 위에서 자취를 감추었다. 이것은 비극이었을까, 희극이었을까?

01 · 나무가 함대를 침몰시키다

　　　　　　　당시 세상은 대항해시대로 접어들고 있었
다. 유럽 열강들 가운데 스페인과 포르투갈이 선두에 서고 네덜란드가 그
뒤를 바짝 따랐으며 영국과 프랑스가 중간을 차지하고 독일과 러시아는
뒷자리에 있었다. 그들은 지구 표면의 71퍼센트를 차지하는 바다 위를 종
횡무진하면서 세계 곳곳에 식민지를 세웠다.

　당시 세계 최대규모의 함대와 가장 앞선 항해기술을 보유한 국가는 명
나라였지만 명나라는 오히려 항해를 금지해 광활한 바다를 푸른 눈의 유
럽인들에게 내어 주었다. 수백 년 뒤 바다에서 힘을 기른 유럽인들이 전
함과 대포를 앞세워 동아시아로 진격하자 중국은 바다를 소홀히 한 것에
대한 뼈아픈 대가를 치러야 했다.

　명나라의 금해령은 중국을 수백 년간 곤경에 빠뜨렸으므로 비난받아야
마땅하다. 그러나 금해령을 선포하지 않고 정화의 함대가 바다를 종횡무
진 할 수 있었다면 과연 중국은 서유럽 국가들보다 먼저 해상무역을 장악
하고 위세를 떨쳤을까?

　우리가 너무 쉽게 간과하는 것이 한 가지 있다. 정화 함대를 침몰시킨
것은 황제가 아니라 배를 만든 재료인 목재라는 사실이다.

　배는 물의 부력에 의지해 물 위에 뜬다는 것은 어린아이들도 다 안다.
이론적으로는 나무가 아닌 다른 재료로도 배를 만들 수 있다. 충분한 부

력이 확보된다면 철판으로도 배를 만들 수 있다. 그러나 정화가 살던 시대에는 배를 만드는 기술이 아무리 뛰어나도 산업혁명이나 과학혁명을 이루지 못했으므로 철판으로 배를 만드는 것은 불가능했다. 이 점은 당시 서양도 마찬가지였다.

그러므로 명나라 사람들이 배를 만들기 위해서는 나무를 벌목해야 했다. 배의 크기가 클수록 더 많은 목재가 필요했다. 그런데 명나라 후기로 들어서면서 배를 만들 수 있는 목재가 부족해지기 시작했다. 당시 목재는 배를 짓는 재료일 뿐 아니라 집을 짓는 재료이기도 하고 난방용 원료이기도 했기 때문이다. 해안지방에서 해상무역을 위한 배를 만들기 위해서는 먼저 나무를 베어야 했다. 그 때문에 해안지방의 굵은 나무들이 모조리 잘려 나갔다. 더 이상 해안지방에서 좋은 목재를 찾을 수 없게 되자 사람들은 강을 따라 이동하며 벌목하기 시작했다. 베어낸 나무를 수로를 통해 해안에 있는 조선소로 운반할 수 있었기 때문이다. 얼마 뒤 강가에서도 좋은 목재를 찾을 수 없게 되자 하는 수 없이 강에서 멀리 떨어진 산으로 들어가 벌목하기 시작했다.

그러자 배를 만들기 위해 목재를 확보하는 비용이 크게 증가했다. 목재를 찾아다니는 시간과 목재를 운반하는 비용이 늘어났을 뿐 아니라 쓸 만한 목재가 희소해짐에 따라 목재가격도 급등했다. 수익이 원가보다 높아야만 투자가치가 있다는 것은 경제학의 기본법칙이다. 원가가 수익보다 높으면 차라리 집에서 잠이나 실컷 자는 편이 이득이다. 목재원가는 상승했지만 명나라 조정이 정화의 함대에 투자해서 얻는 수익은 늘어나지 않았다.

먼 바다로 항해하려면 큰 배가 있어야 하고, 작은 배로는 가까운 바다 밖에 나갈 수 없다. 정화의 배는 당시 바다를 항해하는 배들 가운데 가장 컸으며 처음부터 먼 바다로 나가 큰돈을 벌어오기 위해 건조되었다. 만약 명나라가 정화의 배를 유럽으로 보냈더라면 아마 큰돈을 벌었을 것이다. 당시 서아시아에서 아랍인들이 막강한 세력으로 부상하면서 동남아에서 유럽으로 향하는 향료 수출이 끊겨 있었다. 향료는 유럽인들이 육류를 가공할 때 반드시 넣어야 하는 조미료였다. 동남아산 향료 수입이 중단되자 견딜 수 없었던 유럽인들은 함대를 파견해 직접 인도를 찾아 나섰다. 배수량이 수천 톤에 달하는 정화의 배가 후추·계피·정향 등 향료를 가득 싣고 유럽에 가져가 팔았더라면 어마어마한 돈을 벌었을 것이다.

그러나 유감스럽게도 명나라 관리들은 돈 냄새를 맡는 데는 별로 소질이 없었다. 그들은 유럽 시장에서 향료가 인기상품이라는 사실을 몰랐고 정화의 배를 해상무역에 투입하지도 않았다. 정화의 배에 맡겨진 주된 임무는 나라의 위세를 널리 알려 주변 약소국들로 하여금 중국이 세상의 중심임을 인정하고 정기적으로 조공을 바치게 만드는 것이었다. 그러므로 정화의 배는 무역 확대에 실질적인 도움을 주지 못했으며 국고를 가득 채워 주기는커녕 막대한 돈을 소모시키기만 했다.

원가가 수익보다 많으므로 장기적인 안목으로 보면 정화의 항해는 좋은 사업이 아니었다. 비록 영락제가 금과 은을 찾는 등 여러 가지 목적을 가지고 정화의 항해를 지원하기는 했지만, 항해가 오랫동안 계속되면서 국고가 줄어들기 시작했다. 항해 중단은 이제 단지 시간문제일 뿐이었다.

02 · 포스트 정화시대의 '해상왕'

당시 동남아에서 활동한 중국상인들은 어땠을까? 정화가 바다로 나간 목적이 사실은 이 중국상인들을 소탕하기 위해서였다고 앞에서 언급했다. 정화의 항해는 화교상인들의 무역망에 큰 타격을 입혔으므로 명나라의 항해 중단은 그 상인들에게는 둘도 없는 희소식이었다.

대부분 정화시대 이후 동아시아의 바다와 인도양에서 중국 배들이 자취를 감추고 유럽인들이 해상무역을 독점한 것으로 알고 있는데, 정화시대 이후에도 남중국해를 오가는 배들 중 대부분은 중국인의 소유였다. 중국인들은 당시 아시아 동쪽바다의 '해상왕'이었다.

그 배들은 명나라 조정의 배가 아니라 해외에 나가 있는 중국상인들의 무역선이었다. 그렇다면 한 가지 의문이 생긴다. 명나라 조정은 목재 고갈로 항해를 포기할 수밖에 없었다. 그런데 민간상인들은 그 귀한 목재를 어디서 구해 불법으로 배를 만들었을까?

중국상인들은 해외로 나가 세상견문을 넓혔기 때문에 명나라의 좁은 땅에만 의지하지 않았다. 당시 동남아의 수많은 섬과 반도에 빽빽한 밀림이 많았으므로 그들은 그곳에서 나무를 벌목해 배를 만들었다. 그들은 동남아의 조선소에 선박건조를 위탁하고 배가 완성된 뒤에 중국 근해로 가지고 와 국제무역에 이용했다.

그렇다면 명나라 조정은 어째서 상인들처럼 외국에 선박건조를 위탁하거나 동남아에서 목재를 들여오지 않았을까?

하나는 체면 때문이고, 다른 하나는 거래방식 때문이다. 동남아 국가들을 신하로 거느리고 조공을 받는 명나라가 어떻게 나무 몇 그루 얻자고 작은 나라들과 평등하게 거래를 한단 말인가? 이런 거래는 당시 명나라에게는 체면에 먹칠하는 일이었다. 제일 좋은 것은 명나라가 가만히 있어도 소국들이 알아서 목재를 바치는 것이었다. 예를 들면 황제의 스물한 번째 후비의 생일을 축하하는 의미로 동남아 국가들이 목재를 선물하면 황제가 기뻐하며 그들에게 상등품 비단과 차를 하사하는 것이다.

명나라가 바라는 거래방식이 바로 이 조공제도였다. 주변 소국들이 명나라가 자신들의 주인임을 인정하고 정기적으로 또는 비정기적으로 명나라 황제에게 조공을 바치면 황제는 조공품보다 훨씬 값비싼 하사품을 내렸다. 명나라가 이렇게 밑지는 장사를 했던 것은 경제적 이득을 얻기 위함이 아니라 주변 소국들을 복종시키기 위함이었다. 설령 그것이 표면적인 복종일지라도 말이다.

주변 소국들에게 이것은 결코 놓칠 수 없는 짭짤한 거래였다. 체면보다는 실리가 중요했다. 하지만 그들도 무턱대고 조공품을 바치지는 않았다. 명나라에 목재가 부족하다는 사실은 알았지만 주변 소국들은 대량의 목재를 조공품으로 중국에 바치지 않았다. 명나라가 그 목재로 배를 만들어 남중국해와 인도양으로 함대를 보낸다면 주변 소국들에게는 골치 아픈 일이었다. 그러므로 소국들의 조공품은 대부분 상아·향료·물소뿔·옥·가죽이었고 심지어 정력제와 고려 미녀들을 보낼 때도 있었다. 이것들은 명나라 조정에서도 쉽게 구할 수 없는 고급 사치품이었다. 하지만 해상무역과 해군의 발전을 위해 필요한 고급목재는 조공품 내역에서 찾을 수 없었다.

이제 다시 중국상인들의 이야기로 돌아가 보자. 목재는 확보했지만 역시 상인들이었으므로 정화의 배처럼 거대한 배를 만들지는 않았다. 그들의 배는 대부분 중소형 선박이었는데 여기에서도 상인들의 영리함을 엿볼 수 있다.

정화의 거대한 배가 짐을 많이 실을 수는 있지만 그런 배를 만들려면 비용이 너무 많이 들고 시간도 오래 걸렸으며, 무기와 병력을 갖추지 않으면 조정의 관군이나 해적에게 쉽게 눈에 띄어 체포되거나 약탈당하기 쉬웠다. 게다가 태평양과 인도양을 잇는 말라카해협이 해상무역의 중요한 통로였는데 이곳에 열대계절풍이 강해 해마다 한 차례씩 풍향이 바뀌었다. 상인들은 계절풍의 이런 특징 때문에 고통을 겪었다. 증기기관이 발명되기 전에는 풍력과 인력으로 배를 움직였는데 바람을 안고 말라카해협을 통과하고 싶어도 풍향 때문에 그러기가 쉽지 않았다. 그래서 중국상인들이 큰 배를 만들어 원양무역을 하면 말라카해협을 통해 일 년에 딱 한 번밖에 왕복할 수 없었다. 경제효율을 중요하게 따지는 상인들에게는 시간비용이 너무 높았다.

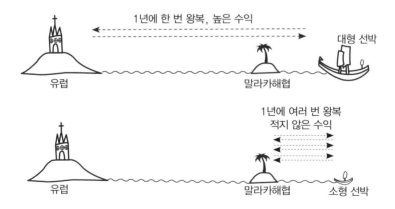

중국상인들은 중소형 선박에 중국산 비단과 자기를 싣고 말라카의 중계무역항으로 가서 팔고 그곳에서 인도산 면, 인디고 염료 등을 사서 중국으로 돌아와 판매했다. 이렇게 하면 자금회전이 빠르고 일 년에도 몇 차례씩 중국과 말라카를 오갈 수 있었기 때문에 수익을 얻기 위해 오래 기다릴 필요가 없었다. 최대이익을 추구하는 상인들에게는 중소형 선박이 적합했다. 그들이 판매한 비단과 자기를 어떻게 소비시장인 유럽까지 운반할 것인지의 문제는 서남아와 유럽 상인들의 몫이었다.

03 · 정씨 일가, 동아시아판 '캐리비안의 해적'

　　　　　　　　명나라의 금해령으로 정부 간 무역은 중단되었지만 민간의 국제무역은 계속 확대되었다. 화교상인들은 국가의 위세를 떨치기 위함이 아니라 순전히 이익을 위해 무역을 했으므로 그들의 경영방식이 경제법칙에 더 부합되었다. 명나라 조정으로부터 수시로 단속을 당했지만 그들의 밀수 규모는 상상을 초월할 만큼 많았다.

　정식 경로를 통하지 않았으므로 밀수였던 셈이다. 외국에서는 중국의 자기와 비단의 수요가 많았고, 중국에는 그 상품들을 대량 공급할 수 있었다. 그러나 명나라 조정이 밀수를 강압적으로 막을수록 수요가 더욱 강렬해져 밀수의 수익률이 더 높아졌다. 화교상인들은 바다를 지키는 명나라 관리들을 돈으로 매수해 관리들의 묵인하에 상인들의 배가 자유롭게 드나들었다.

　명태조 주원장이 관리들의 부정부패를 엄하게 단속하고 발각될 경우 끔찍하게 처형했다고 앞에서 언급했다. 그 때문에 명나라 관리들은 공개적으로는 청렴과 청빈이 몸에 밴 것처럼 보였지만 그들 중 대다수가 윤택한 생활을 누렸으며 은밀하게 부정부패, 뇌물수수 등을 저질렀다. 화교상인들도 아주 쉽게 관리를 매수할 수 있었다.

　당시 명나라 해역에서 활동했던 밀수선 가운데 가장 큰 위세를 떨쳤던 이들이 있었다. 그들은 바다에서 해적질을 하고 밀수도 하면서 겉으로는 조정에 항복해 관리들을 도와 다른 해적들을 소탕하는 척했다. 그 무리를 이끄는 사람들이 바로 명나라 말기에 바다를 주름잡았던 영웅 정성공의 가족들이었다. 정씨지만 정화의 후손은 아니었다(정화는 어릴 적 거세당해 태감이 되었으며 양자 몇 명만 두었다).

정성공의 부친 정지룡은 명나라 말기에 가장 강한 해적왕이었다가 조정에 항복해 푸젠총병으로 임명된 뒤 관군의 신분으로 해적들을 소탕하고 바다를 오가는 상선들에게 세금을 받는 일을 했다. 중국배든 외국배든 그가 발급해 준 문서가 없으면 통행할 수 없었기 때문에 북쪽으로는 장쑤 우쑹커우, 남쪽으로는 광둥에 달하는 넓은 바다의 해상무역을 그가 독점할 수 있었다. 정지룡은 겉으로는 정당한 관리처럼 보였지만 사실은 밀수를 통해 어마어마한 부를 쌓았다.

정지룡은 대규모 선단을 조직해 원양무역을 했다. 중국의 비단·자기·약재, 동남아의 홍목·후추·물소 뿔·상아 등 그가 다루지 않는 상품이 없었다. 동아시아의 일본인, 동남아의 말레이시아인은 물론이고 먼 유럽에서 온 포르투갈인, 네덜란드인, 스페인인, 영국인이 모두 그의 고객이었다. 명나라 말기였으므로 군대에 지급되는 군량미가 부족해 군사들이 굶는 일이 많았지만 푸젠의 군사들은 배불리 먹고 풍족하게 살았다. 이 모든 것이 정지룡 덕분이었다.

당시 정씨 해적들이 얼마나 위세를 떨쳤는지 증명하는 두 가지 일화가 있다. 하나는 네덜란드인들과의 전투다. 1633년 네덜란드인들이 일본과의 무역권을 독점하기 위해 정씨 일가의 함대를 공격했다. 네덜란드인들의 급습으로 선박 20여 척을 잃은 정지룡은 한 달 뒤 100척이 넘는 전함을 소집해 푸젠 진먼 부근에서 네덜란드 함대와 전면전을 벌였다. 결국 네덜란드인들이 대패해 혼비백산 도망쳤고 그 뒤로는 섣불리 정씨 일가의 함대를 공격하지 못했다.

또 한 가지 일화는 정성공의 어머니에 대한 것이다. 실패는 성공의 어머니라고 하지만 정성공의 어머니는 '실패'가 아니었다. 정성공의 어머니는 다가와 마츠라는 일본인으로 당시 일본 히라도번의 번사 다가와 시치사에몬의 딸이다. 정지룡이 일본인과 혼인한 것은 아마도 무역의 편의를 위해서였을 것이다. 일본인 아내 덕분에 정지룡의 상선은 일본에서 네덜란드 상선보다 더 특별한 우대를 받았다.

하지만 좋은 시절은 그리 오래가지 않았다. 사건의 발단은 정지룡이 일본인 아내를 중국으로 데려가려고 한 것이었다. 자신이 중국에서 얼마나 기세를 떨치고 있는지 아내에게 보여주고 싶었던 것 같다. 그런데 당시 일본을 통치하던 도쿠가와 막부가 다가와의 출국을 허용하지 않았다. 당시 일본은 자국민이 일본 영토에서 한 발짝도 나가지 못하도록 금지하고 있었다(조선 침략을 위해 파견하는 군대는 예외였다). 그러자 정지룡은 아내 앞에서 체면이 깎였다는 생각에 화가 머리끝까지 치솟았다. 분노한 정지룡은 형제들을 데리고 배를 몰아 일본 히라도에 들이닥쳤다. 히라도의 관리들은 명나라가 군대를 보내 일본을 공격하려는 줄 알고 깜짝 놀라 막부 쇼군에게 이 사실을 보고했다. 쇼군은 그제야 자신이 서태평양을 주름잡고 있는 강력한 선단의 해적두목을 화나게 했다는 사실을 알고 서둘러 다가와의 출국을 허락했다.

정지룡이 네덜란드와 일본을 상대로 승리할 수 있었던 것은 국제무역에서 큰 성공을 거둔 덕분이었다. 정성공이 무역을 통해 벌어들인 돈이 한 해 평균 은화 200~300만 냥에 달했을 것으로 추산된다. 이는 명나라 말기 조정의 한 해 수입과 거의 맞먹는 엄청난 금액이다.

정씨 해적들은 국제무역을 통해 벌어들인 돈으로 군대를 지탱하고 강력한 무기를 사들여 중국 근해는 물론 동남아 해역의 무역패권을 장악했다. 중국 문명이 시작된 이래 이런 경제모델이 출현한 것은 처음이었다.

중국 역대왕조들은 모두 농민들에게 받은 세금으로 군비를 충당하고 영토를 지켰다. 토지와 농업이 경제를 뒷받침하는 방식이었던 것이다. 그런데 정씨 해적들의 경제기반은 바다와 상업이었다. 당시 세계는 대항해시대로 들어가는 문턱을 넘고 있었고 정씨 해적들의 경영방식은 유럽 열강들과 완전히 일치했으며 세계경제의 흐름과도 부합했다.

1644년 청나라 군대가 만리장성을 넘어 내려와 명나라가 멸망하자 정씨 해적들의 전성기도 끝이 났다. 정지룡은 명나라 시절에 했던 그대로 청나라 조정에서 관직을 얻고 싶었다. 어쩌면 명나라 때보다 더 높은 관직에 임명될 수도 있을 것이라며 부푼 꿈을 꾸었다.

그러나 그의 예상은 보기 좋게 빗나갔다. 북부 초원에서 태어나 말을 타고 활을 쏘아 천하를 제패한 만주족들은 바다에 대한 개념이 전혀 없었다. 그들은 정지룡이 해상에서 얼마나 막강한 실력을 가지고 있는지 알아보지도 않은 채 정지룡을 잡아 가두었고, 결국 그의 아들 정성공이 정씨 해적의 새로운 우두머리가 되었다.

청나라 조정의 어리석음은 여기서 끝이 아니었다. 청나라 군대가 푸젠을 공격했을 때 군사들이 정성공의 어머니인 다가와를 죽였다. 구체적인 상황은 알 수 없지만 전란으로 혼란한 와중에 그녀가 얼마나 중요한 인물인지 인식하지 못했던 것 같다. 그러나 일본에서 태어나 어릴 적 어머니와 함께 일본에서 살았던 정성공에게 어머니는 실로 대단한 존재였다. 정지룡에게는 아내가 다섯이었지만 정성공에게 어머니는 단 한 명뿐이었다.

아버지는 감옥에 갇히고 어머니는 죽임을 당하자 정성공의 가슴속에서 청나라를 향한 증오의 불길이 활활 타올랐다 정씨 해적의 새로운 우두머리가 된 정성공은 명나라 황실의 잔여세력이 세운 남명정권의 반청투쟁을 적극적으로 지원했고 남명이 멸망한 뒤에는 독자적으로 반청운동을 펼쳤다. 1650년대 정성공은 자신이 거느린 함대를 앞세워 중국 연안

지방의 대도시들을 공격하고 양쯔강을 통해 내륙으로 파고들어가 청군을 공격했다. 청나라와 해양문명의 첫 번째 충돌은 약 200년 뒤에 발생한 아편전쟁이 아니라 정씨 함대와의 전투였다.

그런데 정성공은 한때 몇몇 도시를 점령하기는 했지만 육지선에서는 승리하지 못했다. 그의 군대는 해군이었으므로 육지로 올라가 말타기와 활쏘기에 능한 청군과 싸우는 것 자체가 무모한 일이었다. 게다가 정성공이 점령한 지역 중에 농촌지역은 거의 없었기 때문에 식량이 부족했다. 전쟁에 필요한 것은 돈과 식량이다. 돈은 있지만 식량이 없었기 때문에 성을 함락시켜도 오래 지키지 못하고 청군에게 다시 빼앗겼다.

정성공과 청나라는 상어와 호랑이처럼 한쪽은 바다의 왕이고 다른 한쪽은 육지의 왕이었으므로 쉽게 승부가 나지 않았다.

04 · 정성공이 사탕수수를 몰아내 대만을 살리다

　　　　　　　　오랫동안 청나라와 대치하면서 정성공은 든든한 식량기지가 필요하다는 사실을 절실하게 깨달았다. 중국 대륙은 모두 청나라의 통치 아래 있었으므로 정성공은 대륙에서 떨어져 있는 대만섬으로 시선을 돌렸다. 그곳은 벼농사를 짓기에 적합한 기후였다. 1661년 정성공은 자신의 해상함대를 이끌고 대만을 공격했고 그곳에서 또다시 네덜란드인들과 맞닥뜨렸다.

　객관적으로 볼 때 정성공이 네덜란드인들과 싸워 대만을 되찾은 것은 중국에 침입한 외국 식민주의자들을 몰아내거나 제국주의에 반대하는 숭고한 목적 때문이 아니었다. 정성공은 당시 대만섬에 있는 네덜란드인들을 적수로 여기지 않았다. 그의 원수는 오로지 청나라였으며 대만섬을 차지한 것도 농사를 지어 충분한 식량을 확보해 다시 청나라와 전쟁을 벌이기 위함이었다.

　실제로 네덜란드인들은 정성공을 이길 수 없었다. 몇 달 뒤 네덜란드인들은 정성공 군대에 의해 대만섬에서 쫓겨나 고국으로 돌아갔다. 그런데 네덜란드인들과 함께 정성공에 의해 쫓겨난 것이 있었다. 바로 중요한 경제작물인 사탕수수다.

　사탕수수와 대만섬이 무슨 관계가 있을까? 설명하자면 좀 길다.

　단 음식을 좋아하는 것은 인간의 타고난 본성이다. 원시시대에 인간은 벌에게 쏘이는 아픔을 무릅쓰고 야생벌의 벌집을 훔쳤고 문명사회로 접어든 뒤에는 양봉을 통해 벌꿀을 생산하여 달콤함에 대한 욕구를 채웠다. 하지만 벌꿀 생산량이 수요에 비해 턱없이 적었고 마침내 인간은 설탕을 만들어낼 수 있는 식물을 발견했다. 이 식물이 바로 줄기가 진한 보라색을 띠는 사탕수수다.

약 1500년부터 사람들은 기후가 적합한 곳을 찾아다니며 사탕수수를 대량 재배하기 시작했다. 사탕수수는 일조량과 강우량이 모두 많은 곳에서 잘 자란다. 사탕수수 재배에 가장 적합한 곳이 열대와 아열대 지역의 섬이었다. 유럽 열강들은 열대지역의 섬들을 무력으로 점령하고 밀림의 울창한 나무들을 모두 베어 버린 뒤 넓은 사탕수수 농장을 만들었다. 사탕수수 농장의 일꾼들은 모두 현지 원주민이나 아프리카에서 데려온 흑인들이었다. 그들은 사탕수수를 재배하고 가공해 설탕을 만드는 일을 했다.

바다 위 열대섬에 사탕수수 농장이 속속 생겨나자 단 음식을 원하는 사람들의 욕구는 충족시킬 수 있었지만 반대로 열대섬으로서는 끔찍한 재앙이었다. 사탕수수는 물과 흙을 붙잡아두지 못하기 때문에 사탕수수만 재배하면 섬의 자연환경이 파괴된다. 또한 사탕수수라는 단일상품에만 의존하기 때문에 섬의 경제도 피폐해진다. 섬의 원주민들이 유럽 식민주의자들을 몰아내고 다시 섬의 주인이 되었지만 무너진 경제를 되살리지 못한 채 사탕수수 재배를 계속할 수밖에 없었다. 자메이카·아이티·쿠바·자바·필리핀 등 섬나라들의 상황이 모두 비슷했다. 이 나라들은 사탕수수 재배로 돈을 벌지 못했으며 오히려 최빈국으로 전락했다. 사람들은 사탕수수 숲으로 인해 닥친 재앙을 '사탕수수 숲의 저주'라고 불렀다.

17세기 네덜란드 식민주의자들은 대만섬을 점령한 뒤 그곳의 환경이 사탕수수를 재배하기에 매우 적합하다는 사실을 발견했다. 게다가 당시 사탕수수는 유럽과 아시아에서 모두 비싼 가격에 팔리고 있었다. 옛날부터 상업적 재능이 뛰어났던 네덜란드인들은 대만섬으로 사탕수수를 들여왔다. 숲을 벌목하고 사탕수수 농장을 만들 계획이었다. 만약 그때 대만섬에서 사탕수수 재배가 시작되었더라면 아마 대만섬도 앞에서 언급했던 섬나라들처럼 비참한 운명을 맞이했을 것이다.

그런데 바로 그때 정성공이 대만섬에 상륙해 네덜란드인들을 몰아냈다. 정성공은 사탕수수 재배로 돈을 버는 데는 관심이 없었다. 그에게 필요한 것은 돈이 아니라 식량이었으므로 사탕수수가 아니라 곡식을 재배해야 했다. 그렇게 해서 대만섬에 사탕수수 농장을 만들려던 네덜란드인들의 계획은 물거품이 되었다.

아쉽게도 정성공은 대만섬을 점령한 지 얼마 되지 않아서 급작스럽게 병사했다. 청나라를 멸망시키겠다던 꿈을 실현하지 못했지만 그는 죽기 전 대만섬에 큰 공을 세웠다. 비록 의도한 바는 아니었지만 대만섬을 '사탕수수 숲의 저주'로부터 구한 것이다.

"부자가 삼대를 못 간다"는 속담처럼 정씨 일가가 이끌던 해상무역선단은 정성공이 세상을 떠난 뒤 급격히 쇠락했다. 정성공의 후계자는 해상무역을 계속 확대시킬 만한 능력도 패기도 없었다. 반면 중국 대륙을 완전히 장악한 청나라는 해안지방에 사는 백성들을 강제로 내륙으로 이주시키고 해안가의 집들을 모두 부수어 버렸다. 정씨 일가의 '돈주머니'인 밀수를 근절하기 위함이었다. 청나라의 이 전략은 매우 효과적이었다. 중국에서 상품을 사들일 수 없게 되자 정씨 일가의 무역은 나날이 쇠퇴했고 나중에는 군사들을 먹일 양식조차 부족했다. 1683년 정씨 일가는 청나라의 공격으로 대만섬을 잃었고 겨우 싹을 틔웠던 해상무역도 빛을 잃고 시들어 버렸다.

전쟁이 끝나고 경제번영의 시기가 찾아왔다. 청나라도 대만섬에서 생산된 사탕수수의 달콤한 맛에 매료되었다. 남녀노소 누구나 좋아하는 데다가 설탕을 팔면 큰돈을 벌 수 있었기 때문이다.

그렇다면 청나라는 네덜란드인들이 실현하지 못한 사탕수수 재배계획을 다시 추진했을까?

그렇지 않다. 청나라는 정성공이 막강한 함대와 맞서 싸우면서 정씨 해적들이 결코 쉬운 적수가 아님을 절실히 깨달았다. 그러므로 대만섬을 차지한 청나라 조정의 가장 큰 고민은 대만 경제를 어떻게 발전시킬 것인지가 아니라 어떻게 하면 대만섬이 다시는 반청세력의 거점이 되지 않을 것인가였다. 대만섬에서 사탕수수를 대량 재배한다면 대만섬은 사탕수수를 팔아 큰돈을 벌 것이고 힘이 막강해진 대만섬에서 누군가 반란을 일으킨다면 청나라는 제2의 정성공과 맞서게 될 것이었다.

청나라는 권력을 빼앗길 수 있는 위험을 무릅쓰느니 차라리 대만섬을 가난하게 내버려 두는 편이 낫다고 생각했다. 이것이 바로 대만 경제에 대한 청나라의 기본적인 인식이었다. 청나라는 대만섬에서 벼농사를 짓게 하고 사탕수수 재배는 금지했다. 나중에는 청나라도 달콤함의 강렬한 유혹을 뿌리치지 못하고 작은 면적에서 사탕수수를 재배할 수 있도록 금지령을 완화했지만 숲을 벌목하는 것은 계속 금지했다. 청나라 황제들은 숲을 잘 보존시켜 대만섬 원주민들이 기존의 생활방식을 유지하도록 한다면 그들이 반란을 일으키지 못할 것이라고 생각했다.

그 때문에 청나라 후기까지도 사탕수수는 대만섬의 주요 경제작물이 되지 못했다.

청나라 말기에는 대만섬이 또 다른 침략자 일본인들에게 점령당했다. 일본인들도 사탕수수 재배로 고수익을 올릴 수 있다는 것을 알았지만 일본은 대만섬보다 북쪽에 있어 기후가 사탕수수 재배에 적합하지 않았다. 대만섬을 점령한 일본인들은 사탕수수 재배계획을 세웠다.

하지만 일본이 인구는 많은데 땅이 좁아 쌀 부족 현상이 심각해졌기 때문에 어쩔 수 없이 대만에서 계속 벼농사를 짓게 할 수밖에 없었다. 사탕수수보다는 벼 농사를 지어 일본의 식량부족을 해결하는 것이 더 시급했다. 그렇게 해서 대만은 세 번째 사탕수수 재배 위기를 모면하게 되었다.

몇 차례 기묘한 행운으로 오늘날 대만은 사탕수수를 재배한 다른 섬들과 달리 환경이 아름답고 경제적으로도 번영을 이루고 있다. 그러므로 지금의 대만이 있기까지 정성공의 공이 매우 크다고 하겠다.

제11장

명나라, 은 때문에 영문도 모른 채 멸망하다

청화자기는 골동품 수집가들이 매우 좋아하는 진귀한 자기다. 2007년 광둥 산터우 난아오 앞바다에서 '난아오 1호'로 불리는 명나라 때 침몰선이 발견되었다. 이 배에는 청화 접시·사발·잔 등 수많은 청화자기가 실려 있었다. 2010년 이 배에 대한 고고학자들의 발굴작업이 시작되었고 수많은 유물들이 바다 위로 끌어올려졌다. 그중에 가장 많은 것이 청화자기였다.

　그런데 가장 놀라운 것은 침몰선에 실려 있는 수많은 청화자기가 아니라 구리로 만든 대포, 총 등의 무기와 동전들이었다. 원양선박에 무기가 실려 있는 것은 이상한 일이 아니다. 화교상인이든 정씨 해적이든 안전을 위해 무장은 필수적이었기 때문이다. 그런데 수많은 동전들이 실려 있는 이유는 무엇일까?

01 · 동전 하나가 일으킨 대형 밀수사건

                그 배는 일반적인 상선이 아니라 명나라의 밀수선이었고 그 동전들도 외국으로 밀수하려는 것이었다.

동전을 밀수한다는 것이 상식적으로 이해가 되지 않는다. 금은보석이나 희귀동물이라면 몰라도 흔해 빠진 동전을 밀수한다는 것이 이상하지 않은가?

동전 밀수의 흔적을 통해 두 가지 사실을 짐작할 수 있다. 첫째, 명나라 조정이 동전 수출을 금지했고, 둘째, 명나라보다 해외에서 동전의 구매력이 더 높았다는 것이다. 그렇지 않으면 위험을 무릅쓰고 동전을 밀수할 이유가 없으니 말이다.

그렇다면 명나라는 왜 동전 수출을 금지했을까?

사실 동전 수출 금지에 대해서는 앞에서 이미 언급했다. 송나라 때부터 구리를 해외로 가지고 나가지 못하도록 금지했다. 동전을 주조하기 위해 구리가 필요했기 때문이다. 중국에서는 금과 은이 귀하고 금광이나 은광도 많지 않기 때문에 화폐주조에 구리를 가장 많이 사용했다. 구리로도 수요를 다 충당할 수 없어서 심지어 쉽게 녹이 스는 철로 화폐를 만들기도 했다.

경제가 발전하면서 더 많은 화폐가 필요했다. 화폐공급량을 늘리지 않으면 오늘날 경제학에서 말하는 디플레이션이 출현해 거래가 위축되고 경제성장을 가로막을 것이므로 역대 중국 왕조들은 동전주조를 매우 중요하게 생각했다. 그런데 동전을 주조하려면 구리가 필요하다. 송나라 때부터 중국경제가 성장하기 시작했지만 중국의 구리생산량은 경제성장률을 따라가지 못했다. 요즘 식으로 말하면 구리는 국가금융의 안전에 직결하는 중요한 금속이었다. 그러므로 송나라 때부터 청나라 때까지 중국은 여러 차례 구리 수출을 금지했다.

여기서 한 가지 의문이 등장한다. 명나라에 구리 수요가 많았다면 구리가 비쌌을 것이다. 그렇다면 해외에서 구리를 사다가 중국에 팔면 큰돈을 벌 수 있지 않을까? 어째서 밀수선은 반대로 중국의 구리와 동전을 외국으로 밀수하려고 했을까?

바로 해외에서 중국의 구리와 동전의 수요가 더 많았기 때문이다.

대항해가 정화와 그의 통역관이 쓴 《영애승람》(정화의 통역관 마환이 쓴 남해 기행문집―옮긴이)에 이런 대목이 있다. "자바국에서 중국의 역대 동전이 통용되고 구항국(지금의 인도네시아 팔렘방―옮긴이)에서도 중국 동전을 사용했으며 실론국에서도 중국 동전을 매우 좋아해서 중국 동전을 보석과 바꾸었다." 이 중 자바국과 구항국은 지금의 동남아에 위치해 있고 실론국은 지금의 스리랑카다. 정화와 실론국 간의 실론섬 전투가 벌어졌던 곳이기도 하다. 이 기록을 통해 당시 중국 동전이 해외 여러 나라에서도 널리 유통되었음을 알 수 있다.

당시 동남아와 서남아의 크고 작은 나라들은 국내거래와 국제무역을 위해 신용도 높은 화폐가 필요했다. 직접 화폐를 주조하려면 구리광산 등 안정적인 구리 공급원이 필요할 뿐 아니라 동전주조 기술도 갖추어야 했지만 당시 소국들 가운데 동전주조 기술을 가진 나라가 없었다. 또한 화폐를 주조할 때 질 낮은 재료가 섞이면 화폐의 신용을 떨어뜨릴 수 있었다.

직접 화폐를 주조할 수 없다면 어떻게 해야 할까? 그렇게 해서 생각해

낸 것이 바로 신용도가 높은 나라의 화폐를 수입해서 사용하는 것이었다.

그러자 해외 여러 나라에서 명나라 동전의 수요가 급증했다. 명나라 동전은 품질도 우수할 뿐 아니라 강대국의 화폐이므로 신용도를 보장할 수 있었다. 소국들은 직접 화폐를 주조하는 것보다 명나라 동전을 수입해 자국에서 유통시키는 것이 훨씬 쉬웠다. 일본이나 베트남처럼 조금 큰 나라들도 명나라 동전을 수입해서 사용하는 한편, 자국의 기술과 구리로 명나라 동전을 모방해서 찍어내 함께 시장에 유통시켰다.

외국의 문헌에서도 당시 명나라 동전이 국제화폐로 사용되었다는 기록을 찾을 수 있다. 일본 고고학자들은 일본의 48개 유적에서 발견된 55만 개 동전 중 대부분이 중국 동전임을 밝혀냈으며, 태국·말레이시아·스리랑카·인도·오만·이란·케냐·탄자니아 등 남중국해와 인도양 주변 국가에서 명나라 때 주조된 영락통보가 출토되었다.

명나라 전기에 중국의 화폐유통량이 경제발전 속도를 따라가지 못해 동전과 금, 은의 수요가 급증했다. 그런데 중국보다도 해외에서 명나라 동전을 찾는 수요가 훨씬 많았다. 당시 동전과 은의 가격을 비교해 보면 이 사실을 알 수 있다. 명나라 중기에 중국에서는 은 한 냥이면 동전 700~800문과 바꿀 수 있었지만 일본에서는 은 한 냥이 동전 250문밖에 되지 않았다. 동전의 구매력이 명나라보다 훨씬 높았던 것이다. 몇 배의 이익을 볼 수 있다는 점 때문에 명나라 동전의 해외밀수가 성행했다. 명나라 동전과 구리를 외국으로 가지고 나가 물건을 산 다음 다시 명나라로 가져와서 팔고 그렇게 번 돈을 다시 외국으로 가지고 나갔다. 아예 명나라 동전을 해외로 가지고 나가서 은으로 바꾼 다음 명나라로 돌아와 더 많은 동전으로 바꾸어 다시 외국으로 나가기도 했다.

오늘날의 외환투기와 매우 유사하다. 외환투기꾼들은 위안화가 미국 달러에 대해 저평가되어 있을 때 달러를 팔아 위안화를 사들인 다음 위안화 가치가 오르면 다시 위안화를 팔고 달러를 산다. 두 번 사고팔았을 뿐인데 보유한 달러의 액수가 처음보다 늘어나게 된다. 그렇게 보면 오늘날 월가의 외환투기꾼들이 대단히 똑똑한 것은 아니다. 그들이 사용하는 방법이 수백 년 전 명나라 밀수꾼들이 쓰던 방법과 똑같으니 말이다.

명나라 동전밀수가 성행하면서 어떤 부작용이 나타났을까? 명나라의 동전유통량이 크게 감소해 소액거래가 거의 불가능해졌다. 자경농들의 경제활동은 대부분 소액거래였다. 농사를 지어 수확한 곡식을 팔아 동전을 얻고 그 동전으로 생활에 필요한 것들을 샀다. 그런데 동전유통량이 줄어들자 동전가치가 급등해 곡식을 비롯한 다른 상품의 가격이 상대적으로 하락했다. 따라서 자경농들은 곡식수확량은 동일한데 곡식을 팔아 벌 수 있는 돈이 크게 감소했다. 이것이 바로 디플레이션이다.

기본적인 생계를 유지하는 것조차 급급한 자경농들에게 수입감소는 가계의 몰락을 의미했다. 자경농들에게 이것은 감당할 수 없는 재앙이었고 명나라 통치자들에게도 용납할 수 없는 일이었으므로 관군과 해적들의 숨바꼭질은 계속되었다.

동전이 부족하고 은도 부족했다. 중국의 이웃나라 가운데 일본에서는 은이 생산되었고, 일본인들은 자기 같은 중국산 제품들을 매우 좋아했다. 명나라와 일본이 서로 호혜관계를 맺고 자기와 은을 바꾸었더라면 돈 부족 문제가 해결될 수 있었을 것이다. 하지만 명나라 때 중일관계는 줄곧 경색되어 있었다. 명나라 전기에는 일본 무사들로 조직된 해적집단이 중국 해안지방을 약탈해 명나라가 왜구와 전쟁을 벌였고, 후기에는 조선에서 임진왜란이 발발해 명나라가 조선에 지원군을 파견했다. 두 나라 관계는 후지산의 만년설처럼 꽁꽁 얼어붙은 채 녹을 줄 몰랐다. 일본의 은이 명나라로 밀수되기는 했지만 돈 부족 문제를 해결하기에는 역부족이었다.

02 · 아메리카 대륙에서 명나라로 은이 들어 오다

　　　　　　　　명나라가 돈 부족으로 발을 동동 구르고 있을 때 해안지방에 갑자기 푸른 눈의 서양인들이 나타났다. 게다가 그들은 희고 반짝이는 은을 가지고 있었다. 오! 신께서 드디어 명나라에 복을 내려 주셨도다!

　그들은 포르투갈과 스페인 사람들이었다. 그들이 가지고 있는 은은 좁디좁은 그들의 나라에서 난 것이 아니었다. 명나라가 오매불망 바라는 은을 그들은 도대체 어디에서 가져왔을까?

　바로 신대륙이었다. 1492년 콜럼버스가 아메리카 대륙을 발견한 뒤 스페인과 포르투갈이 아메리카 인디언들을 정복하고 그들의 재산을 약탈하기 시작했다. 이베리아반도에서 온 정복자들이 가장 좋아하는 것은 황금이었다.

　그런데 여기에서 짚고 넘어가야 할 것이 있다. 당시 유럽의 화폐유통 구조는 명나라와 조금 달랐다. 유럽에서는 규모가 큰 거래에서는 금화를 사용하고 소액거래에서는 은화를 사용했다. 유럽 국가들이 긴 해안선을 이용해 대규모 국제무역을 활발하게 펼쳤으므로 황금 수요는 많았지만 은 수요는 그리 많지 않았다. 당시 유럽은 전체 인구에서 자경농이 차지하는 비중이 명나라보다 훨씬 낮았기 때문에 은을 이용한 거래가 훨씬 적었다.

　콜럼버스가 서쪽바다의 항해에 집착한 것도 유럽인들이 동경하는 금광을 찾기 위한 것이었다. 그러나 자신이 발견한 중미의 섬에서 금광이 발견되지 않은 탓에 스페인 왕실로부터 냉대를 받고 좌절감에 괴로워하다가 사망했다. 그 뒤 아메리카 대륙 깊숙이 들어간 스페인과 포르투갈 사람들은 막대한 매장량을 자랑하는 금광을 발견했다. 그 덕분에 두 나라는 유럽 최고의 부자가 되어 당시 유럽의 정신적 지주인 로마교황청을 좌지우지할 만큼 위세를 떨쳤다.

그런데 더 큰 행운이 출현했다. 배를 타고 동아시아에 도착한 스페인과 포르투갈 사람들은 명나라에 은은 부족한 반면, 훌륭한 자기와 비단이 많다는 것을 알았다. 유럽인들은 아메리카 대륙에서 채굴한 은을 배에 싣고 대서양과 인도양, 태평양을 건너 중국으로 가서 자기, 비단과 바꾸었다.

생각지도 않았던 은이 쏟아져 들어오자 명나라는 가뭄 끝에 단비를 만난 것과 같았다. 아메리카산 은이 들어오면서 명나라 경제가 크게 발전하기 시작했다. 특히 자기 제조업과 비단 방직업이 빠르게 발전했다. 이 두 가지 상품은 명나라에서도 수요가 많았지만 그보다도 해외로 수출되어 은을 벌어들이는 역할이 더 컸다.

명나라 중기와 후기에 중국 남부에서 도시가 번영하기 시작했다. 지금의 난징 · 쑤저우 · 쑹장 · 닝보 · 장저우 · 광저우가 모두 그때 은의 유입에 힘입어 발전한 도시들이다. 큰돈을 번 수공업자들은 기술을 개선하고 생산규모를 늘려 질 좋은 자기와 비단을 생산해 수출함으로써 더 많은 은을 벌어들였다.

뜻밖에 찾아온 번영에 황제가 크게 기뻐하고 세무관리들도 안도의 한숨을 쉬었다. 명나라 초기 영락연간에는 해마다 외적과 전쟁을 벌이고 남부에서는 정화가 대항해를 떠나는 등 재정압박이 심각했다. 세무관리들은 백성들의 동전, 은화, 곡식 등을 닥치는 대로 몰수했지만 거두어들일 수 있는 것은 곡식뿐이었다. 돈이 부족해서 민간에서 돈을 찾아보기가 하늘의 별 따기였다. 곡식이 최고의 전략물자이기는 하지만 보관하고 운반하기가 힘들고 썩어 없어지는 것도 많았으므로 명나라의 재정은 항상 쪼들림을 면치 못했다.

그러나 아메리카 대륙에서 은이 대량으로 유입되면서 명나라 경제가 새로운 성장국면으로 접어들었다. 명나라 후기인 만력연간에는 각종 세금을 통합해 1년에 한 번만 세금을 납부하고 곡식이 아닌 돈으로 낼 수 있게 했다. 여기에서 돈은 물론 은이었다. 새로운 세수정책은 매우 단순하고 경제적이었다. 물론 이런 방식이 가능했던 것은 민간에서 은 또는 은으로 바꿀 수 있는 충분한 상품이 유통되었기 때문이다. 은 유통량이 많아지자 은의 가치가 떨어져 은 한 냥으로 살 수 있는 물건의 양이 예전보다 줄어들었다. 요즘 식으로 말하면 인플레이션이 출현한 것이다. 하지만 곡식을 생산하는 자경농들에게는 동일한 양의 곡식을 팔아서 얻을 수 있는 은의 양이 늘어났으므로 기쁜 일이었다.

03 · 은이 다시 빠져나가다

황제, 관리, 상인, 농민 할 것 없이 모두 행복한 나날을 보냈다. 하지만 유감스럽게도 행복한 시절은 그리 오래가지 못했다.

1570년 금발의 스페인인들이 루손섬을 점령했다. 루손섬은 지금 필리핀에 속한 섬이다. 스페인인들은 필리핀을 점차 자신들의 식민지로 만들었다. 처음에는 스페인과 명나라의 관계가 좋은 편이었다. 그들에게 루손섬을 점거하고 있는 푸젠 해적이라는 공공의 적이 있었기 때문이다. 푸젠을 관리하는 푸젠순무가 스페인인들과 손을 잡고 해적들을 소탕하자 명나라는 그 보답으로 스페인인들이 중국인과 무역을 할 수 있도록 허락해 주었다. 물론 스페인인들이 가진 은이 탐났기 때문이기도 하다.

1570년대에는 매년 루손섬의 대도시 마닐라까지 항해한 중국 상선이 십 수 척밖에 되지 않았지만 1580년대에는 20척, 1590년대에는 30척까지 늘어나더니 17세기 초에는 해마다 40~50척, 많을 때는 60척까지 마닐라로 향했다. 중국상인들은 생사 · 면 · 마 · 자기 · 철 · 구리 · 주석 · 흑연 · 설탕 · 밀가루 등 중국산 상품은 물론 동남아 다른 섬에서 나는 후추 · 계피 · 정향, 심지어 소 · 말 · 나귀 · 닭 · 오리 등 가축들까지 배에 실어 마닐라에 가서 팔았다. 현지인뿐 아니라 스페인도 그들의 주요 고객이었다. 스페인인들은 중국 비단과 자기를 거대한 범선에 가득 싣고 태평양을 건너가 아메리카의 멕시코에 팔았다. 당시 그곳은 스페인의 식민지였다. 이것이 바로 유명한 '범선무역'이다. 이 항로를 통해 중국인들은 아메리카의 은을 얻고 스페인은 중국상품을 얻었다.

그런데 두 나라의 관계가 급작스럽게 악화되었다. 천주교국가인 스페인이 중국 푸저우에 선교사들을 보내 통상과 선교를 요구했다. 명나라 관리는 통상은 어느 정도 묵인해 줄 수 있지만 선교에 대해서는 난색을 표했다. 그들에게 선교란 듣도 보도 못한 해괴한 일이었기 때문이다.

명나라는 '불랑기'의 괴상한 요구를 단칼에 거절했다. 불랑기란 원래 아랍인들이 유럽 기독교도들을 부르던 말인데 포르투갈인들이 중국에 들어오자 중국인들이 그들을 불랑기라고 부르기 시작했다. 나중에 스페인인들이 중국에 들어오자 포르투갈인과 스페인인을 구별할 수 없었기 때문에 그들을 불랑기라고 통칭하게 되었다. 그런데 스페인인과 포르투갈인은 무역권을 놓고 자주 다투었으므로 사실 같은 편은 아니었다.

중국과 스페인의 관계에 틈이 벌어지기 시작했다. 루손섬에서 활동하는 중국상인들이 스페인인보다 많았기 때문에 스페인인들이 이교도인 중국인을 경계하기 시작했다.

1603년 명나라 관리 세 명이 루손섬에 도착했다. 그들은 중국해적들이 은닉해 놓은 재물을 찾으러 다니던 중에 루손섬에 전설 속의 금산과 은산이 있는지 조사하러 왔다고 밝혔다. 명나라 황제의 입장에서 이것은 지극히 정상적인 활동이었지만 스페인인들은 이것을 위험이 가까이 왔음을 알리는 신호라고 생각했다.

"그 세 사람은 화교상인들과 연합하러 온 선발대임이 틀림없어. 명나라 대군이 곧 들이닥칠 거야!"

그해 10월 초 스페인인들은 적들을 먼저 위협하기 위해 원주민과 일본인 용병들을 시켜 현지의 화교들을 학살했고 2만 명이 넘는 화교가 목숨을 잃었다. 이 사건으로 범선무역이 심각한 타격을 입어 명나라의 은 수입이 감소했다.

얼마 뒤 무역이 다시 재개되었지만 1639년 마닐라에 거주하는 중국상인들이 무거운 세금에 항의하다가 스페인인들과 충돌하면서 다시 화교에 대한 학살사건이 발생했다. 그 일로 인해 중국의 은 수입은 또다시 중단되었다.

04 · 은 백만 냥이 숭정제를 죽이다

　　　　　　　　돈 부족이라는 그림자가 다시 명나라에 드
리웠다. 이번에는 명나라 초기의 돈 부족보다 훨씬 치명적이었다. 당시
명나라는 동북부에서 등장한 후금과 치열한 싸움을 벌이느라 막대한 군
비가 필요했고, 만력연간 때의 세수정책이 계속 이어져 백성들이 화폐로
세금을 납부해야 했다. 그러나 은 유입량이 늘어나면서 인플레이션이 출
현했을 당시와는 상황이 완전히 달라져 있었다. 은 수입량이 급감해 심
각한 디플레이션이 발생하자 세수정책이 커다란 재앙이 되었다.

　　명나라의 자경농들은 자신들이 생산한 곡식을 동전으로 바꾸어 세금
을 내면, 관청에서 그 동전을 은으로 환산해서 계산했다. 루손섬의 은 공
급량이 급감한 뒤 명나라에서 은의 가치가 급등하기 시작했다. 1630년에
는 동전 1관이 은 0.57냥이었지만 10년 뒤인 1640년에는 동전 1관이 은
0.28냥밖에 되지 않았다.

　　게다가 구리와 은의 환산비율이 지역마다 달랐다. 은을 직접 수입하
는 해안지역에서는 은이 상대적으로 많았기 때문에 은 한 냥으로 바꿀
수 있는 동전의 양이 적은 반면, 내륙인 시북부에서는 은이 유입되기까
지 오랜 여정을 거쳐야 했으므로 은 한 냥으로 더 많은 동전을 얻을 수 있
었다. 은 유입량이 줄어들자 전국적으로 은 부족현상이 나타났으며 특히
서북부가 심했다. 농민들이 똑같은 양의 곡식을 팔아서 동전을 벌어도

그 동전을 은으로 환산한 액수가 훨씬 적었다. 그런데도 관청에서는 세금을 줄여 주지 않았고 오히려 전쟁으로 인해 세금이 더 늘어났다. 백성들의 생활은 계속 나락으로 떨어지기만 했다.

그때 서북부 산시(陝西)성 미즈의 농민 이자성이 화약고에 불을 붙였다. 그가 붙인 불길이 폭풍에 위태롭게 흔들리고 있던 명나라를 집어삼켜 버렸다. 이자성이 봉기를 일으킬 무렵 그가 겪었던 불행한 일들을 살펴보면 그것이 은 유통량 급감으로 인해 닥친 불행임을 알 수 있다.

젊은 시절 이자성은 역참의 역졸이었다. 1628년 숭정제가 정부지출을 감축하기 위해 전국 각지의 역참 중 3분의 1을 폐쇄했는데 불행히도 이자성이 일하던 역참이 폐쇄 대상에 올랐다. 명나라 조정의 은 부족이 이자성을 실업자로 내몬 셈이다. 성실한 청년 이자성은 백수로 지낼 수 없어군대에 입대했고 얼마 뒤 능력을 인정받아 하급장교인 파총이 되었다. 그런데 군대에서도 돈이 부족해 배를 곯는 날이 많았다. 군사들이 오랫동안 생활비를 받지 못한 것도 역시 조정에 은이 부족했기 때문이다. 이자성은 먹고살기 위해 병사들과 함께 장교를 사살하고 반란을 일으킨 뒤농민봉기군의 수하로 들어갔다.

당시 명나라는 농민봉기군에게 대항할 힘이 남아 있었다. 관군과 봉기군의 전투에서 관군이 우세했다. 이자성도 무기가 낙후되어 몇 번이나죽을 고비를 넘겼다. 그런데 당시 수많은 자경농들은 이미 파산지경에있었다. 더 이상 관청에 세금으로 바칠 돈이 없었던 그들은 이자성의 봉기군에 속속 합류해 든든한 지원군이 되었다. 패잔병들만 이끌고 허난으로 옮겨 갔던 이자성은 농민들의 지지 속에서 빠르게 재기했다. 병사들이 속속 집결하더니 어느새 봉기군이 백만으로 늘어났다. 이자성은 파죽지세로 베이징을 향해 진격했고 마침내 베이징을 함락시켰다. 숭정제가자금성 뒤 매산에서 스스로 목을 매 자결함과 동시에 명나라도 역사의 무대에서 퇴장했다.

당시 기록에 따르면 이자성이 숭정제의 개인금고에서 은 3,700만 냥을 발견했다고 한다. 어떤 이들은 은의 단위가 냥이 아니라 정(錠)이었다고 주장했다. 1정은 50냥이라는 설도 있고 500냥이라는 설도 있는데 그렇다면 숭정제의 개인금고에 천문학적인 액수의 돈이 들어 있었다는 이야기가 된다. 이 기록은 훗날 사람들이 숭정제를 비난하는 증거가 되었다. 황제가 온종일 신하들 앞에서 돈이 없다고 하소연을 하니 신하들이 백성의 고혈을 짜내고 돈을 거두었다. 그런데 알고 보니 황제가 제 돈을 산더미처럼 쌓아놓고 한 푼도 내어놓지 않은 것이었다.

이자성이 베이징으로 진격하자 산해관을 지키고 있던 오삼계를 불러 황제를 호위하게 하려고 했지만 그러자면 군자금 100만 냥이 필요했다. 숭정제는 그 와중에도 자기 돈을 내놓지 않고 신하들에게 돈을 구해 오도록 시켰다. 결국 100만 냥을 모으지 못해 오삼계 군대를 불러오지 못했고 베이징은 무방비 상태로 봉기군에게 함락당했다. 만약 이것이 사실이라면 숭정제는 동정할 가치조차 없는 인물이다.

그러나 야사에 기록된 이런 내용은 신빙성이 떨어진다. 떠도는 소문을 기록한 것이기 때문이다. 어떤 기록들은 이자성이 베이징에서 철수할 때 싣고 떠난 금은의 양으로 추측한 것이기도 하다. 이자성이 가지고 떠난 금과 은은 이자성의 부하들이 명나라 관리와 도읍 백성들의 집에서 약탈한 것이지 숭정제의 비자금이 아니었다.

봉기군이 도읍으로 진격하고 있는 긴급한 상황에 수중에 돈이 있다면 누구라도 그 돈으로 군사들을 불러 자기 목숨을 지켜 달라고 했을 것이다. 숭정제도 마찬가지다. 그러나 그에게는 정말로 돈이 없었다. 명나라가 멸망하던 그해에 병사들에게 지급하지 못하고 밀린 급여를 다 합치면 은 수백만 냥에 달했다. 하지만 당시 남부에서 거둘 수 있는 세금은 수만 냥밖에 되지 않았다. 숭정제는 인색한 황제가 아니었다. 그는 통치기간 동안 최선을 다해 정사를 돌보았고 병이 났을 때에도 마음대로 쉬지 못하고 일에 몰두했다.

하지만 유감스럽게도 그는 나라 안의 일은 해결할 수 있었지만 세계경제의 흐름을 바꿀 수는 없었다. 그의 힘으로는 아메리카의 은을 수입할 수 없었으므로 무너져 가는 나라를 그저 바라보고 있을 수밖에 없었다. 경제가 발달한 동남부지역은 디플레이션으로 쇠락해 가고 서북부에서는 세금을 내지 못해 폭동이 일어났으며 동북부에서는 후금의 철기병이 국경을 위협했다.

숭정제는 목숨을 끊기 전 "짐이 망국의 임금이 아니라 신하들이 망국의 신하였다!"며 처절하게 울부짖었다. 사실 그를 죽음으로 몰고 간 것은 스페인인들이 아니라 바로 은이었다.

제12장

누가 태평성세의 만두를
훔쳤을까

명나라가 가고 청나라가 왔다.
왔다가 떠났던 은도 다시 돌아왔다.

01 · 뜬구름 같았던 강희건륭의 태평성세

17세기 말부터 18세기 말까지 중국은 봉건시대 최후의 태평성세를 맞이했다. 역사에서는 이를 강건성세(康乾盛世)라고 부른다. 강희부터 옹정과 건륭으로 이어지는 3대 황제가 천하를 안정시키자 경제가 번영을 이루었다.

강건성세 동안 인구가 빠르게 증가했다. 강희 61년에 전국 인구가 1억을 돌파해 송나라 전성기 때의 인구를 회복했고 그로부터 50년 뒤 인구가 3억으로 급증했다. 앞에서도 설명했듯이 명나라 말기부터 청나라 초기까지 아메리카에서 들여온 옥수수 · 감자 · 땅콩 · 고추 등이 중국에서 널리 보급되었다. 이 작물들은 수확률이 높고 가뭄에 잘 견디는 특징이 있기 때문에 중국에 전파되자마자 재배면적이 빠르게 늘어나 식량증산에 큰 역할을 했다. 이것이 강건성세가 이룩된 가장 중요한 원인이다.

명나라 때 애증의 대상이었던 은도 강건성세를 실현시킨 또 하나의 촉진제였다. 명나라 말기에 중단되었던 은 수입이 청나라 초기에 재개되었다. 강희, 옹정, 건륭은 운 좋게도 세계적으로 무역이 번성하던 시절을 만났다. 사실 청나라 초기에 발나기와 휠쏘기로 패업을 달성한 통치자들은 바다의 경제적 가치를 이해하지 못하고 해상권을 장악하고 있는 정성공 등 명나라 잔여세력의 힘을 약화시키기 위해 해상교통과 무역, 어업 등을 제한하는 해금(海禁)정책을 펼쳤다. 그러나 중국의 우수한 비단과 자기는 민간의 밀수를 통해 해외에서 흔하게 판매되었다. 강희 23년 해안지역에서 전쟁이 끝나자 해금조치를 다소 완화해 짐을 500석 이상 실을 수 있는 배는 바다로 나가 무역을 할 수 있도록 허용했다.

당시 과거 해상패권을 장악했던 스페인이 쇠락하고 신흥 해양강국인 영국은 아직 세계를 호령할 만한 힘을 기르지 못한 상태였다. 이런 느슨한 국제환경 덕분에 청나라의 해외무역이 순조롭게 확대되었다.

징더전에서 생산된 자기가 명나라 때 이미 일본과 동남아로 팔려 나가고 멀게는 미국·아프리카·오세아니아까지 수출되었다. 유럽 시장에서도 청나라 자기가 높은 점유율을 확보하고 있었다. 건륭시기에 네덜란드 동인도회사 한 곳에서 유럽으로 운반하는 중국 자기만 해도 300만 점이나 되었다.

18세기에 서양인들은 은화를 배에 가득 싣고 광저우 등 중국 동남부의 통상항구에 가서 품질 좋은 비단·생사·자기·차 등 중국제품을 사들였다. 그것들을 본국에 가져가서 팔면 폭리를 얻을 수 있었다. 광저우 앞바다는 줄지어 몰려든 각국 상선들로 가득 차 있었고 배 위에는 갖가지 물건들이 산처럼 쌓여 있었다.

명나라가 은 때문에 울고 웃었던 역사를 떠올려 보면 청나라 초기에 강건성세를 이룩하는 데 은이 얼마나 큰 역할을 했는지 알 수 있다. 은이 안정적으로 수입되면서 화폐유통량이 풍부해져 경제성장을 뒷받침했다. 또한 은의 가치가 완만하게 하락해 자경농들이 똑같은 양의 곡식을 팔아도 더 많은 은을 벌 수 있었으므로 세금부담도 크지 않았다.

은은 윤활유처럼 청나라 경제의 수레바퀴가 부드럽게 돌아갈 수 있도록 해주었다. 해외에서 중국상품의 수요가 늘어나면서 청나라의 제조업이 빠르게 발전했다. 한 예로 징더전에서 관요(관청에서 운영하는 가마—옮긴이) 외에 민요(민간에서 운영하는 가마—옮긴이)도 계속 늘어나 징더전 어딜 가든 1년 내내 자기 굽는 연기가 피어오르고 자기를 만드는 기술자들도 수없이 많았다.

청나라 초기부터 18세기 말까지 중국 제조업의 총생산액이 세계 1위였다. 당시 유럽 최고의 강대국인 영국의 제조업 생산액도 중국의 8분의 1밖에 되지 않았으며 청나라의 GNP가 세계 전체 GNP의 3분의 1에 육박했다. 오늘날 세계경제에서 미국이 차지하는 비중과 비슷했다고 할 수 있다.

그러나 강건성세는 아무런 예고도 없이 갑자기 끝나 버렸다. 1795년 건륭제가 보좌를 아들 가경에게 물려주었다. 건륭이 사망하자 가경은 희대의 탐관 화신의 무리를 숙청하고 화신의 가산을 몰수했다. 화신의 재산은 은으로 환산하면 10억 냥이나 되었는데 이는 당시 청나라 조정의 20년 재정수입을 모두 합친 것과 맞먹었다. 건륭제가 통치기간 동안 화신을 숙청하지 않은 것이 아들에게 남긴 큰 선물이었다는 우스갯소리도 있다.

화신에게 몰수한 돈만으로도 가경은 재정을 풍족하게 운영할 수 있었다. 그런데 국내상황이 갑자기 악화되고 각지에서 봉기가 잇따라 일어나 가경제를 당황시켰다. 가경제가 즉위하자마자 쓰촨 · 후베이 · 산시(陝西) 일대에서 백련교가 봉기를 일으켰다. 백련교의 난이라고 불리는 이 봉기는 9년 동안 계속되면서 다섯 개 성으로 확산되었다. 가경 18년에 백련교의 한 종파인 천리교가 일으킨 봉기는 청나라 조정의 간담을 서늘하게 했다. 천리교도들이 베이징 궁성 안으로 쳐들어가 성루에 반기를 꽂자 양심전에 있던 황자들도 무장을 하고 전쟁에 나설 수밖에 없었다. 그 외에도 푸젠과 저장 지역에 해적이 출몰하고 묘족(苗族)이 봉기를 일으켰으며 윈난에서도 반란이 일어났다.

가경제는 재위기간 동안 각지의 봉기를 진압하는 데 주력해야 했다. 민란이 일어난 지역의 경제가 파괴되어 세금을 거둘 수 없는데 봉기 진압을 위한 군비지출은 천문학적인 액수였다. 그러므로 가경제가 황제로 즉위했을 때는 재정에 여유가 있었지만 나중에는 국고가 바닥나 버렸다.

통계에 따르면 가경 원년에는 국고에 쌓인 돈이 5,000만 냥이 넘었지만 8년 뒤에는 2,000만 냥도 되지 않았고 각 지방정부의 재정도 줄줄이 적자였다. 가경은 사치를 줄이고 허리띠를 졸라맬 수밖에 없었다. 그는 지방관들이 베이징으로 올라올 때 백성들의 노동력과 재산을 착취해 황제에게 선물을 바치지 못하도록 엄격하게 금지하고 자신의 생일에도 지방관들에게 귀한 선물을 바치지 말고 글이나 몇 자 적어 보내면 된다고 공문을 보냈다.

02 · 태평성세의 위기를 바라보는 애덤 스미스의 견해

강건성세가 가경제에 이르러 갑자기 끝나버리고 혼란이 찾아온 이유는 무엇일까? 가경제가 강희, 옹정, 건륭보다 무능했기 때문일까? 그렇지 않다. 가경제의 불행은 명나라 마지막 황제 숭정제의 비극과 닮았다. 사실 왕조의 쇠락은 그때 시작된 것이 아니었다. 그들의 선왕 때부터 차곡차곡 쌓여온 문제가 일시에 수면 위로 올라왔을 뿐이다.

건륭제 재위시절 자경농들의 생활수준은 크게 하락했다. 물론 청나라 조정의 공식기록에서는 이런 내용을 찾을 수 없다. 특히 건륭제는 공을 세우기를 좋아하고 체면을 중요하게 여기는 황제였다. 다행히도 당시 청나라를 방문했던 영국 특사 매카트니가 청나라 백성들의 생활모습을 기록한 자료를 통해 강건성세 당시의 상황을 더 깊이 들여다볼 수 있다.

청나라에 처음 도착한 매카트니는 백성들의 참담한 생활상에 충격을 받았다. 매카트니가 상상한 중국은 마르코 폴로의 기행문에 나오는 것처럼 곳곳에 금과 은이 가득하고 일반백성들도 화려한 비단옷을 입었으며 도시는 웅장하고 농촌은 아름다운 나라였다. 그러나 그의 눈앞에 펼쳐진 광경은 기대와 완전히 딴판이었다.

사절단의 일원이었던 존 배로우는 이렇게 기록했다. "저우산에서 베이징으로 올라가는 사흘 동안 백성들이 풍족한 생활을 하고 있음을 증명하는 광경은 한 번도 보지 못했다. …… 농촌 주변에 나무가 하나도 없고 가난하고 누추해 보였다. 집은 모두 진흙으로 지은 단층집에 초가지붕을 이고 있고 가끔씩 이층집도 있었지만 귀족의 저택이나 좋은 농가로는 결코 보이지 않았다. …… 집이든 강이든 모두 템스 강가의 마을들과는 비교할 수 없었다. 눈길이 닿는 곳마다 가난하고 낙후한 모습이었다.”

청나라 관리들은 서양인에게 매우 예의바르게 대했다. 그들은 백성들을 시켜 영국사절의 배에서 영국인들에게 차를 따라주고 청소를 하고 밥하는 일을 해주게 했다. 그런데 관찰력이 좋은 영국인들은 그 백성들이 모두 너무 야위었음을 발견했다. 누가 보아도 영양실조임이 분명했다. 영국인들처럼 배가 나오거나 영국 농부들처럼 활짝 웃는 사람들은 찾아볼 수 없었다. 영국인들이 식사를 하고 음식을 남겨 주면 그들은 감격스러워하며 인사를 했다. 영국인이 마시고 남은 찻잎을 서로 가져가려고 다투었고 이미 한 번 우려낸 찻잎을 끓는 물에 다시 우려서 마셨다. 일반 백성들의 옷차림이 남루한 것은 말할 것도 없고 군대의 보통 병사들도 누더기 같은 옷을 입고 있었다.

중국은 자기, 비단, 찻잎을 생산하는 나라가 아닌가? 그런데도 왜 민중은 그것을 소비할 수 없었을까?

경제학의 아버지라고 불리는 영국 경제학자 애덤 스미스가 이 현상을 관찰하고 자신의 책에서 이렇게 썼다.

과거 중국은 세계에서 가장 부유하고 비옥하며 농사법이 발달하고 근면하며 인구도 많은 나라였다. 그러나 중국은 오랫동안 정체되어 있다. 중국을 500년 전에 방문했던 마르코 폴로는 중국의 경작상태, 국민의 근면성, 많은 인구에 대해 묘사했다. 그런데 그것은 오늘날의 여행자들이 묘사하고 있는 것과 거의 똑같다. 중국은 자국의 법과

제도하에서 얻을 수 있는 모든 부를 마르코 폴로 이전에 모두 획득한 상태에 있었다.

과거 중국의 경제발전이 이미 극한에 달해 있었다고 단언한 뒤 애덤 스미스는 자신이 살고 있는 시대에서 적어도 600년 이전으로 거슬러 올라가도 중국의 농기구는 그 시대와 변한 것이 없었음을 발견했다. 그것은 깊이 반성해야 하는 일이다. 과거 중국사회에 지식과 기술혁신이 존재했다고 하더라도 그것들이 하층자경농을 위해 쓰이지는 않았다.

청나라 전기의 세수제도를 살펴보면 청나라 때 백성들의 삶이 왜 그렇게 비참했는지에 대한 의문이 풀린다. 강희가 황제로 즉위했을 때는 정국이 몹시 불안했다. 그는 우선 권신 오배를 제거한 다음, 서쪽의 준가르를 격파하고 남쪽으로는 삼번의 난(청이 명나라를 멸망시키고 중원을 차지하는 데 공을 세운 한족 장군으로 오삼계, 상지신, 경정충이 일으킨 반란─옮긴이)을 평정했으며 북쪽으로는 러시아에 대항하고 동남쪽의 대만을 수복했다. 이 모든 전란을 끝내고 안정을 찾았을 때는 이미 강희 51년이었다. 강희는 그제야 세수제도를 개혁할 수 있는 여유가 생겼다. 그해에 강희는 인두세의 세액을 고정시키고 "이해부터 태어난 사람에게는 영원히 세금을 동결하겠다"고 선포했다.

물론 영원히 인두세를 올리지 않겠다는 그의 약속을 곧이곧대로 믿을 수는 없었지만 어쨌든 강희가 이렇게 선언한 뒤 청나라에 오랜 평화가 찾아왔다. 백성들은 마침내 마음 놓고 생업에 집중하며 법에 따라 세금을 낼 수 있게 되었다. 강희연간에 청나라 소정이 걸고 풍족하지 않았다는 것은 짐작으로로 알 수 있다. 해마다 계속된 전쟁만으로도 국가의 재정이 거의 바닥났을 것이다. 당시 중국 백성들의 생활도 결코 여유롭지 못했고 지방관들은 인구를 적게 보고하는 수법으로 세금을 착복했다. 이것은 황제를 가장 골치 아프게 하는 일이었다.

옹정연간에는 상황이 조금 나아졌다. 옹정제는 즉위하자마자 세수제도를 개혁해 사람 수대로 세금을 징수하는 방식에서 농지를 기준으로 세금을 징수하는 방식으로 바꾸었다. 인구는 속여서 보고할 수 있지만 농지는 속일 수는 없으므로 부패를 방지하는 효과가 있었고 자연히 세수도 늘어났다.

농지를 기준으로 한 세수제도와 아메리카 농작물의 도입이 맞물려 청나라 초기에 인구가 급증하기 시작했다. 국가가 농지면적에 따라 세금을 부과했으므로 열심히 농사를 지어 똑같은 면적의 땅에서 더 많은 작물을 수확하기만 하면 자경농의 수입은 증가했다. 또 집안의 노동력이 많아지면 일손이 많아져 수확률을 높일 수 있었다.

그러나 인구증가는 양날의 검이었다. 청나라의 영토가 넓기는 했지만 경지면적이 늘어나는 속도보다 인구가 늘어나는 속도가 더 빨랐다. 건륭 재위시기가 되자 경지면적 증가는 한계에 다다랐는데 인구는 계속 증가했다. 넓지 않은 농지를 낭비하지 않고 효율적으로 농사짓기 위해서는 더 많은 노동력이 필요했다. 인구가 늘어나자 1인당 곡식소비량은 줄어들고 자경농의 가계형편이 악순환에 빠져 절대빈곤의 나락에 빠지는 하층민들이 점점 많아졌다.

청나라 통치자들이 영원히 세금을 동결하겠다는 강희제의 약속을 지킬 수 있었다 해도 전체 인구의 10분의 9를 차지하는 자경농들의 생활은 계속 어려워졌을 것이다. 청나라 귀족들은 건국 초기의 번영을 경험하며 거대한 계층을 형성하고 있었다. 그들은 일하지 않고도 국가의 봉록을 받으며 호의호식했다. 이런 계층이 많아질수록 청나라의 재정부담은 더욱 커졌고 하층민중의 삶은 점점 더 고달파졌다. 농민들 중 일부는 가난에 떠밀려 위험한 일에 뛰어들었다. 후베이 · 쓰촨 · 산시(陝西)가 만나는 곳의 깊은 산속에 유랑민들이 모여들어 백련교의 지휘하에 봉기를 일으켰다. 이것은 강건성세의 종말을 알리는 신호였다.

이런 상황을 막을 수 있는 방법이 있을까? 애덤 스미스는 한 가지 방법을 제시했다. 바로 기술혁신이다. 농기구를 개선한다면 생산율이 크게 향상되어 단위면적당 수확량이 늘어나고 잉여노동력은 다른 분야에 종사할 수 있었다.

그러나 농기구를 개선하기 위해서는 넓은 농지를 가진 농장주가 등장해야 했다. 농장주는 수확량을 늘리기 위해 더 효율적인 농구기를 발명하려고 할 것이다. 하지만 청나라 초기에는 이 전제조건을 충족시킬 수 없었다. 당시 자경농들이 가지고 있는 토지는 많지 않았고 인두세가 지세로 바뀌면서 인구는 계속 늘어났으므로 넓지도 않은 토지를 더 작게 나누어 더 많은 인구를 먹여 살려야 했다. 농지면적이 좁아질수록 농민들은 효율적인 농기구를 발명하려고 하지 않았다. 농기구를 새로 발명하는 데 드는 비용을 감당할 수 없었기 때문이다. 손바닥만 한 땅에 농사를 짓기 위해 대형 수확기를 사지 않는 것과 같다.

또 한 가지 방법은 다른 산업을 발전시켜 농민들을 흡수함으로써 인구와 경지면적의 불균형을 해소하는 것이었다. 강건성세부터 농업 이외에 다른 산업들도 조금씩 싹을 틔우고 있었다. 특히 남부지역은 외국에서 은이 유입되면서 수공업, 비단 생산 및 판매, 찻잎 가공 등 여러 분야로 사람들이 속속 몰려들었다. 그 덕분에 인구가 가장 많은 남부지역이 청나라 때 가장 부유한 곳 중 하나가 되었다.

청나라 통치자들이 남부의 수공업과 상업을 지원해 전국으로 확산시키고 국제무역을 활성화시켰더라면, 농민들이 수공업자와 상인으로 변신해 강건성세가 더 오래 이어졌을 것이다. 당시 산업혁명이 막 시작되고 있던 영국처럼 말이다. 그러나 중국의 황권과 경제의 모순이 또다시 경제발전의 발목을 잡았다.

청나라는 소수의 만주족이 다수의 한족과 기타 민족을 통치하는 구조였다. 한족들이 수공업과 상업에 뛰어들어 경제력을 기르는 것은 통치계급인 만주족에게 심각한 위협이었다. 그래서 청나라 통치자들은 상공업을 엄격히 제한하고 국영기업 또는 관청과 이익관계로 맺어진 민영기업에게만 성장의 기회를 부여했다. 그 외 민영기업들은 언제든 숨통이 끊길 수 있는 파리 목숨이었다.

03 · 다윈 가족이 징더전을 파괴하다

청나라 전기에는 수출은 활발했지만 백성들은 여전히 가난했다. 국가가 수출을 하면 그만큼의 이익을 얻을 수 있어야 하지만 청나라 때는 명나라 때와 국제환경이 완전히 달랐다. 명나라 말기에는 스페인, 포르투갈, 네덜란드 사람들이 해상무역을 했다. 그들은 아메리카 대륙에서 금과 은을 발견해 큰 부자가 된 사람들일 뿐 정치적으로든 경제적으로든 명나라 사람들보다 크게 앞서 있지 않았다.

하지만 청나라가 상대해야 하는 서양인들은 산업혁명과 식민지 건설을 통해 강대국으로 부상한 영국인이었다. 영국인들은 과거 중국을 찾아온 서양인들보다 훨씬 강하고 약삭빠르고 영리했다. 강건성세 말기에 건륭제가 남부를 유람하고 있을 때 영국인들이 중국 제조업을 향한 첫 공격을 개시했다.

영국의 첫 공격은 1840년의 아편전쟁이 아니냐고 묻는 사람도 있겠지만 여기에서 말하는 것은 경제전이다. 총성 없는 전쟁이지만 잔혹성은 대포를 앞세운 실제 전쟁에 결코 뒤지지 않았다. 경제전은 영국이 청나라에 아편을 팔기 전에 이미 시작되었다. 경제전의 첫 번째 전쟁터는 바로 중국의 전통적인 강세산업인 도자기 제조업이었다.

중국과 거리가 멀고 중국인들이 도자기 제조기술을 철저히 비밀에 부쳤기 때문에, 영국인들은 1760년대가 되어서야 경질도자기 제조방법을 터득하고 도자기의 원료가 무엇인지 알게 되었다. 그때까지도 영국에서 판매되는 자기들은 모두 중국에서 수입한 것들이었다. 하지만 공업으로 무장한 영국인들은 도자업에 뛰어들자마자 빠른 속도로 중국을 따라잡았다. 이 과정에서 조사이어 웨지우드라는 사람이 결정적인 역할을 했다.

조사이어 웨지우드는 영국의 도자기 제조 집안에서 태어났다. 어릴 적부터 도자기 공장에서 견습생활을 했던 그는 젊은 시절에 동업자들과 함께 도자기 공장을 설립했다. 물론 당시 그가 생산한 제품은 매우 조악한 수준이어서 바다 건너 온 중국 도자기와 비교도 할 수 없었다. 웨지우드는 수년간 1만 번이 넘는 실험을 하며 도자기 품질을 개선하기 위해 노력했다. 그가 얼마나 힘들고 고통스러웠을지 짐작할 수 있다. 끈질긴 시도 끝에 그는 마침내 제조방법이 단순하고 디자인이 참신하며 온도변화와 관계없이 화려한 색채를 유지하는 도자기를 만들어 냈다. 그는 제품의 품질을 매우 까다롭게 관리해서 공장을 돌아보다가 조금이라도 기준에 부합하지 않는 제품을 발견하면 그 자리에서 들고 있던 지팡이로 부수어 버렸다고 한다.

웨지우드는 영업의 귀재였다. 그는 자신의 개량도자기를 영국 왕비에게 보내 극찬을 받았고 그 일로 인지도가 높아져 유럽 상류층 시장을 차츰 점령했다. 그의 노력으로 영국은 물론 유럽 전체 도자기 제조산업에 새로운 장이 열렸다.

웨지우드를 모르는 사람은 있어도 그의 외손자를 모르는 사람은 없을 것이다. 그의 외손자는 끈기 있고 성실한 집안 분위기를 그대로 물려받아 세계 곳곳을 여행하고 돌아온 뒤 농장에 틀어박혀 과학 연구에 몰두했다. 그리고 몇 년 뒤 그는 자신의 연구를 정리해《종의 기원》이라는 책을 세상에 내놓았다. 그렇다. 그가 바로 찰스 다윈이다. 찰스 다윈은 웨지우드의 외손자다.

웨지우드의 도자기 사업은 중국 도자기 제조업에 치명적인 타격을 입혔다. 영국에서도 질 좋은 도자기가 생산되었으므로 유럽인들은 더 이상 바다 건너 먼 중국에서 도자기를 사올 필요가 없었다. 1783년 웨지우드는 생산품의 80퍼센트를 유럽 각국으로 수출했고 1792년, 즉 건륭 57년에는 영국 동인도회사가 중국에서 도자기 구매를 중단했다.

중국 도자기 제조업의 쇠락은 피할 수 없는 현실이었다. 불행 중 다행이라면 쇠락속도가 빠르지 않았다는 것이었다. 당시 신흥국가들이 유럽 국가들을 대신해 중국 도자기를 대량 수입한 덕분이었다. 신흥국가란 바로 미국이다. 영국으로부터 갓 독립한 미국은 영국의 무역봉쇄 정책으로 인해 시급하게 돌파구를 찾아야 하는 상황이었다.

1784년 미국 정부의 지원을 받은 미국 상선 '중국황후호(The Empress of China)'가 뉴욕을 출발했다. 배에는 인삼·가죽·모피·후추·면화·흑연 등 중국인들이 좋아할 것 같은 물건들이 가득 실려 있었다. 물론 은화도 포함되어 있었다. 미국관리들은 선원들이 청나라 여러 관리들과 만날 것이라고 생각해 선원들에게 준 미국정부 명의의 증명서에 상대방의 칭호를 황제·국왕·남작·시장·의원 등 여러 가지로 적었다. 서로 낯선 두 나라가 처음으로 친밀하게 접촉하는 것이므로 신중을 기해야 했다. '중국황후호'가 광저우에 도착하자 청나라 사람들은 배에 걸려 있는 알록달록한 미국 국기를 보았다. 별과 줄이 그려져 있는 화려한 국기를 보고 사람들은 미국을 '화기국'이라고 부르기 시작했고 그들이 가져온 인삼을 '화기삼'이라고 불렀다.

넉 달 뒤 중국황후호에 실린 상품이 모두 팔리자 미국 선원들은 기뻐하며 중국차·자기·비단·상아조각·칠기·계피 등 중국상품을 사가지고 돌아갔다. 중국상품을 본 미국인들은 몹시 기뻐했다. 조지 워싱턴 미국 초대 대통령도 중국황후호에서 사고 싶은 중국상품들을 목록으로 만들어 보냈다. 워싱턴은 특히 날아가는 용이 그려진 찻주전자를 각별하게 아껴서 소중하게 보관했는데 이 찻주전자는 지금 미국 스미소니언박물관에 소장되어 있다.

대통령이 찻주전자를 상인에게 바치라고 명령하지 않고 직접 샀다는 사실이 흥미롭다. 훗날 세계 최강대국이 된 미국은 처음 시작부터 중국과는 본질적으로 달랐던 것이다.

미국인들은 중국인들이 '향기가 나는 풀뿌리'를 좋아한다는 것을 알고 돈을 벌 욕심으로 허드슨 강기슭을 샅샅이 뒤져 인삼을 캤다. 미국인들은 아마 땅을 파헤치며 이따위 풀뿌리를 무슨 맛으로 먹느냐며 투덜거렸을 것이다. 그들 눈에는 쇠고기 한 덩이가 훨씬 영양가가 높은 것처럼 보였을지도 모른다. 1804~1829년 미국에서 중국으로 수출되는 인삼이 한 해 평균 약 90톤이었다. 물론 그렇게 많은 인삼을 팔아 번 돈으로는 도자기 같은 중국상품을 샀다.

아쉽게도 18세기 말부터 19세기 전기까지 미국의 경제력이 약했기 때문에 구매력에도 한계가 있었다. 미국의 도자기 구매량으로는 중국 도자기 제조업이 유럽 시장에서 입은 손실을 보완할 수 없었다. 강건성세 말기에 도자기 외에 차, 비단 등도 해외로 수출되어 은을 벌어들이기는 했지만 주요 업종의 쇠퇴로 타격을 입은 국가경제는 예전의 영광을 되찾지 못했다.

정교한 기술과 우수한 품질을 자랑하던 중국 도자기가 어째서 영국 도자기에 밀려났을까? 강건성세 뒤 200년 동안 중국 도자기가 재기하지 못한 이유는 무엇일까?

표면적인 원인은 영국 도자기가 기술적으로 중국 도자기를 따라잡았기 때문이다. 심지어 영국인들은 독창적인 기술까지 개발했다. 1794년 영국이 먼저 본차이나를 발명했다. 본차이나는 뼛가루를 섞어서 구워내는 도자기로 표면이 매끄럽고 빛이 날 뿐 아니라 기존 도자기보다 온도변화에 더 잘 견디고 단단했다. 중국 도자기보다 품질이 더 좋았던 것은 물론이다. 한 실험에서 본차이나 커피잔 네 개로 차 한 대를 지탱하는 놀라운 광경이 연출되었다. 기술이 점점 낙후되면서 중국 도자기는 더 이상 유럽 시장에서 재기하지 못했다.

그런데 영국 제조업의 발전을 단지 기술혁신만으로 설명할 수는 없다. 영국의 도자기 제조기술이 무에서 유를 창조하고 급기야 수백 년 동안 세계 최고의 자리에 있었던 중국 도자기를 밀어낸 중요한 원인이 바로 특허제도에 있다.

1623년 영국이 독점법을 반포했다. 이것은 세계 최초의 현대적인 특허법으로 발명가의 권익을 법률적으로 보호하기 위해 제정되었다. 그 뒤 영국인들은 아무 걱정 없이 자신의 지혜와 경제력을 쏟아 부으며 기술혁신에 매진했다. 자신의 발명품을 남이 모방할까 봐 걱정할 필요가 없었다. 영국이 세계 최강대국으로 성장하는 과정에서 수많은 발명가들이 획기적인 발명품을 세상에 내놓았다. 대표적인 것이 와트의 증기기관이다. 획기적인 발명이 원동력이 되어 일어난 산업혁명 덕분에 영국은 경제적·기술적으로 탄탄한 기반을 다졌고 이를 바탕으로 세계 최대 패권국으로 성장했다. 만약 와트가 발명한 증기기관이 법률의 보호를 받지 못해 아무나 모방하거나 복제할 수 있었다면, 그래서 그가 증기기관 연구에 투자한 돈, 시간, 노력을 보상받을 수 없었다면 과연 그가 기술연구에 몰두할 수 있었을까?

발명과 발명가의 특허를 보호해 주시 않았다면 산업혁명도 실현되지 못했을 것이고 대영제국도 탄생하지 못했을 것이다. 기술낙후는 큰 문제가 아니다. 기술혁신의 동기를 부여한다면 사람들의 잠재력도 저절로 발휘되어 기술강국으로 발전할 수 있다. 영국 도자기 제조업을 발전시킨 것은 혁신기술을 법률로써 보호해 주었던 영국 특허법의 덕분이었다.

같은 시대에 영국의 동쪽에 있었던 청나라에는 기술을 보호해 주는 제도가 전혀 없었다. 누구라도 새로운 것을 발명하면 황제의 은혜에 보답하는 뜻으로 황제에게 바쳐야 했다. 황제가 자신에게 재능을 발휘할 기회를 하사했으니 마땅히 감사해야 할 일이며 발명에 대한 대가나 돈을 바라는 것은 염치를 모르는 행동이었다. 최고의 기술을 가진 장인은 언제든 관리가 부르면 무조건 황제에게 탄신 축하선물로 바칠 도자기를 만들어야 했으며 아무리 훌륭한 작품이라도 영원히 황궁 속 깊숙이 보관되었다. 그 도자기가 수백 년 뒤 훌륭한 골동품으로 찬사를 받을지는 몰라도 국가의 기술은 혁신을 이루지 못하고 정체되었다.

04 · 누에를 죽일 것인가 살릴 것인가

　　　　　　　　물론 중국은 땅덩어리가 넓고 물자가 풍부하며 사람도 많고 장인도 많으므로 도자기 제조업이 쇠락해도 다른 산업이 지탱해 준다면 경제에 큰 영향이 없었다. 적어도 차생산업과 비단생산업은 청나라 경제를 떠받드는 기둥이었다. 그런데 유감스럽게도 두 산업 모두 도자기 제조업의 전철을 밟았다. 차생산업은 뒤에서 자세히 설명하기로 하고 우선 비단생산업이 어떻게 쇠퇴했는지 살펴보겠다. 비단생산업은 도자기 제조업과는 또 다른 비극을 맞이했다.

　비단은 예로부터 중국의 중요한 수출상품이었다. 중국과 유럽을 잇는 유명한 실크로드도 비단무역을 위해 생겨난 것이다. 서기 200년경 잠사기술이 일본에 전파된 뒤 일본인들도 누에를 키우고 실을 뽑아 비단을 짜기 시작했다. 그 뒤 중국의 잠사기술이 서쪽의 아랍과 지중해까지 전파되지만 청나라의 강건성세까지도 중국의 생사와 비단 수출량은 세계 1위였다.

　그런데 청나라 말기로 들어서면서 일본 양잠업이 급속도로 성장해 세계시장에서 중국산 잠사의 점유율을 크게 빼앗디니 마침내 일본이 세계 최대 잠사생산국이자 수출국으로 도약했다. 잠사업의 발전과 함께 일본의 국력도 증강되었다. 반면 중국은 잠사생산을 계속했지만 국력은 나날이 약해졌다.

중국과 일본 모두 잠사를 생산했다. 중국이 선발주자이고 일본은 후발주자였다. 그런데 어째서 후발주자는 빠르게 발전하는데 선발주자는 내리막길을 걸었을까? 설마 중국 자기가 영국 자기에 뒤졌듯이 중국의 잠사기술도 일본에 뒤졌던 것일까?

당시 중국과 일본의 잠사기술은 큰 차이가 없었다. 진정한 원인은 중국인들은 번데기를 죽이지 않고 일본인들은 번데기를 죽였다는 데 있다.

누에에서 실을 뽑아내는 것을 조사(繰絲)라고 부른다. 전통적인 조사방식에서는 누에를 뜨거운 물에 담가 불린 다음, 손으로 실을 뽑아내 물레에 감았다. 그런데 이 방식으로 뽑아낸 실은 굵기가 일정하지 않고 중간에 끊기는 부분이 많다. 중국 잠사업은 청나라 말기까지도 이 단순한 조사방식을 그대로 사용했다. 당시 유럽인들은 이미 기계를 이용해 실을 뽑았기 때문에 굵기가 일정하고 반짝이는 실을 얻을 수 있었다. 중국에도 신식 조사공장이 등장했지만 조정관리와 수공업자들이 강하게 반대했다. 공장이 효율이 높고 생산량이 많아 기존 잠사업자들의 밥그릇을 빼앗는다는 것이었다.

또 중국인들은 불교에 깊은 영향을 받았기 때문에 아무리 누에라도 생명을 중요하게 생각해 조사과정에서 누에를 죽이지 않았다. 반면 유럽에서는 누에를 오븐에 넣어 죽여서 실을 뽑았다. 그래야 더 좋은 실을 뽑을 수 있기 때문이다. 누에의 생명을 보호하는 중국인들의 방법 때문에 잠사 가공비용은 늘어났지만, 그렇게 뽑은 실은 반제품에 부과했다.

중국에서 생산한 반제품 잠사가 해외로 수출되어 한 차례 가공을 거치면 가격이 3분의 1 이상 상승했다. 중국에서 잠사를 가공할 수 있었다면 국제시장에서 중국 잠사의 경쟁력이 더 높아졌을 것이다.

그러나 청나라 말기 중국인들은 그 돈이 누에의 생명을 희생시킨 대가이기 때문에 정당한 돈이 아니라고 생각했다. 당시 중국의 양잠기술로 볼 때 그들은 '못하는' 것이 아니라 '안 하는' 것이었다.

중국과 가까운 일본도 양잠업을 적극 부양했다. 오늘날에는 일본 공산품의 품질이 세계적으로 유명하지만 메이지유신부터 제2차 세계대전 이전까지 일본의 가장 중요한 수출품은 공산품이 아니라 농산품이었으며 그중에서도 실이 가장 큰 비중을 차지했다. 일본이 국호를 개방하고 유신을 실시한 뒤 60년 동안 수입품을 사들인 돈의 대부분은 누에에서 뽑은 실을 팔아 번 것이었다. 1900년경 잠사 수출액이 일본 전체 수출액의 40퍼센트를 차지했다. 당시 일본이 러시아, 청나라와의 전쟁에서 연달아 승리할 수 있었던 것도 잠사로 대표되는 농업이 발달한 덕분이었다고 단언할 수 있다.

일본 양잠업은 어떻게 그렇게 빨리 발전했을까? 중요한 한 가지 원인은 메이지유신 이후 일본인들의 관념이 점점 개방되었다는 데 있다. 일본인들은 더 이상 누에의 생명을 중요하게 여기지 않았고 오븐, 조사공장 등 현대적인 문명의 이기들이 일본에서 빠르게 보급되었다. 누에를 오븐에 넣어 비정하게 죽였지만, 일본 잠사의 품질은 점점 우수해졌고 금세 중국산 잠사를 추월해 아시아 1위 자리를 차지했다.

일본 누에는 천수를 누리기는커녕 소년기를 즐길 권리마저 빼앗겼다.

양잠과 벼농사는 당시 중국과 일본의 가장 기본적인 산업이었으며 공통점이 있다. 바로 일 년 중 특정 시기에 매우 바쁘다는 것이다. 벼농사에서는 모내기철에 일손이 가장 많이 필요하고, 양잠은 누에가 한참 자라야 할 때 제일 바쁘다. 하루에 여덟 번이나 뽕잎을 주고 하루에도 몇 번씩 청소를 해주어야 하기 때문에 누에방 옆을 떠날 수가 없다. 그런데 일본과 중국 남부지역에서 양잠과 벼농사의 농번기가 모두 4~6월이었다. 일손은 한정되어 있으므로 농민들은 벼농사와 누에치기 중 한 가지밖에 할 수 없었다.

기술이 발달하면서 일손부족으로 인한 어려움이 해결되었다. 누에방의 온도를 조절해 누에 부화시기를 앞당긴 것이다. 그렇게 하면 벼농사와 양잠의 농번기가 달라져 농가에서는 양잠과 벼농사를 함께할 수 있었다. 또 누에에게 화학약물을 주어 부화시기를 7~9월로 늦추는 것도 가능했다.

그런데 일본 양잠농들은 이 기술을 도입해 사용했지만 중국에서는 '도덕지상주의자'들의 반대로 기술이 보급되지 못했다. 1880~1930년 일본의 잠사생산량은 9배 가까이 증가해 막대한 외화를 벌어들였다. 일본인들은 그 돈으로 기계와 설비를 도입해 생산력을 높였다. 하지만 그 시기에 중국에서는 도덕지상주의자들이 누에의 '동물권 보호'를 소리 높여 주장한 나머지 양잠업이 쇠락의 길로 들어섰다.

당시 중국에 살았던 누에들은 진정 행복했다. 도덕지상주의자들의 박애정신 덕분에 천수를 누렸으니 말이다. 그 대신 중국 잠사업은 세계시장에서 퇴출되었고 중국의 양잠농들은 행복을 누리지 못했다. 시장경제의 수레바퀴는 도덕의 온정을 짓밟고 중국 양잠농들의 밥그릇마저 빼앗아 버렸다.

청나라 말기 중국 잠사업의 쇠락은 누가 책임져야 할까? 19세기 말 세상은 이미 산업사회이자 법치와 인권의 시대로 들어섰지만 중국의 도덕지상주의자들은 세상의 조류에 눈을 감은 채 도덕만을 무기로 앞으로 나아가자고 외쳤다. 그것이 과연 옳은 신념이었을까?

잠사업으로 돈을 벌 수 없게 되자 양잠농들의 생계가 파탄 나고 청나라도 멸망했다.

제13장

아편전쟁 : 아편과 차가 부른 재앙

나는 녹차를 마실 때마다 마치 독약을 마시는 것처럼 배가 뒤틀려 고통스럽다. 아가씨들은 차를 마신 뒤로 빨리 늙는 것 같고 가정주부들은 차를 우리느라 아이도 제대로 돌보지 못한다. 영국남자들은 차를 잔뜩 마신 뒤로 칼을 들 힘조차 없어졌다.

차를 마시는 습관이 경제에 해악을 끼쳤다는 것은 길게 말할 필요도 없다. 황당하고 타락한 동방국가에서 사치스러운 차를 수입하느라 그렇게 많은 돈을 쓰다니. 차는 진정 백해무익하다. 어째서 길을 닦고 농장과 과수원을 만들고 농민들의 초가집을 궁전으로 바꾸어 주는 데 그 돈을 쓰지 않는가?

차를 마시는 것은 악습이다. 건강을 해치고 사회와 경제에 해를 끼쳐 국가를 멸망시킬 위험도 있다. 옛날 로마제국은 상인들이 은화로 중국 비단을 사고 여자들이 화려한 비단치마를 입었으며 남자들이 하루에도 대여섯 번씩 목욕을 했다. 그 때문에 국고가 바닥나고 도덕이 붕괴되었으며 야만족이 침입해 위대한 로마제국이 순식간에 무너졌다!

차를 이토록 증오한 사람은 누구일까? 바로 18세기 영국의 유명한 자선사업가이자 작가인 조나스 한웨이다. 그는 자신의 책에서 이토록 통렬하게 차를 비판했다. 그는 대영제국이 중국차를 사기 위해 막대한 은을 써 버리는 것에 불만이 많았다. 그는 이것이 망국을 부르는 어리석은 일이라고 생각했다.

그런데 흥미로운 사실은 위의 글에서 '차'를 '아편'으로, '마신다'를 '피운다'로, '영국'을 '청나라'로 바꾸면 그와 비슷한 시기에 청나라 관리 임칙서가 아편의 해악을 비판했던 말과 아주 흡사하다는 점이다.

영국과 청나라는 누가 누구를 망친 것일까? 아편전쟁의 원인을 경제적인 측면에서 분석하려면 차에 대한 이야기부터 시작해야 한다.

01 · 대영제국이 찻잎에 함락당하다

　　　　　17세기 초 네덜란드의 동인도회사가 처음으로 동방의 차를 서유럽 각국으로 전파시켰다. 유럽인들은 잎사귀를 우려낸 차의 향기에 단단히 매료되었고 영국 상류사회부터 시작된 차 마시기가 차츰 사회 각 계층으로 확산되었다.

　대영제국도 차 향기의 유혹을 뿌리치지 못했다. 1699년 영국 동인도회사는 중국에서 상등품 차 300통과 우이차 80통을 사들였다. 차를 뜻하는 영어 'TEA'가 바로 중국어의 사투리 민난어 중 '차'라는 글자의 발음에서 유래되었다고 주장하는 학자들도 있다. 그 뒤 몇십 년 동안 영국의 차수입량이 급증했다.

　그러나 1720년 이전까지만 해도 영국의 연간 차수입량은 1만 담(아편을 세는 단위로 약 5킬로그램―옮긴이)도 되지 않았고 주로 약용으로 사용되었다. 남성용 차는 머리를 맑게 하는 각성작용이 있었고 여성용 차는 편두통, 우울증, 불안감을 완화시키는 데 썼다.

　1720~1800년 영국의 한 해 평균 차수입량이 2만 담으로 늘어났다. 차가 영국에서 큰 인기를 끌면서 점차 세련된 사치품으로 인식되었다. 특히 여자들이 차를 많이 마셨고 차에 관한 독특한 에티켓도 생겨났다. 차 마시는 것이 좋은지 나쁜지를 두고 영국인들 사이에서 격렬한 논쟁도 벌어졌는데, 반대하는 사람들 중에는 앞에서 언급한 조나스 한웨이가 대표

적이다.

영국 감리교 창시자인 존 웨슬리도 자신에게 갑작스럽게 반신불수라는 무서운 증상이 나타났는데 차를 끊은 뒤 모든 증상이 사라졌다면서 감리교 신도들에게 차를 마시지 말라고 설교했다. 그러나 그 역시 차 끊기를 여러 번 시도해 보았지만 차를 마시지 않으면 기운이 없고 정신이 몽롱해 다시 차를 마시곤 했다. 오늘날 의지박약한 사람들의 금연처럼 말이다.

감리교 창시자인 존 웨슬리도 차를 끊지 못했으니 일반인들은 차의 유혹을 뿌리치기가 훨씬 더 힘들었다.

1750년을 전후해 영국 중산층 가정에서 아침에 버터 바른 토스트를 먹는 것이 유행하면서 차는 더더욱 빼놓을 수 없는 기호품이 되었다. 런던에서는 하인들도 아침에 버터 바른 빵에 밀크티를 곁들여 먹었다. 1750년경 차 마시기를 비난하는 여론이 최고조에 달했지만 차는 이미 영국인들의 생활필수품이 되어 있었다.

1800~1833년 차수입량이 평균 3만 5천 담까지 급증했고 차는 영국에서 거의 식품으로 대접받았다. 일반 가정에서 차를 진하게 우려 우유와 설탕을 섞어 먹곤 했는데, 우유와 설탕의 열량이 높기 때문에 영국인들은 이것을 필수 영양음료로 여겼고 이 습관이 확산되면서 영국인들 모두 차애호가가 되었다.

무엇이든 생활필수품으로 자리 잡고 나면 그것을 생활에서 밀어내는 것은 매우 어렵다. 18~19세기에는 국제무역에 대한 인식이 성숙하지 못해 사람들은 자국의 금과 은이 늘어나기만 하면 무조건 좋은 일이고 반대로 자국의 금은이 술어들면 경제가 몰락하는 것이라고 생각했다. 이것은 전형적인 중상주의의 관념이다. 사실 금은은 그저 화폐일 뿐 먹을 수도 없고 입을 수도 없다. 돈은 소비함으로써 편리하고 행복한 생활을 하는 것이지 깊숙이 쌓아놓기만 하는 것이 아니다.

중상주의의 잘못된 관념은 오늘날에도 완전히 사라지지 않았다. 수출이 수입보다 많으면 경기가 좋고 수출이 수입보다 적으면 경기가 나쁘다는 단순한 사고를 가진 사람들이 아직도 많다.

희고 반짝이는 은이 줄줄이 빠져나가고 녹색 찻잎이 들어오자 영국도 점점 조바심이 나기 시작했다. 영국인들의 생활필수품을 타국에서 수입해야만 하는데, 돈이 바닥나 수입할 수 없다면 어떻게 될까? 국제무역에서 두 나라의 수출입균형이 얼마나 중요한지 여기서도 알 수 있다. 영국이 중국으로부터 차를 대량 수입한다면 특정상품을 그와 비슷한 양으로 중국에 수출해야 한다.

영국산 제품 중 세계적으로 유명한 것은 양모를 가공해서 만드는 모직물과 앞에서 언급한 고급자기였다. 그런데 이 두 상품이 유럽에서는 어느 정도 경쟁력이 있었지만 중국에서는 별로 환영받지 못했다.

전통적으로 자연과 인간의 조화를 중요하게 여기는 중국인들은 기계로 생산한 모직물에 거부감을 느꼈다. 게다가 영국의 최상품 모직물이 먼 바다를 건너 중국으로 가면 세계 최고수준인 중국의 비단과 경쟁할 수 없었다. 품질이 낮은 모직물은 일반대중들도 살 수 있는 가격이었지만 청나라 때 민중들은 남자는 농사를 짓고 여자는 직접 면화로 옷감을 짰다. 모직물 가격이 아무리 싸도 어쨌든 돈을 주고 사므로 집에서 직접 짠 것보다 훨씬 비싸게 느껴졌고 굳이 살 필요도 없었다. 고급자기는 더 말할 것도 없다. 황실에서 신기한 마음에 두세 개 사서 진열하는 것 외에는 부자든 빈민이든 서양 자기를 사려고 하지 않았다.

중국에 수출할 수 있는 상품을 찾지 못하고 중국상품을 수입하기만 하면 언젠가는 영국국고가 바닥날 것이고 국고가 바닥나서 차를 수입하지 못하면 영국정부는 국민들에게 거센 비난을 들을 것이 뻔했다. 영국은 물론 유럽 각국의 상인들이 중국인들이 좋아할 만한 상품을 찾아다니기 시작했다.

유럽인들은 중국인들이 단향목, 제비집, 샥스핀을 몹시 좋아한다는 것을 알았다. 특히 서남아, 동남아, 태평양의 섬에서 자란 단향목은 중국에서 고급가구의 재료가 되는 상등품 목재였다. 유럽 상인들은 바다를 누비고 다니다가 단향목이 자라는 섬을 발견하면 닥치는 대로 모두 베어 배에 싣고 중국으로 가져가 차, 자기와 바꾸었다. 그렇게라도 해서 수출입균형을 맞추어야만 은 유출을 막을 수 있었다.

유럽인들의 벌목으로 수많은 섬에서 단향목이 자취를 감추고 섬들의 생태계가 파괴되었다. 이대로 계속되다가는 태평양에서 단향목이 자라는 섬들은 모두 황무지로 변해 버릴 것이었다. 바로 그때 홀연히 등장한 식물이 민둥섬이 될 위기에 처한 태평양 섬의 구세주가 되었다.

02 · 영국의 차중독과 중국의 아편중독

　　지금도 중국인들은 아편이라는 말만 들어도 분노가 치민다. 청나라와 영국 간의 두 차례 아편전쟁이 바로 중국 근대사를 치욕의 역사로 만든 발단이기 때문이다. 아편은 중국인들에게 실로 형언할 수 없을 만큼 큰 죄를 지었다.

　　19세기 이전까지 아편의 이미지는 그리 나쁘지 않았다. 역사학자들에 따르면, 6천 년 전 신석기시대에 이미 유럽인들이 양귀비를 재배했다고 한다. 재배가 이루어졌다는 것은 양귀비가 어느 면에서든 가치가 있었음을 의미한다. 최초로 양귀비를 재배했던 사람들은 양귀비를 진통제로 사용했던 것으로 보인다. 당시에는 약이 없었고 식용 양귀비에 통증을 완화하는 효능이 있으니 당연히 재배할 가치가 있었다.

　　3천 년 전에도 양귀비로 만든 아편이 널리 사용되었다. 당시 사람들은 부기진정, 두통완화, 외상치료 등에 아편을 사용했다. 훗날 유럽에서는 방직공장 여공들이 고된 노동에 지친 몸으로 귀가해 아기가 울고 보채면 아기를 얌전히 재우기 위해 아편을 조금 먹이곤 했다. 우는 아기에게 곶감 대신 아편을 먹였던 것이다.

　　19세기 초까지는 아편을 마약으로 인식하지 않았다. 당시 유럽 각국 정부가 술을 빚거나 팔지 못하도록 금지했지만 아편을 금지하자고 주장하는 사람은 없었다. 괴테, 월트 소코트, 셸리, 바이런 등 유명한 작가들이 아편이 가져다주는 '기묘한' 자극을 즐겼다. 여러 나라의 군대에서도 아편이 흔하게 사용되었다. 아편이 전염병인 이질을 치료·예방하고 병사들의 정신적 스트레스를 완화시키는 효과가 있었기 때문이다. 아편은 독한 술과 함께 병사들에게 가장 환영받는 보급품이었다.

어째서 수천 년 전 사람들은 아편의 해악을 인식하지 못했을까? 아편이 문제를 일으키지 않았기 때문이다. 오랜 옛날부터 사람들은 아편이 신경을 마취시키는 효과가 있다는 것을 알고 있었지만 당시에는 아편을 가공하고 제련하는 기술이 발달하지 못해 신경을 자극하는 알칼로이드의 함량이 높지 않았다. 그 때문에 아편을 과량 섭취하지 않는다면 쉽게 중독되지 않았다. 19세기 초까지도 아편보다 독한 술이 더 위험하게 여겨졌던 이유가 바로 여기에 있다.

중국에서도 처음에는 아편이 큰 문제가 되지 않았다. 명나라 때 동남아 각국에서 명나라에 바친 조공품 중에 아편이 포함되어 있었고 만력제는 아편에 탐닉해 30년 동안 정사를 돌보지 않고 후궁에서 아편과 여자에 빠져 살았다. 중국에서 아편이 처음부터 잘 팔렸던 것은 아니다. 처음에는 약방에서만 팔았는데 잘 팔리지 않자 상인들이 아편이 정력에 좋다고 선전을 했고 그제야 사람들의 관심을 받기 시작했다.

청나라 초기 네덜란드 동인도회사가 아편판매량을 늘리기 위해 아편과 담배를 섞어서 담뱃대로 아편을 피우는 방법을 개발했다. 아편이 약이자 건강식품에서 담배와 같은 소비품으로 바뀐 것이다. 화학적으로도 아편과 담배를 섞어서 피우면 아편만 피울 때보다 건강을 덜 해친다는 장점이 있었지만 담배가 좋지 않은 이미지를 가지고 있기 때문에 아편의 이미지도 추락했다.

소비량이 점점 늘어나 담배재배의 수익률이 높아지자 곡식재배를 그만두고 담배를 재배하는 자경농들이 많아졌다. 당시 중국인들은 아편과 양귀비에 대해 잘 알지 못했기 때문에 앙귀비 재배면적은 넓지 않았지만, 담배는 많이 재배되었기 때문에 전체 경작면적 중 담배밭이 차지하는 비중이 컸다. 옹정제는 이 점을 탐탁지 않게 여겼다. 부지런하고 검소한 옹정제는 역대 황제들과 마찬가지로 곡식재배를 중요하게 생각했으므로 담배재배로 인해 곡식 경작면적이 줄어드는 것을 몹시 걱정했다. 옹종제는 이 문제를 해결하기 위해 금연령을 반포했다.

대부분 옹정제가 중국역사상 최초로 금연령을 반포했으며 그가 금지한 것이 아편담배였다고 알고 있다. 그런데 사실은 옹정 5년에 반포된 금연령은 아편이 아니라 담배를 금지하는 것이었다. 그로부터 2년 뒤인 옹정 7년에야 비로소 아편을 금지하는 금연령을 내리고 아편판매상과 흡연자를 단속했다. 옹정제가 우려했던 것이 백성들의 건강이 아니라 국가의 식량안보였음을 알 수 있는 대목이다. 곡식생산을 가장 크게 위협하는 것이 담배였기 때문에 먼저 담배를 금지하고 그 뒤에 담배와 비슷한 아편을 금지했던 것이다.

옹정은 약용아편과 아편담배를 구분했다. 약품으로 쓰이는 아편의 경우 판매상이 약재에 부과하는 세금을 내기만 한다면 수입을 허가했다. 얼핏 듣기에는 합리적인 제도인 것 같지만 시행상의 어려움이 적지 않았다. 똑같은 아편을 놓고 약품인지 마약인지 어떻게 구분할 수 있을까? 약품이라는 꼬리표를 붙여 수입한 뒤 판매하는 사람들도 있었다.

또 한 가지 큰 문제점은 금연령으로 인해 아편을 흡입하는 방식이 바뀌었다는 사실이다. 담배 생산과 판매가 금지되자 아편밀수업자들이 순도가 높은 아편을 해외에서 밀수하기 시작했다. 어차피 불법행위이므로 수익이 높은 것을 선택하는 것은 당연한 일이다. 그 결과 아편과 담배를 섞어서 흡입하는 방식에서 아편만 흡입하는 방식으로 점차 바뀌었으며, 아편의 독성이 강해져 사람들이 쉽게 중독되고 건강에 심각한 문제를 일으키기 시작했다. 아편은 이제 약도 건강식품도 아닌 마약이었다. 아편중독자들이 속출하기 시작했다. 오로지 아편만이 그들을 고통에서 해방시킬 수 있었다.

아편흡입도 음주와 비슷하다. 술은 알코올 도수에 따라 샴페인에서 보드카까지 여러 종류가 있다. 도수가 높은 술을 많이 마시면 알코올에 중독되듯이 아편도 알칼로이드 등 성분함유율이 낮으면 건강에 큰 해가 없지만 함유율이 높으면 사람을 중독시키고 건강을 크게 해친다.

술을 마시는가보다 알코올 도수가 얼마나 높은지가 더 중요하듯이, 아편을 흡입하는가보다 알칼로이드 함유율이 얼마나 높은가가 더 중요하다. 음주나 아편흡입을 철저히 금지시켜야 한다고 주장하는 사람들은 이 점을 잘 모르고 있다. 청나라가 담배와 아편을 금지시킨 것은 식량안보를 위한 조치였다.

그러나 건륭제와 가경제 재위기간에도 금연령을 여러 번 반포했지만 아편밀수는 점점 심해지기만 했다. 가경제는 외국에서 아편을 수입하거나 국내에서 양귀비를 재배하는 행위를 강력하게 금지했지만 청나라 세관관리들 중에 밀수아편에 세금을 부과해 자기 주머니를 채우는 이들이 있었으므로 아편수입은 줄어들기는커녕 계속 늘어나기만 했다.

청나라 전기에는 한 해 아편수입량이 200상자(아편 산지마다 한 상자의 중량이 달랐지만 기본적으로 아편 한 상자가 1담보다는 약간 무거웠음—옮긴이)도 되지 않았지만, 1821년에는 수입량이 5,959상자로 늘어났고 12년 뒤인 1833년에는 수입량이 2만 486상자로 급등했다. 급기야 아편전쟁이 발발하기 전 몇 년 동안은 연간 아편수입량이 약 4만 상자에 달했다. 아편수입량이 늘어난 만큼 아편중독자도 급증했다. 아편에 일단 중독되면 그들에게 아편은 단 하루도 없어서는 안 되는 필수품이 되었다. 영국인들의 생활에서 차가 빠질 수 없었던 것처럼 말이다.

중국으로 수입되는 아편은 대부분 영국 동인도회사에서 구매한 것이었다. 영국인들은 인도 등지에서 양귀비를 재배해 아편으로 제련한 다음 중국으로 수출해 큰돈을 벌었다. 아편의 등장으로 태평양의 섬에서 자라는 단향목은 관심의 대상에서 제외되었다. 이는 비용과 수익의 원칙에 따른 결과였다.

기록에 따르면, 1817년 인도에서 아편 한 상자의 생산원가가 200~300루피밖에 되지 않았지만 중국에서는 2,600루피에 판매되었다. 머나먼 태평양의 섬에서 단향목을 벌목해 중국으로 운반해 오면 가격이 두 배로 뛰기는 했지만 원가의 10배나 되는 아편 수익률과 비교하면 새발의 피였다. 태평양 섬의 단향목 벌목은 저절로 중단되었고 섬의 자연환경도 유지되었다. 아편이 세상을 위해 작은 기여를 한 셈이다.

아편은 영중무역에 엄청난 영향을 미쳤다. 아편무역량이 계속 증가한 덕분에 대영제국은 더 많은 차를 수입할 수 있었다. 두 나라 사이의 무역량이 급속도로 증가해 아편전쟁 직전 청나라는 이미 은 순수입국에서 순수출국으로 전환되어 있었고 은 보유량은 계속 감소했다.

청나라 황제는 초조해졌다. 당시 아편을 비판한 글을 보면 대부분 아편이 백성들의 정신을 피폐하게 만든다는 점에 초점을 맞추고 있지만, 사실 청나라 조정은 백성들의 건강문제에는 조금도 관심이 없었다. 청나라 관리들도 아편을 피웠다는 사실이 이 점을 증명한다. 처음 금연령을 선포한 옹정제도 아편은 피우지 않았지만 코담배와 코담배병은 몹시 좋아했다. 윗물이 맑아야 아랫물이 맑다고 했던가. 건강문제는 청나라 관리들이 생각한 아편의 해악 가운데 큰 비중을 차지하지 않았다.

은의 유출로 청나라의 기반을 흔들렸다. 앞에서 언급했듯이 과거 중국은 자경농과 농업을 바탕으로 한 국가였기 때문에 은이 부족하면 곧바로 디플레이션의 재앙이 닥쳤다. 명나라 멸망의 원인도 결국에는 은 부족이었다. 아편무역으로 인해 청나라도 명나라 말기와 비슷한 곤경에 빠졌다.

청나라 통치자를 가장 분노하게 한 것은 매년 영중무역액이 그렇게 많은데 아편밀수로 조정은 무역증가 이득을 거의 볼 수 없다는 사실이었다. 영중무역은 증가하는데 국고는 텅 비어 통치계급이 주지육림에서 노닐 수 없었고 국가운영 비용도 턱없이 부족했다.

청나라의 아편중독과 영국의 차중독 사이에 얽힌 관계가 점점 심각해져 더 이상 해결하지 않으면 안 되는 지경에 다다랐다. 분노한 청나라가 먼저 행동을 개시했다. 그들이 내놓은 방법은 무엇이었을까?

03 · 중국인에게 모욕을 당했다고 느낀 영국인

아편전쟁이 발발하기 전 영국은 인도산 아편을 중국에 팔아 그 돈으로 중국의 차를 수입했다. 은 유출 문제가 해결되고 은 보유량에 여유가 생긴 영국인들은 중국인들의 분노가 한계가 다다랐음을 눈치 채지 못했다. 그러나 영국인들 가운데 일부 도덕심이 투철한 이들은 영국정부의 아편무역을 비난했다. 제1차 아편전쟁 직전 주중 무역총감독관으로 부임한 찰스 엘리엇조차 마약인 아편을 수출하는 것이 잘못된 일이며 영국의 수치라고 여겼다.

국내여론의 압박으로 영국 동인도회사가 한때 아편수출을 줄인 적도 있었다. 1820년 이전까지만 해도 동인도회사는 중국에 대한 아편수출량을 5천 상자 이내로 통제하고 다른 나라들의 비난을 피하기 위해 중간상을 통해 아편을 수출했다. 하지만 1833년 영국의회가 동인도회사의 중국무역 독점권을 폐지하고 다른 회사들도 중국과 무역을 할 수 있도록 허용했다. 그 결정으로 중국에 대한 아편수출이 봇물 터지듯 급증했다. 수익률이 가장 높은 무역이 아편수출이었으므로 너도나도 중국에 아편을 팔았다.

무역적자가 점점 심해지자 청나라가 마침내 금연령을 내렸다. 1838년 12월 도광제에 의해 흠차대신으로 임명된 임칙서가 광저우에서 금연운동을 펼쳤다. 임칙서가 광저우로 떠나기 전 조정신하들이 어떻게 하면 아편흡입을 막을 수 있는지에 대해 논의했다. 그때 임칙서는 아편흡입을 막으려면 우선 아편판매를 금지시켜야 한다고 주장했고 도광제도 그의 의견에 동의했다.

광저우에 도착한 임칙서는 서양인들의 아편을 몰수하기로 결정했다. 그는 아편수입을 금지해야 백성들의 아편흡입을 뿌리 뽑을 수 있다고 생각했다. 얼핏 들으면 그럴 듯한 방법이다. 백성들에게 하루아침에 아편을 끊으라고 강요하는 것은 효과도 별로 없을 뿐 아니라 자국민을 상대로 단속할 경우 조정을 비난하는 목소리가 커질 것이 뻔했다. 이는 금연운동 추진에 걸림돌이 될 뿐 아니라 임칙서의 관직생활에도 좋을 것이 없었다. 하지만 서양인들을 단속대상으로 삼는다면 효과가 빠를 뿐 아니라, 당시 서양인들을 배척하는 심리를 가지고 있던 백성들에게 '애국지사'라는 이미지를 심어 줄 수도 있었다.

청나라 조정이 내놓은 임칙서라는 카드에 대해 영국정부는 찰스 엘리엇을 대항마로 내놓았다. 엘리엇은 개인적으로는 아편무역을 지지하지 않았지만, 어쨌든 정부의 녹을 먹는 관리였으므로 정부가 시키는 대로 할 수밖에 없었다. 임칙서가 상관(외국상인들의 숙소 겸 거래장소―옮긴이)을 봉쇄해 외국상인들을 감금하고 그들에게 가지고 있는 아편을 모두 내놓으라고 압박하자, 엘리엇은 청나라 관리들과 교섭하기 위해 직접 상관으로 찾아갔다가 감금당하고 말았다.

사태가 이렇게 되자 아편을 둘러싼 분쟁이 양국 간 외교전으로 확대되었다. 엘리엇은 영국이 파견한 사신과 같으며, 사신은 전쟁 중에도 해치지 않는 것이 불문율이었나. 영국 입장에서 볼 때 이는 심각한 도발이었다.

반면 청나라는 그때까지도 자신들이 세계의 중심이라는 자만심으로 똘똘 뭉쳐 있었으므로 영국은 물론 세계 모든 나라를 비천한 약소국으로 얕

보았다. 타국과 대등하게 외교하는 것은 청나라에게는 있을 수 없는 일이었다. 엘리엇을 감금한 것 역시 하룻강아지 같은 약소국을 한번 겁준 것쯤으로 생각했다.

엘리엇은 일을 크게 만들지 않기 위해 아편을 모두 내놓으라는 임칙서의 요구를 최대한 들어주기로 했다. 엘리엇은 영국상인들에게 가지고 있는 아편을 모두 내놓도록 명령하고 영국여왕을 대신해 상인들의 손실을 국가가 배상하겠다고 약속했다. 그 결과 2만 상자가 넘는 아편이 몰수되었다. 영국상인들이 그렇게 많은 아편을 가지고 있었다는 사실에 임칙서조차 놀랐다. 당초 6,000~7,000천 상자 정도 몰수하면 충분할 것이라 예상했었기 때문이다.

임칙서는 만족스러운 미소를 지었지만 이번에는 영국의회가 발칵 뒤집혔다. 영국의회 의원들이 노발대발했다. 그들이 분노하는 것은 청나라가 영국상인들의 아편을 불태워 영국에 도발했기 때문이 아니라 국가가 마약상인들의 손실을 배상해 주기로 했기 때문이었다.

이는 당시 영국이 이미 현대적인 국가였음을 보여주는 증거다. 그들은 법치를 중시했기 때문에 경제적인 문제도 당연히 법률원칙에 따라야 한다고 생각했다. 실속 없는 국가의 존엄 따위는 그들에게 조금도 중요하지 않았다.

엘리엇이 영국상인들에게 정부가 손실을 배상하겠다고 약속한 것은 사실 의회의 동의를 거치지 않은 것이었다. 엄밀하게 말하면 기만행위였으며 의회가 그런 결정에 동의할 리 없었다. 결국 모든 손실은 청나라에 아편을 내어준 영국상인들이 감수해야 했다.

아편몰수에 성공해 의기양양해진 임칙서는 서양상인들에게 다시는 아편을 팔지 않겠다는 각서를 쓰라고 요구했다. 각서란 오늘날 업계의 자율협약 같은 것으로 대단한 것은 아니었지만 각서에 포함된 한 가지 조항이 문제가 되었다. 각서의 내용을 위반할 경우 임칙서가 임의대로 처벌한다는 조항이었다.

임칙서와 청나라의 입장에서 보면 이는 지극히 자연스러운 일이었다. 청나라에서는 관리의 말이 곧 법이었으므로 광둥지역의 금연운동을 책임지고 있는 임칙서가 곧 그 지역의 경찰이자 법관이라는 인식이었다.

그러나 임칙서의 상대는 이미 법치사회로 진입한 대영제국이었다. 엘리엇이 아무리 어리석어도 임칙서가 영국상인들을 임의로 처벌하겠다는 데 동의할 리 없었다. 당시 영국법률은 인간의 권리를 존중하고 모든 용의자는 정식재판이나 그에 해당하는 사법절차를 거쳐야만 유죄와 무죄 또는 죄의 경중을 판단할 수 있다고 명시하고 있었다. 비록 당시 경찰들이 사람을 체포할 때 "당신은 묵비권을 행사할 수 있으며 불리한 진술을 거부할 권리가 있습니다……"라고 미란다 원칙을 읊어 주지는 않았지만, 관리 한 사람의 말 한마디로 용의자를 처형하는 경우는 없었다.

엘리엇이 임칙서의 요구에 동의하지 않자 양측관계가 차갑게 냉각되었다. 하지만 그때까지만 해도 전혀 수습이 불가능한 상황은 아니었다. 역사란 참으로 기묘한 것이다. 1839년 7월 7일 한 영국선원이 주룽 침사추이의 작은 호텔에서 술을 마시고 주정을 부리다가 현지 주민을 때려죽이는 일이 발생했다. 임칙서는 사람을 죽인 자는 목숨으로 갚는다는 청나라의 관례에 따라 영국에 그 선원을 내놓을 것을 요구했다. 엘리엇은 용의자를 몇 명 찾아낸 뒤 자신이 직접 재판해서 범인을 찾아내면 반드시 처형하겠다고 약속했다.

그런데 사람을 죽인 그 선원이 아편을 팔러 온 상선에서 일하는 선원이었다. 영국상인들은 아편몰수로 인해 큰 손실을 입은 탓에 엘리엇에게 큰 불만을 품고 있었다. 엘리엇은 막중한 압력 속에서 살인범을 찾아내 처형하지 않고 용의자들을 가볍게 처벌하는 선에서 마무리 지었다. 사실

9표 차이로 전쟁이 발발하다

엘리엇도 처음부터 영국 국민을 청나라의 사형장으로 보낼 생각이 없었다. 자국의 법률규정을 잘 알고 있었기 때문이다.

그의 판결은 청나라의 존엄과 임칙서의 권위에 대한 심각한 도발이었다. 분노한 임칙서는 광저우와 마카오에서 외국상인들을 추방하고 해군을 보내 바다 위에 정박해 있는 영국상선들을 공격했다. 그 배들에 아편이 실려 있다고 확신했기 때문이다.

임칙서의 행동은 청나라만큼이나 오만한 대영제국을 분노케 했다. 영국 국내에서는 자국선원의 살인사건에 대해 잘 모르고 있었기 때문에 임칙서의 행동에 여론의 초점이 맞추어졌다. 그들은 임칙서가 정상적인 외교절차도 없이 광둥성에 거주하는 영국인들을 추방한 것은 대영제국에 대한 커다란 모욕이라고 생각했다. 아편무역은 사실 큰 문제가 아니었다. 아편을 팔지 못하게 하면 팔지 않으면 그만이었다. 대영제국이 그깟 아편 때문에 전쟁을 할 필요는 없었다.

그러나 양국의 자유무역을 해치는 것은 그냥 넘어갈 수 없는 큰 사건이었다. 대영제국의 함대를 보내 동방의 아편쟁이들에게 본때를 보여주어야 한다는 목소리가 높아졌다. 영국이 '자유무역'을 이토록 중요하게 여긴 것이 어쩌면 자국민들이 중국차를 마시지 못할까 봐 걱정했기 때문일 수도 있다.

전쟁에는 돈이 필요하고 영국정부가 군비를 지출하려면 의회의 비준을 받아야 했다. 의회에서 진행된 전쟁 찬반투표에서 찬성 271표, 반대 262표로 불과 9표 차이로 전쟁이 결정되었다. 이 9표가 역사상 첫 번째 아편전쟁을 일으키고 오래된 나라 중국의 국호를 개방시켰다.

당시 청나라가 영국으로 사절을 파견해 영국선원의 살인사건에 대해 의회에서 설명했거나, 청나라 황제가 화의를 청하는 서신을 보내 평화에 대한 열망을 피력했더라면, 어쩌면 반대표를 몇 표 더 얻어내 청나라가 전쟁을 피할 수 있었을지도 모른다. 안타깝게도 청나라는 현대적인 국가가 아니었기에 자신들의 원칙 안에서만 대응했을 뿐, 영국을 움직일 수 있는 카드를 내놓지 못했다. 양국의 국가체제와 사고방식의 차이가 바로 아편전쟁의 근본적인 원인이다.

아편전쟁의 구체적인 경과에 대해서는 앞에서 이야기했으므로 다시 설명하지 않겠다. 영국 황실해군의 함대가 전장을 함락시켜 대운하의 조운을 차단시키자, 청나라는 비로소 꼿꼿하게 쳐들었던 머리를 숙이고 영국의 요구를 모두 수용했다. 양측의 합의내용은 첫째, 전쟁이 끝난 뒤 대등한 외교관계를 수립할 것, 둘째, 중국의 5개 항구를 개방할 것, 셋째, 홍콩 섬을 영국에 할양할 것, 넷째, 영국의 군비와 상인들의 손실을 배상할 것, 다섯째, 양측이 억류하고 있는 포로들을 석방할 것, 여섯째, 영국군이 난징 등 하천 및 해안지역에서 철수할 것이었다.

이 조약에는 아편이 불태워진 상인들의 손실배상을 비롯해 아편무역에 관한 내용은 하나도 포함되어 있지 않았으며 아편판매가 합법인지의 여부에 대한 명확한 설명도 없다. 이 전쟁 뒤에도 청나라의 은은 계속 국외로 유출되었다.

불행은 이것으로 끝이 아니었다.

04 · 아편과 차의 암투

  십 수 년 뒤 아편무역이 합법화되었다. 아편 밀수가 근절되지 않고 은이 줄줄이 새어나가자 청나라 정부는 빠져나가는 은을 조금이라도 붙잡아 국고를 채울 수 있는 방법이 필요했다. 게다가 태평천국의 난이 중국 남부를 휩쓸고 태평천국군이 베이징까지 위협하고 있었으므로 봉기를 진압하기 위한 거액의 자금이 필요했다.

  1858년 청나라와 영국은 난징조약의 후속조약을 통해 아편을 '양약'으로 수입할 수 있도록 허가하고, 아편 100근당 은 30냥씩 세금으로 납부하도록 했다. 영국인들에게는 더없는 희소식이었다. 이제 떳떳하게 아편을 팔아 차를 살 수 있고 도의적인 책임을 질 필요도 없었다.

  그러나 기뻐하기에는 아직 일렀다. 총으로 모든 문제를 해결할 수 있다는 것은 어떤 나라든 군대를 보내 무력을 행사할 수 있음을 의미했다. 청나라가 아편무역을 합법화하는 조약을 체결한 이듬해, 황제는 윈난성에서 생산되는 토약에 세금을 부과하고 상품의 지방통과세인 이금을 징수해 세금은 국고에 넣고 이금은 봉기소탕 자금으로 쓰라는 조서를 내렸다.

  토약이란 무엇일까? 양약이 수입산 아편이므로 토약은 중국 본토산 아편을 뜻했다. 사실 아편전쟁 이전에는 시장수요가 계속 증가해 양귀비 재배로 쏠쏠한 수입을 챙길 수 있었다. 그 때문에 인도와 기후가 비슷한 윈난지역에서 아편을 재배하는 농가들이 생겨나고 있었다. 아편전쟁 이후에는 양귀비 재배가 내륙 각지로 확산되었다. 수입산 아편에 세금을 부과하기로 했으므로 본토산 아편에도 자연히 세금을 부과했다.

토약에도 세금을 부과한다는 것은 양귀비 재배가 합법화되었음을 간접적으로 의미하는 것이다. 중국농민들은 예로부터 근면하고 인구도 많았으므로 토약이 합법화되자마자 너도나도 양귀비를 재배하였고, 그러자 중국산 아편이 수입산 아편 시장을 위협했다. 아편수입량은 1879년(광서 5년)에 연 8만 3천 담으로 최대를 기록했다가 해마다 줄어들어 중일전쟁 때는 5만 담까지 감소했고, 청나라가 멸망하던 해에는 2만 7천 담으로 감소했다. 중국산 아편의 공세에 못 이겨 수입산 아편은 점점 시장에서 발붙일 곳이 줄어들었다.

청나라 말기에는 토약과 양약으로 거두어들이는 세금과 이금을 합쳐 1년에 2천만 냥이 넘었다. 청나라가 두 차례 아편전쟁과 태평천국의 난으로 극심한 타격을 입고도 무너지지 않은 주요 원인 중 하나가 바로 아편에서 거두어들인 세금수입이었다. 심지어 훗날 각지에서 신군훈련에 투입한 자금도 대부분 아편에서 징수한 세금이었다.

아편 재배면이 늘어나면서 청나라는 더 이상 영국인들에게 아편을 대량 수입할 필요가 없었다. 하지만 그동안 영국도 아무런 준비가 없었던 것은 아니다. 해상무역의 패권을 장악한 영국인들은 자신들이 날마다 마시는 차를 청나라가 독점 생산하는 현실을 팔짱 끼고 지켜보지만은 않았다. 더군다나 영국인들은 경제를 자기들이 유리한 방향으로 유도하는 데 특별한 수완이 있다. 현대 경제학의 아버지 애덤 스미스도 영국인이다.

1793년 중국을 방문한 매카트니가 영국에서 차를 재배하기 위해 차나무와 종자를 가지고 돌아갔다. 지리적 제약으로 차나무에 대해 잘 알지 못했던 영국인들은 오랫동안 녹차는 녹차나무에서 나고 홍차는 홍차나무에서 나는 줄 알고 있었다. 심지어 1778년 한 식물학자가 동인도회사에 차나무 재배에 관한 보고서를 제출했는데 그 보고서에도 홍차는 북위 26~30도에서, 녹차는 북위 30~35도에서 재배하기에 적합하다고 버젓이 적혀 있었다.

하지만 지식욕이 강한 영국인들은 차를 재배하기 위해 끈질기게 연구했다. 드디어 로버트 포춘이라는 영국 식물학자가 온갖 고생 끝에 중국 각지를 돌아다니며 차나무 종자를 채집했다. 그는 채집한 종자를 유리로 만든 휴대용 보온상자에 넣어 숨긴 다음 인도로 가는 배에 몸을 실었다. 인도는 당시 영국의 식민지였다. 포춘은 소중한 차종자를 인도에 심어 10만 그루가 넘는 차묘목을 길러냈고, 머지아노아 인도의 산기슭은 새파란 차밭으로 뒤덮였다. 마침내 영국은 청나라의 차 독점구도를 깰 수 있는 희망의 빛을 발견했다.

19세기 초 주네팔 영국영사는 동남아 아삼 지방 사람들이 차를 마시는 습관이 있다는 것을 알고 깜짝 놀랐다. 그 가난뱅이들이 설마 중국에서 차를 수입했을까? 조사해 보니 아삼 지역에는 차나무가 자생하고 있었다. 그것이 바로 인도 차나무다. 영국은 미얀마를 무력으로 공격해 차나무가 자라는 지역을 점령한 뒤 인도 차나무와 중국 차나무를 함께 재배하는 한편, 중국에서 경험이 풍부한 차 가공기술자들을 인도로 데려와 고용했다. 또 영국인들은 차종자를 스리랑카로 옮겨다가 심었는데, 그 덕분에 스리랑카는 지금도 세계 최대 차수출국 중 하나다.

19세기 후반 또 다른 차 소비대국인 러시아도 자국에서 차재배를 적극적으로 추진했다. 러시아인들은 중국에서 차묘목을 들여와 코카서스 지방에 차밭을 조성했다. 현재 코카서스 지방온 유럽 유일의 중요한 차생산지다.

세계 차 생산구도에 커다란 변화가 생겼지만 청나라는 대응할 힘이 없었다. 아이러니하게도 아편전쟁으로 중국이 국호를 개방한 뒤 중국 차산업은 비약적으로 성장했다. 차무역의 높은 수익을 노린 서구열강들이 앞다투어 중국 통상항구에 거점을 세우고 중국산 차를 대량으로 사들였다. 그 덕분에 중국의 차수출량은 해마다 최대기록을 경신했다.

1886년 차수출량이 268만 담으로 현재 단위로 환산하면 약 13만 4천 톤이었다. 지금으로 따져도 세계 5위 차수출국이 될 수 있는 규모다. 100여 년 전 세계 인구가 지금보다 훨씬 적었고 소비력도 약했었던 것을 감안하면 당시 중국의 차산업이 국제무역에서 얼마나 큰 비중을 차지했는지 알 수 있다.

하지만 청나라 말기 차산업의 번영은 불이 꺼지기 직전 잠시 밝아지는 신기루 같은 것이었다. 수에즈운하가 개통되어 인도양을 사이에 두고 양쪽으로 나뉘어 있던 나라들이 훨씬 가까워졌다. 런던 상인들이 언제든 중국, 인도, 스리랑카, 심지어 아프리카의 차시세를 훤히 꿰뚫게 되었고 차 운송기간도 훨씬 짧아졌다. 세계시장에서 피부색이 다른 상인들과 경쟁하기 위해서는 현대적인 경영이념과 지혜가 필요했다. 변발을 늘어뜨린 중국상인들이 두뇌회전이 빠르고 이재에 밝기는 했지만 세계시장을 내다보며 경영하는 데는 서툴렀다.

아편전쟁 뒤 중국의 차수출량이 급증하자 중국에서도 차재배가 붐을 이루었다. 영국인들이 인도와 스리랑카에서 차재배에 열을 올리고 있을 때 중국인들도 차 재배면적을 빠르게 늘려갔다. 머지않아 차시장에 공급과잉이 나타나고 품질, 원가, 가격 등 여러 가지로 경쟁이 치열해졌다.

중국차는 산업혁명의 혜택을 누리지 못해 인도산 홍차와 품질 면에서 경쟁할 수 없었고, 인도와 스리랑카에서 재배면적이 확대되면서 생산효율이 높아지고, 현지인들이 중국 남부농민들만큼 부지런히 일했으므로 원가와 가격 면에서도 인도산 홍차에 뒤졌다.

청나라의 차수출량은 1886년 최고점을 찍은 뒤 십 수 년 만에 약 40퍼센트나 감소했다. 도자기 제조업이 먼저 쇠락한 뒤 차산업과 비단 제조업도 뒤이어 바닥으로 곤두박질쳤다.

중국의 3대 수출업이 차례로 몰락하고 청나라는 아편에 의지해 근근이 수명을 이어가고 있었지만 이는 장기적인 대책이 될 수 없었다.

05 · 청나라의 몰락

부유했던 청나라가 급속도로 빈곤해진 직접적인 원인은 태평천국의 난이었다. 제1차 아편전쟁에서 패배한 뒤에도 당시 청나라 국고에는 어느 정도 여유가 있었다. 1850년에도 국고의 은 비축량은 800만 냥 이상이었다. 옹정제 재위시절에 비하면 훨씬 적었지만 어쨌든 국고에 돈이 비축되어 있었다. 1852년부터 1863년까지 태평천국의 난이 발생해 천하가 어지럽고 국고가 줄어들기는 했지만 그래도 매년 20만 냥 가까이 늘어날 만큼 여유가 있었다.

그러나 표면적으로 흑자를 내고 있다고 해서 국가경제가 반드시 건전하다고 말할 수는 없다. 당시 세계 각국이 금융위기에 대한 대응책으로 미친 듯이 화폐를 찍어내고 있었다. 정부가 해마다 흑자를 내는 것처럼 보이지만 인플레이션을 감안하면 사실 경제가 침체되고 있었다. 태평천국의 난이 발생했을 때 청나라 조정이 내놓은 위기극복책도 역시 '화폐발행'이었다. 물론 당시 유통되는 화폐는 지폐가 아니라 동전과 은이었다.

금속화폐도 화폐이므로 가치가 하락할 수 있다. 1853년부터 청나라는 무게가 가벼워 실제가치가 액면가에 못 미치는 동전을 대량으로 발행하기 시작했다. 액면가 1,000문, 500문짜리 동전이 재료값과 주조비용을 합친 원가는 114문, 90문밖에 되지 않았다. 청나라 조정이 114문만 쓰고도 1,000문의 이익을 얻었음을 의미한다.

1853~1861년 청나라 조정은 액면가로 은화 826만 냥어치 동전과 대량의 보초, 즉 지폐를 발행했다. 몇 년 전 금융위기 때 미국 연방준비위원회가 했던 것과 똑같은 일을 청나라 조정이 했던 것이다. 인플레이션은 물가급등을 부른다. 불과 10년 만에 차가격이 5배로 급등하고, 돼지고기, 참기름, 석탄 가격도 각각 6배, 3배, 4배씩 상승했다. 당시에 소비자 가격지수를 조사했더라면 아마 지금과 큰 차이가 없을 것이다. 재산가치가 폭락하자 백성들의 원성이 하늘을 찔렀다.

뿐만 아니다. 청나라 조정은 서양국가들을 본떠 국채도 발행했다. 태평천국의 난이 일어나자 청나라 조정은 국채발행을 시도했다. 1853년 산시(山西)와 광둥에서 시범으로 국채를 발행하면서 이를 듣기 좋은 말로 '권차(勸借)'라고 했다. 국가가 잠시 돈을 빌린다는 의미였다. 국가가 백성들에게 돈을 빌리면서 증표를 발급해 주고 해마다 나누어 상환하기로 약속하는 방식이었다. 큰돈을 빌려준 백성에게는 현지 관청에서 이를 표창하는 편액을 내리기도 했다.

태평천국의 난이 평정되자 관청들은 약속한 대로 돈을 갚아야 했다. 그런데 관청들이 이런저런 핑계를 대며 갚을 돈이 없다고 버텼다. 관청들은 돈을 갚는 대신 돈을 빌려준 사람들에게 허울뿐인 명예나 관청의 한직을 주었다. 나라에서 백성들에게 돈을 빌렸다가 갚지 않았으므로 조정이 백성들을 기만한 것이다.

인플레이션과 국채발행은 장기적인 대책이 될 수 없었다. 당장은 국고에 돈이 비축되어 있다고 해도 앞으로의 경제상황을 장담할 수 없었다. 차수출과 중국산 아편판매에 세금을 부과함으로써 청나라 조정은 또다시 평안한 나날을 보냈지만, 세계경제가 악화되자 청나라 경제의 심각한 문제들이 곪아 터지기 시작했다.

1894년 청일전쟁이 발발하자 청나라 조정은 재정적자의 늪으로 빠져

들었다. 1896년 청나라의 재정적자가 이미 은 1,292만 냥에 달했고, 그 뒤 의화단운동이 일어나고 8국연합군과의 전쟁으로 전쟁배상금까지 더해져 재정적자는 눈덩이처럼 불어났다. 1903년 청나라의 재정적자는 무려 3천만 냥이었다!

인플레이션과 국채발행으로 또다시 위기를 벗어날 수 있을까? 3대 수출산업이 차례로 무너져 화폐를 대량으로 찍어낸들 가난한 백성들에게 짜낼 수 있는 돈이 얼마 되지 않았다. 국채발행을 시도해 보지 않은 것은 아니었다. 1898년 청나라 조정은 발등에 떨어진 불을 끄기 위해 '소신고표(昭信股票)'를 발행했다. 소신고표란 내국인을 상대로 발행한 채권으로 총발행액이 은 1억 냥이고 이율이 5퍼센트였다.

중국 속담에 "돈을 빌렸으면 갚아야 나중에 또 빌릴 수 있다"는 말이 있다. 태평천국의 난이 일어났을 때 청나라 정부가 백성들에게 돈을 빌렸다가 갚지 않은 전력이 있었으므로 소신고표를 발행해도 아무도 거들떠보지 않았다.

청나라 조정이 신뢰를 잃은 탓에 소신고표는 1천만 냥어치 팔리는 데 그쳤다.

어떤 이들은 청나라 조정이 금융을 너무 몰라 은을 그저 국고에 쌓아두기만 했다고 비판한다. 그 돈과 향후 국가세수를 담보로 적극적으로 돈을 빌려 경제를 발전시키고 군대를 키우지 못했기 때문에 청나라가 멸망했다는 것이다. 같은 시기에 영국의 국채는 연간 국가세수의 70퍼센트를 차지했다. 영국은 돈을 빌릴수록 경제가 발전했고 수전노 청나라는 돈을 쌓아둘수록 쇠락했다.

그런데 이런 비판은 표면적인 현상만을 가지고 분석한 것이다. 사실 청나라 말기로 접어들면서 청나라 조정도 금융에 눈을 뜨기 시작했다. 영국은행이나 미국 연방준비위원회가 구사하는 금융수단들은 청나라 조정도 다 할 수 있었다.

청나라가 재정적자의 늪에 빠진 진정한 원인은 바로 도덕과 신용에 있다. 의회의 견제를 받지 않는 황제와 정부는 권력지상주의에 빠져 도덕을 저버린 채 백성들을 착취하고 스스로 신용을 잃게 마련이다.

당시 청나라 조정이 유일하게 할 수 있는 일은 국가의 주권을 팔아넘기고 국가의 광산, 토지 등 자원을 담보로 서양인들에게 돈을 빌려 잠시나마 수명을 연장하는 것이었다. 몰락한 집안의 자손이 조상이 남긴 가산을 하나둘씩 전당포에 맡겨 돈을 구하는 것처럼 말이다. 청나라는 아편 연기 속에서 이성을 잃었고 1911년 신해혁명이 발생해 2천 년 동안 이어지던 봉건체제가 드디어 종말을 고했다.

후기 │ 돈으로 본 역사

 예로부터 중국의 지형은 고원과 산맥으로 둘러싸여 있고 서에서 동으로 흘러 바다로 들어가는 두 개의 커다란 강, 그리고 두 강 유역의 평야로 이루어져 있었다.

 완벽하게 똑같은 나라는 지구상에 없지만 중국은 그중에서도 매우 독특하다. 과거 영토가 넓은 농업대국이었던 인도는 아시아 대륙에 위치해 동서 양쪽으로 넓은 바다가 펼쳐져 있으며 국경선이 대부분 해안선이고 중부에 데칸고원까지 있다. 프랑스도 옛날에는 농업대국이었지만 국토면적이나 인구규모가 중국과는 비교도 할 수 없을 만큼 작았다. 지금은 러시아가 광활한 영토를 가지고 있지만 옛날에는 작은 나라들로 나뉘어 있었다. 러시아가 세계에서 국토가 가장 넓은 나라가 된 것은 근대 이후의 일이다. 하지만 러시아는 영토의 대부분이 추운 북부에 위치해 있기 때문에 기후가 중국보다 훨씬 열악하고 인구도 적다.

 중국은 처음부터 다른 나라들과는 사뭇 다른 지리적 환경을 가지고 있었다. 왕국의 경계는 고원, 산맥, 동남아 해안에 가로막혀 있고 제국은 분열되어 몹시 혼란스러웠다. 남조와 북조, 남송과 금나라 같은 남북 대치 상황이 여러 번 출현했다. 하지만 통일왕조였을 때에도 고원이나 산맥 너머까지 영토를 확장시키지 못했다.

 당나라가 가장 강성했던 시기에 세계의 지붕이라 불리는 파미르고원

294

을 넘어가 중앙아시아에서 아랍제국과 전투를 벌였지만 결국 패해 고원과 산맥 안으로 다시 들어왔다. 명나라 때에도 몽골족을 겨냥해 여러 차례 북벌을 단행했지만 전쟁할수록 명나라 국력만 약해질 뿐 몽골 각 부족은 아무런 타격도 입지 않았다. 심지어 오이라트부의 한 부족이 반격해 내려왔다가 베이징까지 위협하는 바람에 하마터면 나라가 멸망할 뻔했던 적도 있다. 원나라와 청나라는 고원과 산맥을 넘어 영토를 확장했지만 두 왕조는 북부 기마민족이 세운 나라였다. 그들은 고향이 고원과 산맥 바깥에 있었으므로 당시에 확장된 영토는 그들이 중원으로 내려오면서 함께 가지고 온 덤이었다.

이런 지리적 조건 때문에 중국은 줄곧 고원과 산맥에 둘러싸인 중원에서만 머물렀다. 농업과 농민들이 떠받치는 나라였으므로 경제적으로 고산준령을 넘어 영토를 확장할 수 있는 물질적 조건을 갖추지도 못했다. 중국에 도발한 나라는 아무리 멀어도 반드시 찾아가 복수를 했지만 수만 군대가 긴 원정을 떠난 결과는 언제나 패배였다. 풍토가 맞지 않아 군사들이 전투력을 온전히 발휘할 수 없었기 때문이다.

그 때문에 중국을 거쳐 간 왕조들은 수없이 많지만 대체로 한 가지 공통점이 있었다. 비교적 수명이 길었던 왕조들도 건국 초기에는 영토 확장을 위해 사방을 공격했을지라도 곧 국내 경제발전, 특히 농업육성에 주력했으며 대외적으로는 방어에 주력했다. 아무리 아둔한 황제라도 조금만 생각해 보면 몽골고원이나 티베트고원을 공격하는 것이 막대한 돈과 물자가 소요되지만 얻는 것은 별로 없는 일임을 알 수 있었다. 비유하자면 집 근처에 있는 시장을 놔두고 배추를 사기 위해 전국을 반 바퀴 돌 필요가 없는 것과 같다.

예로부터 중국인들은 소심한 기질이 있다. 천하의 진시황도 6국을 통일한 것으로 만족하고 더 이상 영토 확장을 꾀하지 않았으며 북쪽 산맥에 장벽을 쌓고 흉노와 대치했다. 이 장벽은 중국 북부 변방의 경계이자 중국인들의 가슴속에 버티고 있는 장벽이었다.

더 넓은 세상으로 나아가지 않고 나라 안에서 만족하며 사는 소심한 기질을 갖게 된 것은 고원과 산맥으로 둘러싸여 있는 지형 때문이다. 바로 그 장벽 덕분에 황허문명이 세계 4대 문명 중 유일하게 지금까지 남아 있는 것이기도 하다.

하지만 진시황에서 청나라 말기까지 2천 년이 넘는 세월 동안 중국인들이 이미 가진 영토에 만족해 착실하게 농사를 지으며 자식을 낳고 살았다면 중국역사에는 딱히 기록할 만한 것이 없었을 것이다.

그러나 역사는 결코 조용히 흘러가지 않는다. 국경 안에서도 항상 갈등이 끊이지 않았으며 장벽을 지키는 사람도 있고 장벽을 부수는 사람도 있었다. 장벽을 부수고 나가서 새로운 세상을 개척해야만 역사는 흥미롭고 다채로워진다. 이런 개척정신이 있었기 때문에 중국인들은 끝없는 순환 속에 빠지지 않았으며 자연적인 장벽이든 인위적인 장벽이든 용감하게 뚫고 나가도록 자신을 끊임없이 독려했다.

수양제와 대운하가 그 좋은 예다. 수양제는 중국의 젖줄인 양쯔강과 황허유역의 경제를 통합시키기 위해 세상 하나뿐인 대운하를 건설했다. 대운하 건설은 오랫동안 단절되어 있던 남부와 북부를 서로 이었다. 수양제가 없었더라면 대운하도 건설되지 않았을 것이고 그렇다면 중국의 남북분열은 피할 수 없었을 것이다. 수나라와 당나라 이후의 역사를 살펴보면 남송이 강을 사이에 두고 150년 넘게 남부를 통치했던 것을 제외하면 강을 경계로 한쪽을 통치하려고 했던 정권은 금세 무너져 버렸다. 대운하는 전국경제를 하나로 연결시켰을 뿐 아니라 남부와 북부 사람들도 서로 이어 주었다. 남부와 북부 사람들 모두 통일국가를 인정했으므로 남북분열 문제는 기본적으로 해결되었다.

그런데 고원과 산맥이라는 높은 장벽을 어떻게 무너뜨릴 수 있을까? 수양제의 비극은 북쪽장벽을 뚫기 위해 여러 번 시도한 것에서 시작되었다. 그의 목표는 고구려를 함락시키는 것이었다. 지리적 환경으로 인해 농업이 국가경제의 기반이었으므로 중국 군주들은 북부의 고원을 마음껏 내달리지 못했고 벽을 부수는 임무는 후대사람들을 위해 남겨 두어야 했다.

영락제와 정화는 또 다른 장벽을 부수고자 했다. 그들이 도전한 장벽은 바로 바다였다. 그런데 정화가 항해를 떠나기 전에도 민간상인들이 돈을 벌기 위해 이미 수백 년 동안 바다 위를 누비고 있었다. 민간의 이름 없는 영웅들은 망망대해에서 목숨을 건 모험을 했다.

안타깝게도 정화의 항해는 유럽으로 가는 무역항로를 개척하지 못했고 장벽돌파라는 과제를 완수하지 못했다.

그러나 송나라 때부터 나타난 돈 부족 현상은 역시 바다에서 해결되었다. 아메리카의 은이 여러 사람을 거치면서 중국으로 줄줄이 유입되었고 그 덕분에 명나라 후기 남부지역의 번영은 물론 훗날의 강건성세도 가능해졌다. 이것은 장벽을 부수는 또 다른 방식이었다. 스페인인과 훗날 영국인들은 중국이 두꺼운 장벽에 구멍을 내도록 도와주었다. 오래된 나라 중국의 경제가 그제야 비로소 세계경제와 연결되었다. 청나라 말기로 접어들자 양무운동이 일어나고 중국인들은 스스로 힘을 길러 장벽을 뚫고 바깥세상으로 나가기 위해 노력했다.

3천 년 중국역사를 돌이켜 보면 장벽을 쌓고 허무는 것은 영원히 끝나지 않는 주제였다. 오랜 세월 동안 중국인들은 장벽을 쌓고 자신을 보호해 안정을 유지했지만, 부작용이 쌓이고 쌓여 너 이싱 수습할 수 없는 지경에 다다랐다. 한나라 때 시작된 명문귀족들의 관직독점과 국가세수권 침해는 화기애애한 분위기에 찬물을 끼얹고 장기간의 대분열과 혼란을 초래했다.

옛날 동전을 보면 겉은 둥글고 안에 네모난 구멍이 있다. 하늘은 둥글고 땅은 네모지다는 중국인들의 관념이 반영된 것이다. 이 작은 동전 안에 중국의 역사가 응축되어 있다. 사방의 높은 장벽 바깥에는 자유롭게 비상하며 꿈을 실현시킬 수 있는 드넓은 세상이 펼쳐져 있다. 그 세상으로 용감하게 나아갈 수 있는지는 장벽을 허물 수 있느냐에 달려 있다.